西洋政治思想史

A History of Western
Political Thoughts

思想史

薩孟武
——著

三民書局

弁 言

　　薩孟武先生所著《西洋政治思想史》自成書以來，歷經多次修改，後因薩先生年事已高，故將版權讓與敝局。自出版以來，承蒙讀者愛戴，獲得多位學者教授的好評，並引為授課用書。

　　西洋政治思想史為修習政治相關學科不可或缺的一門必備知識，薩先生著作本書，乃以古代、中代、近代分別說明，並精選各時代主要學者的代表思想，使讀者容易了解某一時代政治思想的特質，並將西洋政治思想與吾國先哲的政治思想做比較，使讀其書者，多有豁然領悟而受益良深之感，亦是本書得以持續風行的原因。

　　為使讀者擁有更佳的閱讀品質，本次改版乃將本書重新編排出版，敬請讀者繼續支持並賜與指教。

三民書局編輯部　謹識

自 序

　　此書乃是民國十九年余在政治學校大學部教書時所編的講義，大約民國二十一年左右交新生命書局出版，上下兩冊。十數年前，友人倪寶坤先生手抄上冊相贈，不久江觀綸先生於舊書攤中買了下冊相贈。本來不想重印，數年前讀了舊著，不覺汗顏，恐書落別人之手，別人若用我之名義出版，閱者必斥余「不通」，源於民國六十五年之夏，利用臺大法學院圖書館之書籍，大大修改，大大增補，而於本年二月二十八日完成，可以視為一部新著。

　　茲應告知讀者的，西洋書籍浩瀚，何能一一讀之。本書所舉原文，均根據 F. W. Coker 的 Readings in Political Philiosophy。此書乃摘要西洋代表學者的代表著作，而不參以他自己的意見，如關於亞里斯多德，只摘要其「政治學」，關於盧梭，只摘要其「民約論」。摘要極得要領。讀者如有意於西洋政治思想的研究，此書值得一讀。但余引用原文，均係意譯。蓋直譯往往詰屈聱牙，讀不下去。本書乃參考各種書籍編述而成，固然字數不多，但我相信頗得要點。讀者閱讀本書，必能知道西洋政治思想的變遷，及其變遷的原因與結果。

民國六十七年二月二十八日誌於狂狷齋

西洋政治思想史　目　錄

緒　言

㈠吾國先哲的政治思想與西洋政治思想有兩點不同：一是前者偏重於術，後者固然有的也說到「術」，而其重點則在於說明國家的起源及其本質，政體的分類及其優劣等等。二是吾國政治思想主張 for the people 固然不遺餘力，而關於 by the people，縱是最開明的學者亦未提到。雖有「天視自我民視，天聽自我民聽」之言，但用哪一種方法，以確定「我民視」、「我民聽」，卻沒有一位學者提出實現的方法，此蓋西洋政治思想創始於古希臘，而古希臘則為城市國家，其政治制度為直接民主制。人口增加，直接民主制無法實行。但中古末期，學者因見教徒會議採用代表制，遂主張政治方面亦可採用代表制度。不問直接民主制也好，間接民主制也好，大凡決定問題，均以多數人的意見為標準。吾國自有史以後，均係大國，直接民主制當然不能實行，而又缺乏代表觀念，因此，間接民主制也不見於歷史之上。民主政治是以多數人的意見為標準，吾國先哲率反對「多數」，而主張「賢明」。蓋「民不可與慮始，而可與樂成」（商君書第一篇更法），儘管後人反對商鞅，而商鞅此言卻深入人心。韓非說：「視聽不參，則誠不聞，聽有門戶，則臣壅塞」（韓非子第三十篇內儲說上七術）。韓非之言即劉向所謂「兼聽獨斷」（說苑卷十三權謀），兼聽可以塞臣下之蒙蔽，獨斷可以防臣下之弄權。這都是為君打算，不是為民打算。何況既兼聽了，自應以多數人的意見為標準，然而吾國古人思想又謂多數的未必賢明，賢明的未必多數。左成六年欒武子救鄭，與楚師遇於繞角，楚師還。晉之軍師欲戰者眾，武子竟從知莊子、范文子及韓獻子三人之言，不戰而還。「或謂欒武子曰子盍從眾，子之佐（杜預注，六軍之卿佐）十一人（欒武子外，只有十一人），其不欲戰者三人

而已，欲戰者可謂眾矣，商書（洪範）曰三人占，從二人，眾故也。武子曰善鈞從眾。夫善，眾之主也。三卿為主，可謂眾矣（杜預注，三卿皆晉之賢人），從之，不亦可乎」。三位賢人見解的價值乃在其他八人之上，吾國古人反對多數，觀此一例，就可知道。何況洪範所說：「三人占，則從二人之言」，據孔安國注，「卜筮各三人」，三人卜與三人筮，各「從二人之言」。而且殷制，凡事均由五個單位決定，一是天子，二是卿士，三是庶人，四是卜，五是筮，苟能得到三個單位之同意，即可行之，這何能稱為從眾。

　　㈡本書敘述西洋學者的思想之後，儘量附註吾國先哲之言，舉例言之，柏拉圖分人為金質、銀質、鐵質三等。孔聖分人為中人以上、中人、中人以下三等，兩者有何區別？本書柏氏主張共產共妻與禮運大同一段所述，區別何在，本書均有簡單說明。亞理斯多德注重中產階級，本書引孔子所說：「不患寡而患不均」，又引董仲舒之「大富則驕，大貧則憂，憂則為盜，驕則為暴」（春秋繁露度制篇）以及其他學者之言，以相比較。關於伊壁鳩魯學派及斯多噶學派，引用楊朱墨翟之說，以明其異同。關於丹第的帝政論，引公羊傳隱公元年「何言乎王正月，大一統也」。成公十五年「王者欲一乎天下」及孟子「定於一」（孟子梁惠王上）的思想，以闡明統一之必要。又如暴君放伐論一派的主張，要旨有三：一是君權神授，二是反抗暴君，三是只唯當時統治者會議（三級會議）才有反抗的權。本書引用孟子「天與之者……使之主祭，而自神享之」云云（孟子萬章上，王權神授），「湯放桀，武王伐紂……聞誅一夫紂矣，未聞弒君也」（孟子梁惠王下，反抗暴君），「貴戚之卿……君有大過則諫，反諫之而不聽，則易位」（孟子萬章下，唯統治階級才得反抗），以證明兩種思想相去無幾。此類附註極多，蓋舉之使讀者知所比較。

㈢一個時代一個社會所以產生某一種政治思想，必有其時空背景，時謂時間，即時代的背景，空謂空間，即環境的背景。不識時空背景，必難瞭解每個政治思想何以發生，對於後來有什麼影響。故本書分為三篇，每篇第一章必先說明當時社會的一般情況，而後才敘述當時代表的政治思想並加以批評。舉一例說，本書第三篇「近代政治思想」，第一章先述工業革命的經過，次述近代經濟的特質，三述民主政治的誕生及其發展，四述帝國主義的發生及民主政治的危機，第二章以下才順序說明民主思想的誕生、發展、完成；進而敘述絕對主義國家論及獨裁思想的發生及其衰落，使讀者能夠瞭解某一個時代政治思想的特質及其影響與轉變。

㈣每一個時代必有代表學者的代表著作，其他學者的政治思想大約與此位代表學者大同小異。所以本書儘量減少每個時代的學者人數，而只述代表學者的政治思想。蓋所述之人過多，反令讀者不能瞭解各時代思想的特質。例如第二篇中世政治思想，於第二章「政權與教權的紛爭」中，先述政教紛爭的經過，以下只舉三人，一是阿圭那，因為他主張教權在政權之上，二是丹第，因為他主張政權與教權平等，三是馬西僚，因為他主張教權在政權之下，並啟示了民主政治的端倪。又如第三篇第三章「民主思想的發展」，先述「法國大革命以前的社會情況」，以下只舉孟德斯鳩及盧梭兩人的政治思想。於孟氏部分，將其三權分立學說與陸克的比較。於盧梭方面，儘量說明其思想對於法國革命有何影響及法國革命時代，人士如何修改盧梭學說，以適合革命環境的需要。此不過略舉數例而已。如斯之例本書極多，舉不勝舉。

第一篇
古代政治思想

第一章　古代社會的一般情況

第一節　古代社會的結構

　　古代社會就是古希臘古羅馬的社會。學者均謂國家是政治的組織，社會是經濟的結構。古希臘及古羅馬的社會有貴族、自由民及奴隸三個階級，而以自由民及奴隸為社會結構的基礎。以希臘言，奴隸人數比之自由民人數乃多過數倍，一切勞力工作均由奴隸負擔。以羅馬言，奴隸人數亦比自由民為多，不但勞力工作，甚至教師、官吏，最後連宰相亦由奴隸為之。希臘自由民有的致力於研究學問，其最重要的職務則為對外作戰。羅馬自由民最初亦以擔任兵役為職，到了後來乃將餘暇光陰消費於田獵及享宴，坐享奴隸工作的成果。學者或稱古代社會為奴隸社會[1]，理由在此。

　　奴隸制度須於生產技術發達到一定程度，即一人一天的勞動能夠養活兩人以上的時候，才會發生。奴隸和中世的農奴不同，農奴對於土地雖然沒有所有權，而卻有使用收益權。土地的生產物可以收歸已有，但一年之中，有一定日數，須無報酬的，代替領主工作，而將此種勞動的成果全部貢獻於領主。奴隸不但沒有財產所有權，並且奴隸本身也是主人的財產。奴隸須將勞動的成果全部奉獻給主人，主人不過和飼養牛馬一樣，依奴隸生活之必需，給與相當的生活資料。奴隸又和現代工人不同，現代工人經濟上雖是弱者，法律上卻與雇主有平等的人格，除受生活壓迫之外，工作與否，完全自由。奴隸法律上沒有人格，只是主人的財產，沒有工作不工作的自由。

　　此種奴隸制度如何發生出來？原始社會是以氏族為單位，一切生產

工具，單就土地言之，乃屬於氏族共有，而不屬於家族私有。但人類都是利己的，所以共有制度絕難永久維持。社會進化，土地漸歸於家族私有，時運的不齊常有利於這一個家族，而有害於別一個家族，而栽培的巧拙亦可使這一個家族富裕，別一個家族貧窮。前一類的家族逐漸繁榮，他們的土地漸次擴大，於是就發生了一個問題，即從什麼地方，取得勞動力，以耕耘日漸擴大的土地。

沒有耕耘的人，土地是沒有用處的，當時的人雖有貧富之別，然各人均有土地，誰願意放棄自己的土地，而去耕耘別人的土地？在此種情形之下，富裕的家族要雇用工人，只有一個方法，即強制留用的方法，於是奴隸制度就發生了。奴隸從什麼地方得來？貧人賣其子女為奴隸的，固然有之，大多數的奴隸均來自戰爭的俘虜[2]。希臘羅馬常常對外開戰，其原因即在於俘虜敵人以為奴隸。

最初奴隸的境遇不甚惡劣。他們的生產只供給主人一家之用，而為一種有限的生產，所以主人不強迫他們過度工作。他們的人數不多，可住在主人邸舍之內，與主人有接觸的機會，所以主人對之頗有感情。他們的價格很貴，主人不能不關心他們的生活。由於上述各種原因，遂令初期奴隸的境遇比較良好。

不久之後，由於土地的兼併，而發生了大地主階級。大地主為耕耘其大土地，不能不使用多數奴隸；又為處分其剩餘生產物，不能不設法販賣。其結果就發生了商業，鑄造了錢幣。商業及錢幣既已發生，奴隸的境遇便一落千丈。因為此時奴隸所生產的，不是只供主人一家之用，主人的目的是要販賣剩餘生產物，藉以換取錢幣。錢幣可以保存，任誰都不厭其多。所以主人往往不顧奴隸的體力，強迫他們擔任過度的工作；並減少奴隸的衣食，而謀剩餘生產物的增加。蓋奴隸工作愈多，則主人

所獲得的錢幣也愈多；奴隸的衣食愈少，則主人所消費的錢幣也愈少。於是奴隸離開主人的家庭，而居住於破爛不堪的小屋之中。主人亦因為奴隸人數增加，不能個個接觸，而失掉過去主奴的親密感情。

此時主人愛惜奴隸的理由是和其愛惜牲畜的理由相同。現代工人死亡之時，主人可雇用別個工人以補其缺；而奴隸是要花錢購買的，奴隸死得太早，主人必受損失。但在奴隸價錢低廉的時候，主人不會因奴隸的夭折，覺得有所損害。希臘羅馬累次對外戰爭，擄獲不少奴隸而放在市場之內，聽人購買❸，從而奴隸的價格常跌到極其低廉的程度。

供給奴隸的戰爭，同時又毀滅大多數自由農民。農民乃是當時軍隊的中堅分子，農民從軍，田地無人耕耘，日漸荒蕪，到了最後，便為豪富所兼併。這批沒落的農民或為盜匪，鋌而走險；或賣身投靠，淪為奴隸。盜匪一旦被捕，亦常販賣為奴，奴隸人數增加，奴隸價格更見跌落。

不但如此而已，最初奴隸的工作只限於農業方面，然而農業的工作不是全年都有，春夏兩季須用大批的勞力，秋冬兩季只需要少數人工作。這個問題在工資制度之下，容易解決。因為地主在秋冬兩季可解雇勞工，到了春夏兩季，再雇用他們。反之，在奴隸制度之下，地主不能於秋冬兩季賣出奴隸，再於春夏兩季買入奴隸。因為奴隸在秋冬不甚值錢，而在春夏，價格大大提高。因此，主人在奴隸沒有工作的時候，必須設法使奴隸另有其他工作，以彌補無謂的消費。這個工作就是工業勞動。當時生產力已經提高，奴隸的工業生產品不但可以供給主人一家之用，而且尚有剩餘，可以賣給別人。在奴隸價格低廉的時候，奴隸的工業生產品也變成廉價的商品。這種廉價的商品一旦出現於市場，便打垮了自由的手藝匠，而使他們一家也淪落為奴隸。

這樣一來，在古代社會，不但農業，就是工業，也以奴隸為主要的

勞動力，學者稱古代社會為奴隸社會，其理由在此。

第二節 古代社會的政治制度

　　古代社會進化到某一階段，就發生兩個對立的階層，一方有大地主，他方有奴隸，在他們兩者之間，有許多自由民如小農、手藝匠等是。時代推移，大地主演變為貴族，貴族要預防奴隸逃亡，要強迫奴隸工作，感覺有設置統治機構的必要。最初實行王政，但君主徒擁虛位，權力屬於貴族，自由民頗受壓迫。其後自由民恃其人數之多，起來反抗貴族，要求政權，於是貴族政治便變成民主政治。一切重大問題均由成年男子共同討論而決定之。由於此種制度，統治團體的領土不能太大，只可限於每個人均可由他的家裡出發，去參加公民會議，而不至過度費力的程度。人口增加，耕地用盡，則過剩青年須移住別地，而建設一個新統治團體。所以最初各統治團體的勢力又約略相等。

　　到了商工業發生之後，形勢遂見變更。農業社會的人口乃比例於領土的大小及土地的肥瘠。人口過多，過剩的人口須移住於別地。反之，商工業社會不怕人滿之患，它可利用商品，向外界購買糧食。這個時候大地主手藝匠以及外國商人均移住於城市之內。城市繁榮，便發生三種結果：一是人口的雜居打破血緣的氏族社會，而組織地緣的國家團體。二是商工業的隆盛，引起貧富的顯明差別，從前的大地主及新興的商人（大地主也經營商業，商人也購買土地），漸次融和為一個特權階級。三是城市人口增多，特權階級就以城市為中心，於城市之內設置中央機構，以統治各處人民。

　　誰都知道商業的利潤乃在於得之廉而賣之貴。但不論什麼貨物，都是有代價的，其最廉的方法則為不出代價的豪取強奪。所以商人一旦覺

得自己的力量增大，他們就想奪取別個地方的貨物。古代城市國家常常侵略農耕種族，就是要奪取農人的食糧。更進一步觀之，商人不但需要戰爭的方法，減低商品的本錢，而且需要戰爭的方法，打倒一切競爭者。因為買者愈多，商品的價格愈高；賣者愈多，商品的價格愈低。換句話說，競爭者愈少，則買價與賣價的差額——利潤愈大。所以在互相毗連的地方，如果出現了幾個商業城市，則它們之間必會發生戰爭。戰爭的結果，當然是大併小，強併弱，而組織一個較大的國家。在這大國家之內，掌握統治權的只有一個勝利的城市，其他城市則須絕對服從。希臘及意大利均有許多城市國家：在希臘，最強的是雅典，然而雅典及其他勝利的城市，都不能永久制服別的城市，所以希臘歷史乃是一部各城市國家自相殘殺的歷史。在意大利，羅馬由於地勢的險要，卻能永久控制別的城市，成為地中海附近的統治者。

　　一個城市國家為爭奪農產物而侵略農村，為打垮競爭者而與別個城市國家作戰，幸而獲勝，則它必定沒收一部分的土地，並強迫該地住民為奴隸。不過有時亦採用比較溫和的方法，不但不強迫該地住民為奴隸，並且還收容他們為公民。不過此輩的公民資格不甚完全，因為他們雖有一切自由權，並受國家法律的保護，而卻不能出席公民大會。這個限制由新公民看來，也許願意。因為他們若是農民，而他們的農場距離城市又遠，他們不能於早晨離家，去參加公民大會；開會既畢，再趕回家裡工作。但取得新公民資格的人，除農民之外，尚有商工業者。商工業者因為營業的方便，常由村落移住於城市。同時失去土地的農民也到城市謀生。這個新分子是隨城市的繁榮，著著增加起來。他們人數既多，就進而要求政治上的權利，終而達到目的，於是新舊公民遂見同化。只因他們大多數均是貧窮的人，他們對於豪富的貴族，不免抱有反感。

貧民雖然得到政權，但他們經濟上不能獨立，因之政治上也失掉獨立性，誰肯出最高價錢，誰便能買收他們的投票。即在這個時期，貧民的投票權已經變成財產權，可向候選人勒索金錢。於是豪富的貴族在公民大會之中，便掌握了多數投票，藉此當選為高級官吏。民主政治已經是有名無實，而變為財閥政治[4]，在羅馬，更變為專制政治，使整個國家變成一個人——凱撒 (Gaius Julius Caesar, 100–44 B.C.)——的所有物。

第一項 希 臘

當希臘人 (Hellenes) 定住於希臘的時候，已經組織父系的氏族團體，由遊牧民進化為農耕民，分為四系，即亞該安人 (Achaeans)、多利亞人 (Dorians)、愛奧尼亞人 (Ionians)、伊奧尼亞人 (Aeolians) 等是。其中與政治思想史最有關係的則為定住於阿提喀 (Attica) 的愛奧尼亞人所組織的雅典 (Athens) 城市國家。最初雅典分為四個部落 (tribe)，每一個部落有三、四個氏族聯盟 (phratry)，每一個氏族聯盟有二、三十個氏族 (gentes)。氏族是經濟團體，氏族聯盟是政治團體，部落是軍事團體，各置首長，管理共同事務。氏族之下雖有家族 (family)，但家族不是社會的核心，社會的單位乃以氏族為基礎。土地屬於氏族公有，人民都耕耘氏族公有的土地，而參與生產物的分配。當時分工並不發達，生產力甚為幼稚。雖然，除農民外，尚有少數的木匠鐵匠及其他手藝匠，製造日常用品，然只供給氏族的需要，即一切生產均為自給自足的生產，最多亦不過定貨生產，而非商品生產。其後公有的土地大約是用抽籤的方法，分配給每個家族。然土地肥瘠不同，幸運的分得沃土，不幸的只得磽埆之地。他們均有奴隸工作，經過數代之後，他們之間，富者愈富，貧者愈貧，自由民分裂為豪富與貧民兩個階級。豪富之徒武斷鄉曲，或至於兼併，而演變為貴

族。貴族為防止貧民反抗及奴隸逃亡，就組織政治機構，置國王以作元
首，但政權實操於貴族，所以當初政治乃是貴族政治。只因雅典土地不
甚肥沃，農業物不能供給日益增加的人口的需要，於是政府遂獎勵一般
人從事商工業的經營。由於商工業的發達，各地自由民多至城市謀生，
一方人口雜居，從前的氏族組織漸以破壞，同時雅典國內除土地貴族之
外，又產生富裕的商工業者。商工業者利用財力，對於土地貴族之倚靠
門第觀念者，儼然成為一個對抗的勢力。

　　隨著社會結構的變動，政治制度亦現出中央集權的傾向，即將從前
各部落、各氏族聯盟獨立管理的事務，宣布為雅典城市國家的共同事務，
由中央機關管理。西元前六八二年廢除王政，改建共和。當時分權制度
尚甚幼稚，而中外各書所載，又不一致。依著者所知，共和初期，中央
置三種機關，一是公民大會 (Ekkleisia)，凡是自由民年滿二十一歲以上均
得出席。它是最高權力機關，有表決法律之權。二是元老院 (Areopagus)，
由貴族 (Eupatridae) 選舉代表組織之，於公民大會閉會時為立法機關，同
時又是最高司法機關。三是執政官 (Archons)，人數九名，由公民大會選
舉之，負執行行政職務之責。當時土地貴族勢力甚大，所以元老院及執
政官均就貴族中選任之。茲應告知讀者的，雅典是奴隸社會，奴隸人數
若干，各書因所載時代不同，故關於奴隸人數多少，所述不能一致，據
後來紀錄，西元前三〇九年，雅典住民之中，自由民一萬二千，外國人
一萬，奴隸四十多萬。平均每一自由民均有奴隸三十餘人。公民大會每
月在雅典城內，開會四次。當時陸上交通極為不便，散居邊境的自由民
很難經常出席，故實際到會的不過二、三千人。少數人出席實有利於直
接民主制的實行。

　　西元前五九四年，梭倫 (Solon, 630–560 B.C.) 為執政官，發布法律，取

消一切以土地及人身為抵押的債務，禁止人民因負債而販賣其身體，限制個人私有土地的最大面積。他又改造階級制度，不問門第如何，惟以收入為標準，分自由民為四等。最高官員如執政官之類為第一階級的專利品，第四階級沒有仕宦的權利。復改革政治制度，增加公民大會的權限，執政官由它選舉，法案由它表決。公民大會人數太多，乃設置四百人會議 (Council of the Four Hundred)，由公民推舉四百代表組織之。它決定公民大會召集的日期，審查提出公民大會討論的議案，並監督公民大會所通過的法令的執行。至於從前的元老院依然存在，但只行使司法權，其構成分子改由卸任的執政官充之。

此後八十年中，雅典社會循著同一方向發展，動產日益增加，新興的商工業者對於土地貴族，已經得到勝利。在這轉變期間，乘機奪取政權的則為僭主 (Tyrant)。他們壓迫土地貴族，獎勵商工業，於是雅典更見富強。其後土地貴族雖然驅逐僭主，暫時收回政權；然只曇花一現。西元前五〇九年由將軍❺出身的克利斯提尼 (Cleisthenes, 570–508 B.C.) 秉持朝政，大事改革，對於貴族政治給與以致命的打擊，並從根破壞了氏族制度。

克利斯提尼用革命手段，發布新憲法，推翻貴族政權，實行民主政治，使一切自由民均得參加政治。他先破壞從前以氏族為基礎的四個部落，分阿提喀為十郡 (Phylae)，每郡分為十縣 (Demoi)。他以為最民主的方法，是用抽籤決定誰人得就公職。而任期不可太長。例如他改四百人會議為五百人會議 (Council of the Five Hundred)，由各郡分別提名，以抽籤方法，舉出五百人組織之，任期一年。又如執政官還是九人，由公民大會用抽籤方法，決定人選，任期一年。最重要的為將軍會議 (Board of Generals)，將軍十人，由各郡公民用投票方法，各選一人，其中一人為統

帥 (Strategos autokrator)，這是雅典唯一重視才幹的職位。他們任期雖只一年，但連選可以連任。例如伯里克里斯 (Pericles, 495–429 B.C.) 連任達三十年之久，可為明證。除上述三種機關之外，尚有平民法庭 (Dikasteries)，法官六千人，均用抽籤方式產生，任期一年。法官分十組，每組五百人，其餘一千人為候補法官⑥。總之，雅典此時已完全為民主政治，但是危機也從此發生。何以故呢？商工業愈發達，財富愈集中，自由民愈貧窮，奴隸人數愈增加。自由民本來輕視肉體勞動，更不屑與奴隸競爭，他們只有坐以待斃。然而他們是國家的公民，他們由墮落而毀滅，雅典國家亦隨之滅亡。

在這中間：希臘各城市國家連年戰爭，伯羅奔尼撒戰爭 (Peloponnesian War, 431–404 B.C.)，把雅典的霸權奪掉。科林斯戰爭 (Corinthian War, 395–387 B.C.)，把科林斯完全破壞。底比斯戰爭 (Theban War, 379–382)，把斯巴達一敗塗地。先從自己家裡打起，所以馬其頓 (Macedonia) 勃興，希臘各城市國家就次第為亞歷山大 (Alexander the Great, 356–323 B.C.) 所征服，失去政治上的獨立。亞歷山大用武力統一歐洲及一部分亞洲，建設一個大帝國。然而亞歷山大一死，部下諸將又復爭城奪地，內鬨不已。此時希臘各國暫時雖得恢復獨立，然而情形已不如前，只能用聯盟形式，如阿奇安聯盟 (Achaean League) 及伊托利安聯盟 (Aetolian League) 等，保其殘喘。到了羅馬勃興，希臘全土就於西元前一四六年，全部歸於羅馬統治。

第二項　羅　馬

羅馬人 (Populus Romanus) 出現於歷史舞臺之時，分為藍涅斯 (Ramnes)、替替斯 (Tities)、盧塞勒 (Luceres) 三個部落，每一個部落約由十

個氏族聯盟 (Curiae) 集合而成，每一個氏族聯盟約由十個氏族 (Clan) 集合而成。比氏族更小的集團則為家族。一切集團都是以血統為基礎。

在原始時代，財產歸氏族公有，及入有史時代，財產由家族私有。於是有較大土地的就成為貴族 (Patricius) ，其他人民成為被保護人 (Clientes)。後來，被保護人與移住民融合，成為平民 (Plebs Romanus)。除貴族及平民之外，尚有奴隸；奴隸皆出身於俘虜及被征服的種族。最初經濟以農業為主。農業發達，就發生分工，產生商人，增加人口，而成立三十餘個城市。羅馬就是各城市中最有力的城市。據傳說，西元前七五三年，綸繆拉斯王 (Rex Romulus) 征服四鄰，建立羅馬國，羅馬城市國家於以成立，其政體則為王政。當時政治以血統為基礎，有三種機關，第一為元老院 (Senatus)。由強有力的貴族推舉代表組織之；第二為貴族會議 (Comitia Curiata)，由一般貴族組織之；第三為國王 (Rex)，由貴族會議選舉之，而為終身職。即政權完全屬於貴族，一般平民只有納稅及當兵的義務，政治上毫無權利。

到了氏族制度破壞，羅馬由血緣社會變為地域國家之時，法律上人民的身分乃決定於土地的有無及其大小。於是過去為貴族所輕視的平民，只要有了土地，其身分亦得上升。因此，羅馬第六代王塞維阿・塔力紐 (Servius Tullius) 就廢除過去以血統為基礎的三個部落團體，改造為以地域為基礎的四個地域團體，並以私有地為標準，將一切人民分為六個階級，另設一個全民會議 (Comitia Centuriata)，不論貴族或平民，都得選派代表參加。但第一階級有八十投票權，第二階級有二十二投票權，第三階級有二十投票權，第四階級有二十二投票權，第五階級有三十投票權，第六階級為面子關係，也有一投票權[7]，而最富裕的階級另外尚有十八投票權。合計起來，共有一百九十三投票權，過半數為九十七票，而第一階

級和最富裕階級合計乃有九十八票，他們占多數，只要他們能夠一致，就不必徵求其他階級同意，而可作成任何有效的決議。

西元前五〇九年羅馬廢除王政，實行貴族的共和政治。國體雖然變更，而制度還是一樣，不過把終身職的一個國王改為每年由貴族會議選出的兩位執政官 (Consuls)——兩人權力相等，彼此互相牽制，牽制過甚，行政權不易臨機應變，於是當緊急危難發生之時，就由元老院於執政官兩人之中，推舉一人為獨裁官 (Dictator)。獨裁官不受任何限制，任期以六個月為限——執政官雖由貴族會議推舉，但貴族才有被選舉的資格。

這個時期，羅馬市的經濟漸次發達，農民常到羅馬，將其農產物與其他生產品交換。由於交換的頻繁，便成立市場，終而成為城市。羅馬國家一由於戰爭，再由於繁榮的經濟，遂控制了全部意大利。案羅馬每征服一地，常把一部分土地分給貴族，又把一部分土地宣布為公有地 (Ager publicus)。最初平民對於公有地有使用的權。到了共和時代，貴族依其特權，取得公有地的所有權。在王政初期，貴族已經占有大土地，現在又併吞公有地，於是大部分的平民只有佃租貴族的土地而耕作之，其代價則為高額的地租。平民貧不聊生，遂向貴族借債，利息極高。債務人到了一定日期，不能償還債務，則身體、家具均歸屬於債權人，或榜笞而死，或被販為奴。

平民的境遇如斯悲慘，然而他們還是社會經濟的基礎。蓋在奴隸制度之下，勞動力（奴隸）是由對外戰爭得來的。平民乃軍隊的中堅，所以他們可乘機要求政權。西元前四九四年一部分遠征軍奔到聖丘 (Sacred Mount)，謀脫離羅馬，自己建設一個新城，並用武力與羅馬抗戰。貴族大懼，許平民另設一個平民會議 (Comcilium Plebis)，選舉兩位護民官 (Tribunus Plebis)，監督貴族的行政，藉以保護平民的權利。西元前四七一

年平民議會改為庶民大會 (Comitia Tributa)，除選舉護民官之外，尚有參與立法的權。至於從前全民會議仍是選舉執政官的機關，而貴族會議則漸次失去權力，只管理宗教事務。元老院仍很重要，凡做過巨宦的人均得選任為元老院議員，其中包括許多經驗豐富的政治家，所以權力甚大。西元前四五〇年，羅馬由於平民的要求，發表《十二銅表法》(Laws of Twelve Tables)。自是而後，平民的權利逐漸伸張，終而得到了與貴族平等的公權及私權。

平民經過長期的鬥爭，雖然在政治上及法律上，得到與貴族平等的權利，然在經濟上，平民仍舊要受貴族的壓迫。每次對外戰爭不但可以助長土地的兼併，而致自由的農民逐漸沒落，並且戰事結束之後，又輸入無數奴隸，奪取平民的職業。平民窮無立錐之地，盡投奔於羅馬市。同時土地的集中又發生了一種大農企業，稱為 Latifundium [8]。它用奴隸工作，大農企業遂打垮小農企業。小農為生存上的需要，常向貴族借債，利息極高，且須以土地為抵押，小農不能償還債務，土地就為貴族所兼併。此輩赤貧的人多流入羅馬市內。羅馬社會已經不是貴賤的對立（奴隸自當別論），而是貧富的對立了。其後雖有李錫尼 (Licinius, 263–325)、革拉古兄弟（Tiberius Gracchus, 166–133 B.C. 及 Gaious Gracchus, 154–121 B.C.）等努力改革，而均遭貴族反對，而至失敗。

平民因受貴族的壓迫，均逃亡到羅馬城市之內，於是專制政治就有發生的可能。何以故呢？第一、赤貧之人為維持生活，必須販賣他們的投票權，誰肯出最高的價錢，誰便得收買貧民的投票。於是豪富之家在公民大會之中，便操縱了多數投票，而使自己當選為高官顯宦。農民既然可以販賣公權，那些鄉村的農民不覺眼紅，也想跑到羅馬城市。此種情形復增加了貧窮而有公權者的人數，致令民主政治發生破綻。第二、

一般公民由小農淪為貧民，失去尚武的精神，貴族又耽於淫樂，不願從軍。由是羅馬軍隊之中，士兵及軍官均雇用外國人代替。外國人擔任軍事工作，不是由於犧牲的精神，而是由於祿俸的引誘。他們也預備賣給肯出高價的人。此種情況可使羅馬的最大富豪想收買整個共和國，又可使一般軍閥拼命搜括地皮，變成最富的人，以便收買羅馬。弄到最後，羅馬遂於西元前三一年，變成一個人——凱撒的所有品。這個時候，羅馬的領土遍於全歐，遂設行省之制，每省置巡撫 (Proprietor) 一人管理該省政務。至於中央政府，元老院成為諮詢機關，各種公民會議失去勢力，一切政權集中於凱撒一人。

　　羅馬雖然變為凱撒的所有品，然而這個所有品又如別的所有品一樣，可以引起紛爭。我們在羅馬歷史上，常常看到軍閥們互相殘殺，最初是一位強有力的將軍向凱撒進攻，其次是凱撒為衛隊殺死，而衛隊殺死凱撒，又因為要把帝位賣給別人[9]。內亂不已，兵連禍結，民不聊生。西元三〇七年君士坦丁大帝 (Constantine I) 即位，因帝國經濟及文化已經東移，遂於三三〇年遷都於拜占庭 (Byzantium)，改稱其地為君士坦丁堡 (Constantinople)。自是而後，羅馬帝國就有新舊兩個首都。西元三九五年，羅馬帝國分為東西，西羅馬帝國仍以羅馬為首都，東羅馬帝國則以君士坦丁堡為首都。此時野蠻的日耳曼民族已經大舉移動，羅馬人不但漠不關心，不知大禍之將至，而且痛恨帝國的皇帝、帝國的軍隊、帝國的稅吏、帝國的法官。國家成為人民痛恨的對象，浸假人民都希望離開帝國，變成自由的蠻夷農民。到了最後，人民且把蠻夷視為救主，而予以熱烈的歡迎。於是日耳曼民族就趁羅馬式微，於羅馬領土之上，組織了許多國家，西元四七六年羅馬滅亡。

第三節 古代社會的沒落

希臘羅馬的社會，其經濟是以奴隸為基礎。奴隸最初不過耕耘土地，及至商工業隆盛，商店、工廠、礦山無一不用奴隸工作，甚至士兵及警察也用奴隸。此種情形羅馬比較希臘為甚。在希臘，奴主利用其餘閒時間，致力於政治工作及學術研究。在羅馬，不但一切苦役，在帝政時代，政治工作也交奴隸為之。因為希臘的兵力是向野蠻部落進攻，他們的奴隸是野蠻人，他們不能將管理政務的責任交給奴隸。羅馬的兵力乃普及於東方舊文化之地，羅馬由此處俘虜了許多學識優秀的奴隸，所以他們可將管理政務的責任交給奴隸。

奴隸雖然擔任一切工作，而除了極少數奴隸之外，一般奴隸的地位乃等於單純的動物。主人對其奴隸有生殺之權。奴隸受了主人的虐待，而自己生產的貨物對於自己沒有絲毫利益，只增加主人的財富。他們絕望了，他們憤怒了，然他們卻不能起來革命。因為革命事業是一種重大艱難的工作，革命群眾須有相當的組織，又須有餘暇及能力，以從事革命運動。奴隸雖是一個階級，但他們是由各部落的俘虜集合而成，他們不能團結。而且他們每天從事於過勞的工作，既無餘暇以修養自己的心身，更無餘暇以從事革命運動。他們無法推翻現社會，只想脫離現社會，投身於罪犯之中。

奴隸唯一報仇的方法，只有怠工。他們受了主人的虐待，他們也毀壞主人的用具，藉以洩憤。主人怕用具毀壞，遂將最粗劣、最笨重、最難毀壞的用具交與奴隸使用。生產工具如斯幼稚，生產力當然降低，於是農業經濟日漸衰落，其結果便影響於一切產業之上，而使礦業工業一蹶不振。

　　奴隸制度束縛了生產力的發展，然而土地所有權制度又令主人不肯解放奴隸。因為當時土地集中在少數人的手上，此輩大地主何肯拋棄自己的土地，而為耕耘土地，當然不能不強制留用奴隸。其實，奴隸唯在肥沃的土地耕作，才為有利。但土地既不屬於奴隸，生產物又不歸奴隸所有，奴隸便濫用地力，不肯施以肥料。羅馬所以利用兵力，向外發展，奪取新土地，而將磽瘠的土地遺棄於後方，原因乃在於此。

　　向外發展，不但謀取得新土地，且謀取得新奴隸。殘酷的工作已經縮短了奴隸的生命，而減少奴隸的生殖力。並且一個奴隸由出生而長大到會做工作，其間的生活費一定不少。所以主人也不願意奴隸生育，寧可花錢購買新奴隸。奴隸的死亡率超過於增加率，奴隸一個一個的夭折，數目一天一天的減少。這個減少的數目本來是用戰爭的俘虜來補充的。所以只有不斷的打勝仗，不斷的擴張領土，不斷的征服新國家，而後大批的廉價奴隸才有來源。不幸得很，這個來源卻不能長久存在。

　　戰爭是生產奴隸的方法，戰爭須依靠士兵。而最佳的士兵則為農民。農民在露天的地方，日晒雨淋，不斷的勞苦工作，所以最能忍受戰爭的痛苦，至於城市的商人、手藝匠固不必說，就是貧民也不適宜於當兵。他們的生活本來是無拘無束，當然不能忍受紀律森嚴的軍隊生活。所以農民的減少就是軍隊的減少，而軍隊的減少又是奴隸生產的減少。不幸古代社會尤其是羅馬，由於土地集中，多數農民均貧無立錐之地；其能偶保殘喘的，又須負擔戰爭的全部責任，他們不但流血，還要負擔戰爭的費用。到了戰爭得到勝利，被征服地的糧食又源源輸入，而令內地穀價一落千丈。小農無法謀生，勢非全部沒落不可。

　　農民既然減少，軍隊當然寡弱。戰爭由攻勢變為守勢，勝利變為敗北，奴隸的生產隨之停止，而羅馬社會卒告覆滅。

第四節　基督教的流行

　　古代社會由於奴隸制度，日漸沒落。這個時候若肯改用別的勞動方法，也許希臘羅馬不會覆亡。但是誰能擔任改造的責任？貴族麼？他們只知享樂，他們坐享奴隸工作的成果，當然不肯改造。奴隸麼？他們天天受到壓制，精神及肉體均已疲敝，自無能力從事改造。自由民麼？他們人數甚多，政治上又有發言的機會，但是他們卻沒有解放奴隸的意思。他們之中，小農及手藝匠也用奴隸工作，他們不願解放奴隸，實屬理之必然。至於一般沒有職業的貧民，雖然境遇惡劣，深恨貴族，然他們於政治方面卻有一種投票權，他們不必工作，也不想工作，只想利用投票權，向國家及豪富勒索金錢，以維持自己的生活。他們懶惰慣了，不想改變勞動形式，只想奪取財富，不勞而食。此種目的非有奴隸制度，實難達到。

　　社會上任何人民均不想或不能改造勞動形式，而城市之內乃充斥著無數遊民。此輩遊民若是出身於公民，他們尚可利用投票權，分潤些許糧食。可恨的是：大多數遊民乃是沒有投票權的半公民。他們無法謀生，國家豈能坐視他們擾亂社會秩序，於是就有救貧制度。然而社會貧窮，國家的稅收一天一天的減少，救貧制度無法維持下去。遊民已到山窮水盡，陷入絕望之境。

　　這種情況可使多數人悲觀。他們希望有一位偉大人物出來賑救。當此之時，許多學說便紛紛出現，用各種人生哲學，指示他們。然而人生哲學，饑不能食，寒不能衣，蠻族日來壓迫，國家日漸覆滅，貧窮日益增加，他們不能用積極的方法，脫離苦境，他們絕望之極，竟然希望萬能的神伸手賑救。

案神的觀念只是地上權力射入人類腦中，由幻想作用，反映出來，而形成為一種虛幻的現象。現在他們的地上權力，例如國家、皇帝、哲人都不能拯救他們。總而言之，他們固有的地上權力對於他們都無辦法，由是他們固有的天上權力——神也不能得到他們的尊敬，甚至懷疑自己的神，而去歡迎那個為外國人崇拜而未為本國拜過的神。恰好這個時候東西貿易極其隆盛，東方商人常常帶其宗教儀式來到西方。於是舶來的宗教便一齊在羅馬帝國流行⑩。

在各種神靈的國際競爭之中，最初是東方的神打倒了西方的神，其次是猶太人所創設的基督教得到了最後勝利。這不但因為基督教富於神祕的色彩，而且因為基督教對於貧人極表同情，以為天國是為貧人而設的。所以不久基督教便在羅馬帝國各地流行，終則上帝的天國就奪取了凱撒的帝國。

最初羅馬帝國很畏懼這個新宗教，用各種殘酷的方法，壓迫基督教徒。然而壓迫只能促使信徒的團結，並增加信徒的人數。到了君士坦丁大帝時代，政府知道精神上的信仰不是物質上的壓力所能消滅，乃於西元三二五年在尼西亞 (Nicaea) 召開基督教會議，三九二年羅馬承認基督教為國教。自是而後，基督教遂在羅馬帝國著著發展，終至釀成中世時代的教會專權。

▎吾國秦漢時代也有奴隸，漢書（卷九十一）貨殖傳有「童手指千」之語。注引「孟康曰童奴婢也。古者無空手游口，皆有作務；作務須手指，故曰手指，以別馬牛蹄角也，師古曰指千則人百」。即奴婢須負擔各種工作，例如張安世「家僮七百人，皆有手技作事，內治產業，累積纖微，是以能殖其貨」（漢書卷五十九張安世傳）。刁間使「奴人

逐魚鹽商賈之利」（漢書貨殖傳）。然此乃特殊的現象，一般生產勞動
均由普通人民負擔，所以秦漢社會絕不能謂為奴隸社會。

2 吾國周代有五隸，除其一為罪隸之外，其餘四隸均是蠻夷的俘虜，鄭
玄謂「隸給勞辱之役」，參閱周禮注疏卷三十四秋官司寇，卷三十六
司隸。

3 秦時，置奴隸之市，與牛馬同欄，見漢書卷九十九中王莽傳。

4 嚴復說：「總之，中西政想有絕不同者。夫謂治人之人，即治於人者
之所推舉，此即求之於古聖之胸中，前賢之腦海，吾敢決其無此議
也……考為上而為其下所擁立者，於中國歷史，惟唐之藩鎮。顧彼所
推立者為武人，非文吏也。故其事為亂制」（社會通詮，國制不同分
第十四，嚴復曰，商務版一四〇頁以下）。余案「非文吏也」之下，
當加一語，「推舉之人為武卒，非一般人民也」。武卒為藩鎮之私兵，
但與魏晉南北朝之部曲不同。部曲對其主帥是封建的隸屬關係，私兵
對其主帥則為雇傭關係，誰能出最高價錢，誰就能收買他們。參閱拙
著中國社會政治史第三冊三民版一十四頁以下，三七九頁以下。

5 雅典有十位將軍 (Generals)，其中一人為統帥 (Strategos autokrator)。
在政制未臻穩固之時，凡有軍權的，每可取得政議。所以執政官的職
權漸次為統帥所奪取。十位將軍之外，又有人民法庭 (Dikasteries)。

6 關於雅典政制，各書所述不盡相同。本書必有錯誤，希望讀者指正，
以便再版時修改。

7 此處所述各階級的投票權也許是依占有地大小及人口多少兩個標準，
決定之。

8 Latifundium 是指貴族私有大土地之意。土地內的行政權屬於土地所
有主。這個人土地分為兩種：其一稱為 Villa，為貴族的直轄地，其
二為佃租地。Villa 又分兩種：一是 Villa Urbana，在城市之內，充為
貴族的邸舍，二是 Villa Rustica，以耕地為主。此兩種 Villa 均用奴隸
工作。佃租地是租給 Kolonus，其報償則為田租及徭役。貴族把一切
工作交給奴隸，而自己則在 Villa Urbana 之內，過其驕奢淫逸的生

活。Latifundium 為中世莊園 (Manor) 的先驅，Kolonus 則為中世農奴 (Serf) 的前身。

9 吾國五代也有此種情形，參閱拙著中國社會政治史第三冊三民版三八〇頁以下。

10 同是迷信，一個民族失去自信力，不信自己的神，勢必迷信外國的神。吾國經五胡亂華而至南北朝，佛教大見流行，其理由是一樣的。

本章參考書

W. W. Fowler, *The City State of Greeks and Romans*, London, 1893.

G. Gilbert, *The Constitutional Antiquites of Sparta and Athens*, trans., London, 1895.

F. F. Abbott, *A History and Description of Roman Political Institutions*, Boston, 1901.

W. A. Dunning, *A History of Political Theories, Ancient and Mediaeval*, New York, 1923.

K. Kantsky, *Der Urprung des Christentums*, Berlin, 1908, 13 Aufl., 1923.（可只閱其前半部，有英譯本。）

第二章　希臘的政治思想

第一節　詭辯派的政治思想

人類自有歷史以來，就能使用器具。沒有器具，也沒有人類，人類與其他動物的區別，完全在於能不能使用器具，這是社會學者共同的意見。最初人類使用的器具，不過拾石頭以當錘，取樹枝以當棒。技術如斯幼稚，所以人類只能由自然界中，狩獵禽兔，採擷果實，撈取魚蝦，以維持自己的生活。即人類全部的精力都貢獻於物質生產，不能從物質生產之中，解放一部分精力，致力於精神文化。所以當時人類的物質生活既難維持，而精神文化更無從產生。

到了人類由自然經濟進化到牧畜經濟，尤其農業經濟的時代，人類的精力便可節省一部分，而致力於別的方面。但農業經濟須完全依靠自然，風雨不調，都可以破壞農作，使農民的生活不能維持，而令農民想法應付。於是自然現象就成為農民注意的對象。但是農民須絕對依靠自然，他們天天受了自然力的壓迫，浸假便承認自然力的偉大。他們不能利用知識來駕御自然，只有依靠祈禱，求自然的憐愍。所以他們雖然注意自然，研究自然，而研究的結果甚為幼稚，即用不可知的神靈，來說明一切自然現象的變化。

農業經濟愈發達，就發生了分工■，由分工又發生了交換之事。農民以粟易布，織工以布易粟，但是織工不能用他所織的布直接與農民所生產的粟交換。因為農民也許不需要布而需要釜甑，於是為交換方便起見，就需要一種中間的人，這個中間的人就是商人。商人為交換便利起見，就定期集合於一定場所，而成立了市場。市場既已發生，復因交換

之方便，需要一種中間的物，這個中間的物就是貨幣[2]。何以故呢？農民運了一車米穀，欲與耕牛交換，幸而發見一位牧人，而這位牧人乃不需要米穀，而需要布匹或鐵器，這個時候要完成交換行為，至少須經過數次的中間交換。倘若發見一種各人共同愛好的物，以作交換的媒介，則許多麻煩可以避免。這個各人共同愛好的物就是貨幣。貨幣發生之後，不論農民，不論牧人，不論織工，不論鐵匠，均得將其生產物與商人交換貨幣。有了貨幣，可在任何時期，取出貨幣以與其他貨物交換。

　　貨幣既已發生，市場便發達而為城市。城市的住民與鄉間的農民不同，農民須絕對依靠自然，而體力又是生產的本錢，他們工作之後，身體已覺疲倦，他們要恢復體力，須把剩餘時間消費於肉體娛樂。城市的住民不必直接依靠自然，更不必因為恢復體力而犧牲其全部餘暇。所以最直接與自然接觸的雖是鄉間的農民，而最能研究自然現象的卻是城市的住民。古代自然科學尤其天文學的研究，雖由於農業上的需要，而研究工作則為城市的人，原因實在於此。

　　商人發生之後，社會文化又與過去不同。案科學是抽象的知識，即用分析的方法，把事物由複雜化為簡單，使現象的原則更能明確瞭解。換言之，科學應輕視事物的個性，只注意其普遍現象。即個體不視為個體，個人不視為個人，而把它放在一定的部類種屬範疇之中，觀察其部類種屬範疇的普遍性。然而最有抽象能力的，莫如城市的商人。何以故呢？農民只注意他們自己的特殊勞動，而特殊勞動又束縛他們的心靈活動於特殊方向。反之，城市的商人則不然。商人的活動目標在於買之廉而賣之貴。他們不是販賣一種商品，而是販賣各種商品。他們不問每種商品之性質如何，最後的注意力無不集中於買價與賣價的差額。即商人每將商品還原為貨幣，而比較其款項的多少。商業愈發達，他們活動的

領域愈大，這個時候他們不但可以得到各種風俗習慣以及各種生產方法的知識；而且他們由於利用貨幣方法的增加，又會知道地方的遠近、時間的長短對於貨物價格均有影響，而使商人得到意外利益或受到意外損失。因此之故，商人在無數特殊事故之中，不能不找出一個普遍的因素，在無數偶然事故之中，不能不找出一個必然的因素。由是抽象的能力愈大，而科學亦有發生的可能。

商業愈發達，城市住民又與自然脫離關係，從而沒有興趣研究自然。何以說呢？交通的頻繁，人口的移動，一方打破傳統制度，使傳統思想失掉勢力；他方發生新的現象，使人士不能不設法應付。此種現象不是自然現象，而是社會現象，其結果又令學者變更研究的方向，由自然現象的研究改變為社會現象的研究，尤其是政治現象的研究。此無他，當時國家權力甚大，人眾均想利用國家權力解決社會問題，這樣，所謂「政治學」便產生了。

西元前第六世紀，雅典商業正在興盛之時，雅典地主均移住於城市，他們有奴隸，無須親自工作。他們不居於鄉村，而居於城市，所以能夠接受商業的影響，站在旁觀者的地位，用抽象的方法，來研究一切自然現象。自然科學勃興於這個時代，決非偶然。及入西元前第五世紀，雅典戰勝波斯，掌握東方霸權，商業大見發達，政權遂由土地貴族而移屬於經商的人。在這統治權力轉移的時期，從前研究自然現象的哲學已經不合於社會的需要，由是學者的注意力便由自然而轉向於社會，而創造了新科學——政治學，最初從事這個啟蒙運動的，則為詭辯派 (Sophists)。

Sophists 這個名稱本來是指有學問的人，然自詭辯派出現之後，竟然含有輕蔑的意義。考其原因，可歸納為下列三種：

第一、任何科學當其剛剛發生之時，世人常用冷笑的眼光鄙視之。

不但鄙視而已,有時且加以迫害。在詭辯派以前,希臘學者均研究自然現象,現在詭辯派竟然研究人類社會,且又研究人類社會中統治關係的政治現象,其不受時人諒解,實是理之當然。

第二、希臘人的人生觀可以稱為極端的貴族主義。他們輕視工資勞動,有的地方且用法令規定:凡人非於十年以內,不作肉體勞動,以取得工資,不得為國家的官吏。現在詭辯派乃破壞這個習慣,開學招生,受取學生的束脩,世人當然視為學者的墮落,而輕視之。

第三、詭辯派主張無神論、主張自由、主張解放,已經不能得到土地貴族的歡心。而其教育生徒,又復徵收束脩,沒有金錢的人就沒有受教的機會,所以貧窮的自由民對於此輩,也沒有好感。

詭辯派均以好辯出名。他們何以長於雄辯?當詭辯派出現之時,雅典政治已由貴族政治趨向於民主政治。在民主政治,野心的人要想得到政權,必須收攬人心,而此則有恃於口才。所以政治學最初是教授雄辯之法。詭辯派應此需要,出現為辯論的教師。其辯論不免流於詭辯,猶如吾國「白馬非馬」之類,故國人多譯 Sophists 為詭辯派[3]。

詭辯派人數甚多,主張並不一致,但他們卻有一個共同的見解,那便是個人主義。個人主義與希臘原有的團體思想絕不相容,乃產生於商工業社會。工業比之農業,分工尤甚。分工使個性有發展的可能。固然分工之後,各種生產之間要保持一定的聯繫,例如鞋店與鐵匠不能用自己所生產的物品以充饑,農民又不能自製家具,自織布帛,他們必須交換貨物,而有協助的必要。但由整個的結構看來,各個生產者不是受了一人(如家長、族長)或團體(如氏族、部落)的指導而結合。他們相互之間毫無組織,而是無政府的。他們一到市場,又採取鬥爭的形式,賣者只求價格之高,買者只求價格之低,而同一貨物的生產者又欲奪取

競爭者的顧客。所以市場之上，必有競爭；競爭之時，成功失敗完全依靠自己的能力。因此，各人均以自己為自己命運的開拓者，而區別「我的」與「他的」，把自己與其他社會構成員對立，劃了一個境界線。他們不但要集中精神於「我」及「我的物」之中，又因別人的利害與自己的利害不能一致，而視別人為敵。這種思想浸潤於人類的感情，那就發生了個人主義的思想。

詭辯派發生於雅典商工業最隆盛的時代，而又值統治關係漸由土地貴族轉移於豪富的商工業者之時，所以他們的政治思想全部築在個人主義的基礎之上。照他們說，人類都是利己的，自然世界是一個你爭我奪的世界。這個時候，腕力是決定勝負的唯一手段。此種狀況由現代人觀之，必視為不良的現象，而由詭辯派觀之，卻認為可以產生良好的結果。何以故呢？世上本來沒有一個普遍的法則足以規制人類，則人類行動自然須以自己利害為第一標準。人類由於自己利益而作行動，不能不有恃於力。各人均用其力，所以人類在自然世界，能力由於比賽，必會自由發展，而促進人類的進化。但是此種自然世界卻不能永久維持下去。蓋由強者看來，今天我有強力，雖能控制別人，也許明天我失掉強力，而為別人所控制，所以不如趁著我有強力之時，組織國家，制定法律，將事實上的強力，改為法律上的權利，還有利益。反之，由弱者看來，我既然沒有強力控制別人，而為別人所控制，此種情況若再繼續下去，不但我的利益全部失掉，而我的生命也極危險，所以不如組織國家，制定法律，使各人各守其分，各得其宜，就有利益。由於此種見解，強者與弱者便妥協了，訂立契約，建設和平的社會，這是國家發生的原因。謝索馬秋 (Thrasymachus) 說：

法律只是強者為保護自己的利益而制定的東西。所謂權利只是強者的利益。那被迫服從法律的人不是弱者，就是懦夫。

反之，卡力庫勒斯 (Calicules) 則謂：

一切法律都是庸懦無能的多數人所制定的。他們的目的全是自私自利，他們用法律拘束強有力的少數人，使少數強有力的人不能侵害他們的利益。

即依他們之意，國家的發生不是強者用以壓制弱者，就是弱者用以抵抗強者。不管怎樣，國家都是以個人利益為基礎，用人工創造出來的。其結果，誰是國家的統治者，誰便能壟斷一國的利益。謝索馬秋說：

任何政府都是統治者以自己利害為標準，而後制定法律。專制國制定專制的法律，民主國制定民主的法律，貴族國制定貴族的法律。它們制定法律的時候，統治者又以自己的利益視為正義，用以教訓人民。人民違反法律，就是違反正義，應受刑罰。我說正義只是統治者的利益，理由即在於此。但統治者都是有權力的，所以公正的理論家應該承認：凡有利於強者的均是正義。

他又說：

君以為牧羊人或養牛人不是為他自己或為他主人的利益；而是為了牛羊的利益，希望牛羊的肥壯麼？君又以為國家的統治者非視人民為牛羊，日夜操心；單純是謀牛羊的利益麼？這是大錯特錯的。君等已經弄錯觀念，而不能區別正義與不正義了。正義只是統治者的利益，由人民及奴隸觀之，則為損害。不正義則反是。

詭辯派既謂：凡有利於強者的，便是正義，是故強者出來為統治者，乃順乎天理。因此，他們之中又有反對民主主義的。卡力庫勒斯說：

　　自然法則是主張不平等的，強者所得應比弱者多些。試看一般動物吧！獅虎所享受的，不是比其他弱小動物多，而又控制弱小動物麼？人類的統治也是一樣。少數的強者應站在多數的弱者之上，依不平等原則，以強者利益為內容，制定法律，用以控制弱者，這才是天經地義的事。而今民主主義，竟許狐狸貓狗等弱小動物，恃其多數之力，把少數的獅虎囚在鐵檻之內，拔其爪牙，而求與其平等，這是有反於自然法則的。吾人以為民主主義的正義，即所謂平等，完全是背理的事。

　　詭辯派既主張強權而反對民主政治，然則他們贊成階級制度麼？不，真正的強權只能存在於平等社會。因為在平等社會，一切個人均有平等發展才智的機會，可以區別誰是真正的強者，誰是真正的弱者。反之，階級制度是用人工的方法，斷絕各人平等發展才智的機會，令人無從認識誰是真正的強者，誰是真正的弱者。詭辯派主張強權，而又主張平等，理由在此。

　　詭辯派由這見解，一方反對貴族政治，同時攻擊奴隸制度，理由何在，吾人不難測知。貴族政治剛剛成立之時，固然以強力為基礎，但數傳之後，卻與強力脫離關係，只以「出生」即門第為標準，決定誰有統治權。凡人生在貴族之家，不問其如何愚蠢，均有統治權；生在貧民之家，不問其如何賢智，均要受人統治。此種情形很明顯的與詭辯派的理想不能相容。詭辯派既然反對人為的、世襲的貴族政治，故又反對人為的、世襲的奴隸制度。今日奴隸並不是一生地上，就帶有奴隸性；而是

因為受了制度上的束縛，即因為生在奴隸之家，而後才為奴隸。倘若吾
人肯把奴隸和貴族放在平等的自然世界，聽他們自由競爭，則誰是奴隸，
誰是貴族，實難下一斷語。

　　總之詭辯派的政治思想是欲打破現狀，而復歸於自然世界。在當時
是反動的，也是進步的，其不受時人歡迎，實屬理之當然。然而後世之
武力說、契約說均醞釀於詭辯派的思想之中，吾人不可不知。

第二節　柏拉圖的政治思想

　　雅典由貴族政治演變為民主政治，察其實際情形，政權仍落在少數
人手上，即門第政治雖已推翻，而財閥政治卻又產生。這個時候出來反
對財閥政治的則為柏拉圖。

　　柏拉圖 (Plato, 427–347 B.C.) 生於雅典，世為華冑。年二十，拜蘇格拉
底 (Socrates, 469–399 B.C.) 為師。蘇氏沒有著作，柏氏的著作多引用蘇氏之
言，所以柏氏的思想可以視為蘇氏的思想。本書不述蘇氏，原因在此。
西元前三九九年蘇氏被處死刑，柏氏周遊各國，至西西里 (Sicily)，說其
國王改革政治，因意見不同，被賣為奴。直到四十歲，才恢復自由，回
到雅典。西元前三八六年，在雅典郊外阿加底米 (Academy) 設學舍，招生
徒。他著作甚多，其與政治思想有關的，則為《共和國論》（ *Republic* ，
亦譯為《理想國》）、《政治家論》 (*Statesman*)、《法律論》 (*Laws*) 三書。《共
和國論》是他早年的著作，《政治家論》是他中年的著作，《法律論》是
他晚年的著作。但要研究柏氏的政治思想，《共和國論》最為重要。

　　政治是國家的統治作用，離開國家，沒有政治。所以柏氏於共和國
論中，說明政治，就從國家著手。現今社會學者均謂國家是統治團體，
社會是一群人由於經濟上的聯帶關係，自然結成的集團。兩者之間固有

區別。古代學者常將社會與國家同視，或將國家放在社會之上，以為國家是社會的中樞。此蓋古代人類的社會生活，不問精神方面或物質方面，均受國家的統制，而與國家生活一致。當此之時，學者不能區別國家與社會，實是理之當然。

　　柏拉圖以為國家是應付人類之經濟的需要而後產生的。人類孤立，必不能得到美滿的生活，而須依靠多數人的協力。由多數人的協力，便發生密切關係，而組織一個團體。這個團體就是國家。柏氏述其師蘇格拉底之言如次：

　　由我看來，國家是應付人類的需要而後發生的。人類有許多需要，
　　任誰都不能以一人之力，滿足自己的需要。我們既有各種需要，而
　　又倚靠別人供給這許多需要。這個人為這個目的，須有別個人協力；
　　別個人為另一個目的，須有這個人協力。當這互相協力的人居住在
　　一個地方的時候，這個居住團體就構成為國家。

　　然則人類的需要是什麼？柏拉圖以為第一是食，第二是住，第三是衣。食住衣是人類最大的需要，三者缺一，人類均不能保其生存。國家就是供給這三種需要的社會，有的人耕田，有的人築室，有的人織布，互相協力，互相交換，這是國家發生的原因。

　　人類所以必須協力，不但因為人力有限，各人不能各用自己之力，製造萬物，以供自己之用；抑又因為人性不同，各有所長，長於耕田的未必長於築室，長於築室的未必長於織布。因此，人類遂有協力的必要，使彼此能夠長短相補。柏氏述蘇格拉底之言如次：

　　我們人類不是生來就是一樣的。人類的天稟各不相同，有的長於做

這件事，有的長於做另一件事。如果一個人包辦一切，不度德，不
量力，則事業必至荒廢。倘若這個人做他稟賦相近的事業，讓別人
去做別的事業，則做法必會方便，數量必會加多，品質必會優良。

人之天稟有什麼不同？柏氏以為人之天稟可分三種[4]，第一是理智，
第二是勇氣，第三是欲念。各種資質都有適宜的職務。理智居腦部，可
以制定萬事的規則；勇氣居心部，可以供給勇敢的精力；欲念居腹部，
可由愛好貨財，而勤於工作。社會應承認稟賦不同，分人類為三個階級：
富於理智的是金質的人，而為哲人階級。他們的職務專在治國，有完全
統治權，其所發命令就是法律。富於勇氣的是銀質的人，而為軍人階級。
他們的職務專在保護領土，維持秩序，執行第一階級的命令。富於欲念
的是鐵質的人。他們的職務在於生產貨物，供給全國人民的需要。除這
三個階級之外，尚有奴隸。柏氏不把奴隸包括於人類之中，只視為一種
動物。一國之內，上述三種階級，各守其分，各盡其職，那就是理想國
家。柏氏述蘇氏之言如次：

> 一切公民雖然都是同胞，但上帝製造人類的時候，乃授以不同的天
> 稟。其由金質製成的，有統治的能力，得享受高貴的榮譽。其由銀
> 質製成的，為軍人階級，輔助金質階級而執行其命令。其由鐵質製
> 成的，為農民及工人。一國之內，必有三個階級。倘若一個階級硬
> 要變成別個階級，其結果必有害於國家。例如工匠積有金錢，或因
> 眾人妄予推許，而欲成為軍人；或軍人而欲治理國政，結果一定不
> 良。蓋工匠及軍人均依各自的天稟，若必強令工匠從軍，軍人治國，
> 其不能稱職，自是意中的事，國家必隨之滅亡。

　　然則理想國如何才得實現呢？照柏氏說，只要實行下述三種政策，理想國不難實現於地上。

　　第一是社會制度的改造。關於如何改造社會制度，柏氏主張實行共妻及共產。照他說，國家之亂多由於公民的意見不能一致；要令公民的意見一致，須使公民有共同的利害感情；要使公民有共同的利害感情，第一須實行共妻制度，因為各人有了妻子，便把家族組織起來。各人均關心家務，只要自己的家族平安無事，國家的興廢存亡，可置之不顧。這樣，意見便難一致，國家亦將隨之分裂。反之，實行共妻，不承認家族制度，同一階級的人共進飲食，同睡在一個房屋，人人均不知誰是我的夫，誰是我的妻，誰是我的父，誰是我的子，則人人沒有家累，而能戮力同心，謀國家的利益。第二須實行共產制度，因為各人若有私產，必將區別孰是我的物，孰是他的物，如是，豈但意見不能一致，而家族制度勢將破壞國家的團結[5]。柏氏述蘇氏之言如次：

> 意見參差，人心不能一致，是最壞的。人民知道團結，遇事能夠一致，是最好的。統一的國家，一切公民對於快樂的事，須一齊快樂；對於悲哀的事，須一齊悲哀，倘若國內人眾遇到一樁事件，乃快樂者半，悲哀者亦半，則是該國的人均有私心，缺乏共同的感情。此種國家必無良好的秩序。何以發生此種不統一的現象？簡單言之，因為他們不明「我的」與「非我的」、「他的」與「非他的」的真正意義。在最有秩序的國家，人民遇到一樁事件，必定一齊喊道：「我的」或「非我的」。此與人體的痛癢相去無幾。手指受傷，全身的神經必收縮而集中於腦部，感覺全身都痛。因此之故，我們不說：「那指痛」，而說「那人指痛」。總之，人身任何部分受到苦痛或遇到愉

快，全身必感覺苦痛或愉快。在理想國，若有一位公民遇到歡樂或災難，全國的人必會視為自己的事，共感歡樂或共感悲哀。因此，統治階級須共有其妻子，而不可私有房屋土地或其他財產。他們所得的報償只限於公民繳納的糧食，除此之外，沒有任何私人的費用。吾人以為財產及家庭能夠共有，金質的人便可成為優秀的統治者。因為此時他們決不會由「我的」或「非我的」，引起爭端，陷國家於分裂之域。統治階級沒有私人的妻子，沒有私人的財產，因之也沒有私人的歡樂及苦痛，他們的意見常能一致，他們的行為亦有一個共同的目標。

柏氏雖然主張共產，但他一方以為階級的區別是由人之天稟不同而發生，同時他又排斥奴隸於人類之外，可知他不想建設一個平等的共產社會，而欲於階級統治之下，使奴隸從事生產工作，將奴隸生產的成果，分配給統治階級，使統治階級不必關心生活，而能專心管理國政[6]。所以今人有謂柏氏的共產不是一般大眾的共產，而是貴族社會的共產；不是生產方面的共產，而是分配方面的共產。此種共產思想實由古代經濟條件而來。在古代，工業並未發達為大工業，手藝匠個個獨立，成為生產上的個人主義。要令他們合作，非常困難。然而人類的生活條件卻很簡單，任誰都沒有特別慾望，他們在消費方面頗能一致。古代學者所謂共產只能採用消費方面的共產，不能採用生產方面的共產，理由在此。其實，由吾人觀之，共產主義不但古代，不但現在，就在將來，也難實行。古今學者既然承認人類都是利己的，都有利害觀念，則凡對於自己沒有利益的工作，誰肯努力為之？勢必用怠工方法，而阻害生產力的發展，吾人觀今日共產主義國家，生產力無不退縮，即可知之。

　　第二是優生政策的實行。國家由人民組織而成，有了優秀的人民，而後才有富強的國家。所以要建設理想國，對於人民的生育問題，應講求優生政策，由國家統制之。據柏氏之意，國家可用種種方法，禁止劣種結婚，而獎勵良種配合。良種的兒女與劣種的兒女必須隔離。婦女自二十歲至四十歲，男子自二十五歲至五十五歲，須為國家生育子女。過了這個年齡，結婚視為淫奔，所生兒童視為私生子。他述其師蘇氏之言如次：

> 最優秀的男人配以最優秀的女子，如斯配偶當然是多多益善。不良的男人配以不良的女子，如斯配偶宜求其日益減少。前者所生的兒女應細心看護並給與以良好的教育。否則良種將至退化。但此政策除統治者外，應嚴守秘密。不然，勢將引起民眾反抗。國家一年之中須擇定日期，大會青年男女，為之選擇配偶。但每次配偶多寡，須以維持人口常態為標準，由統治者決定之。若因戰爭癘疫及其他種種原因而致人口發生變動，統治者更要考慮生育問題，勿使人口過少或失之過多。勇敢的青年除其應得的榮譽之外，尚有與婦女自由交媾的特權。因為勇敢的人無妨使其多生兒女。良種的兒女固宜特別愛護；劣種的兒女可棄之郊外，任其夭折。小孩在哺乳期間，固然可令其生母哺乳，但須設法使母子不相認識。我還有一個主張，即雙親應在壯年時期生子。女人的生育時期為二十歲到四十歲。男人則開始於二十五歲，而終止於五十五歲。在此年齡之外，凡結婚的均視為野合不道德的行為，其所生兒女只可視為淫慾的惡果，不宜與正常的兒女同視。

　　第三是教育方法的改良。柏氏將人類分為三種，但一切兒童由誰，

用什麼方法，而能測知其為金質、銀質或鐵質呢？柏氏以為統治者可用
教育方法測知一切兒童的性質。但教育不能變愚人而為賢人，只能推測
人類的天稟，一切兒童若施以平等的教育，很容易看出他們的稟賦；看
出了之後，因才任用，國家前途必甚光明。但柏氏並不贊成強迫教育，
以為要測知各人的天稟，只可採用自由方式的教育，使兒童能夠自由發
展其天才。他分教育為初等、中等、高等三級。凡是公民，自七歲至二
十歲，均受初等教育，體育用強制，智育用自由啟發方式。教而無成的，
留為鐵質階級。二十歲至三十歲接受中等教育，注重理論性的學科，使
其瞭解宇宙萬象的原理，進而訓練哲學思想。此一階段的教育，目標仍
側重於銀質階級的鑄造，學習期間屆滿，舉行嚴格的考試，其不能通過
的留為銀質階級。其及格的，則接受高等教育，教以高深的哲學，並給
予以實地練習的機會。在此階段，仍有淘汰，其不被淘汰者，才真正成
為金質的人。然他們年齡已達五十歲了，於是出為統治者，治理國政。
柏氏述其師蘇氏之言如次：

> 凡學科之有啟發性的，如算術幾何學之類，均應講授於幼年時期。
> 我認為教育不可用強迫方法，幼年時期的教育須帶有遊戲的性質，
> 使兒童不生厭倦之心，藉此以觀察他們天稟之所近。此一階段的教
> 育，最初注重的是體育。體育當花去三、四年，在此三、四年中，
> 除睡眠及運動之外，不宜再做其他工作。到了年達二十歲，可於他
> 們之中，選擇成績優良的編入較高的階級，設法使他們在幼年時期
> 得到的各種知識，能夠融會貫通。及至年滿三十歲，他們之中若有
> 精神飽滿，各種學問又甚通達的人，則昇入更高的階級。這個時期
> 先用五年光陰，教以哲學，五年之間尚有淘汰。五年經過之後，再

派他們到社會，擔任各種文職及武職的工作，以增加他們的經驗，並考察其人對於外界誘惑，是否堅強不亂。此種生活繼續十五年之久。他們年已五十了，若尚生存，則其人閱歷既多，又深知人情世事，成為完全的哲人，當然可委以治國的大任。

　　理想國的組織及政策大約如上所言，然則現今國家可改造為理想國麼？照柏氏說，如果哲人做了帝王，或帝王有了哲人的修養，理想國不難實現於地上。柏氏所謂哲人是包括全國中最有經驗、最有學問的分子。他們是公民受過各種訓練而後產生的階級。他們沒有家庭，沒有財產，共同起居，共同飲食。即他們沒有物質需要的顧慮，可致力於哲學的研究，修成全能全知，而後出來秉政，而不必遵守任何過去的法律。柏氏述蘇氏之言如次：

> 除非是哲人做了帝王，或現在帝王有了哲學的修養，換言之，除非政治與哲學融和為一，國家絕不會沒有罪惡，人類更絕不會沒有罪惡。我所提倡的理想國，只唯於哲人出來秉政之時，才會出現。

　　柏氏討論理想國之後，進而討論政治墮落的原因及結果。照柏氏說，最良的政治是哲人政治，柏氏稱之共和政治 (Republic)。但男女的配合若不適宜，則生育的子女必銀質與金質混合，鐵質與銀質混合，人種紛亂，互相仇恨，而致引起爭端。於是哲人政治便墮落為武力政治 (Timocracy)。武力政治的特色在於喜軍勳，尚權謀，勇敢善戰的武士代替哲人的地位，出來統治國家。武力政治尚含有哲人政治的質素，故還不是最壞的政治。

　　武力政治再墮落下去，就變成財閥政治 (Oligarchy)。因為在武力政治，統治階級必有不正當的開支，從而又有不合法的聚斂。弄到結果，

全國財產便集中於少數人的手上，一般人民亦發生重富輕貧的觀念。他
們輕視榮譽而崇拜金錢，弄到結果，就推舉豪富為統治者。

　　財閥政治再墮落下去，便變為貧民政治 (Democracy)。因為在財閥政
治時代，社會上已有貧富兩個階級，互相仇視，互相攻擊。而在富人階
級之中，又由自由競爭，致一部分人破產，一部分人富上加富。然而破
產的人何能沉默。他們必煽動民眾出來革命，革命成功，民眾均有參政
的權利，於是貧民政治就發生了。此時也，人人都愛講自由，人人都爭
取平等，而作放縱的生活，所以沒有良好的秩序。

　　貧民政治再墮落下去，就變為暴君政治 (Tyranny)。因為民眾的極端
自由，可以釀成無政府狀態。這個時候，如果出現了一位煽動政客，深
知要糾合民眾，必須給予民眾以利益，乃沒收豪富的財產，而分配給一
般民眾，用此收攬人心；更利用對外戰爭，以博取人望[7]。浸假民眾遂
誤認其人為國家必不可缺的偉人。到了這個時期，煽動政客便不再取媚
民眾，取下同情民眾的假面具，而變成虐民的暴君了。暴君既已出現，
他必加重徭賦，大興土木，使民眾的實力為之削弱。此時民眾雖然後悔，
而為時已晚。

　　政治制度是如斯墮落下去，即由哲人政治漸次墮落為武力政治、財
閥政治、貧民政治、暴君政治。暴君政治之後如何轉變，柏氏未有說明。

　　總之，柏氏的政治思想完全是一種貴族主義。他的貴族主義又與一
般貴族主義不同，非以身分或財產為標準，而以知識為標準。鐵質的人
可以生出銀質或金質之子，金質的人亦可以生出鐵質或銀質之子。但是
人們要想得到知識，須有一種條件，那就是財產。財產不均，則求學的
機會不同；求學的機會不同，則各人不能照自己的天稟，而獲得天稟適
合的知識。柏氏主張共產，理由乃在於此。柏氏又恐統治階級決定誰是

金質、銀質、鐵質之時，有了私心，故又主張共妻，使父不能認其子，子不能識其父。在這一點上，柏氏的思想可以視為反抗當時希臘土地貴族的門閥政治及商業貴族的財閥政治。即他看透了階級政治的流弊，所以提倡「超階級」的政治。唯在柏氏時代，最重要的階級乃是自由民與奴隸的對立，柏氏輕視奴隸，不以奴隸為人類，只視為「會說話」的動物。他在理想國中，不但不許奴隸有參政權，並且連經濟權及受教育的權利亦不許奴隸享有。奴隸只有工作，用其工作的成果，以養活一般自由民，所以柏氏的根本思想是欲於奴隸制度的基礎之上，使一般自由民建設一個超階級的國家。

　　柏氏在《共和國論》中，將國家統治權交給哲人階級，以為哲人無須遵循法律，而得自由處理國事。因為徒法不能以自行，人民良善，法律就用不著，人民邪惡，法律無能為力。但他在「政治家論」中又不反對法律。照他所說，真正的哲人固然可用知識以統治人民。所可惜者，真正的哲人並不多覯，所以不能不用法律，限制統治者的行為。法律之中固含有許多經驗及知慧，今令那中庸的人所組織的中庸政府，依法行事，當然比之任意統治，還勝一籌。

　　柏氏由這見解出發，用兩個標準，分政體為六種。第一標準為主權者的人數，第二標準為政府受不受法律的拘束。凡受法律拘束的都是良政體，不受法律拘束的都是惡政體。茲將六種政體列表如次。茲要告知讀者的，此乃柏氏在《政治家論》中所作的分類，而與《共和國論》中的分類不同。

主權者人數　　守法與否	守　法	不守法
一　人	君主政體	暴君政體
少數人	貴族政體	寡頭政體
多數人	立憲的民主政體	極端的民主政體

註：君主政體 (Royalty)、貴族政體 (Aristocracy)、立憲的民主政體 (Constitutional democracy)，此三者為良政體。暴君政體 (Tyranny)、寡頭政體 (Oligarchy)、極端的民主政體 (Extreme democracy)，此三者為惡政體。

　　上述三種守法的政體雖然沒有哲人政治那樣的好，但還是次好的政體。各種政體優劣的等級，據柏氏說，「一人政體肯受法律的拘束，便是六種政體中最良的政體；不受法律的拘束，則為六種政體中最壞的政體。」少數人政體介在一人政體及多數人政體之間，即介在「良」與「壞」之間。多數人政體比之其他政體，稍見軟弱無能，既不能為大善，也不能為大惡。因為權力分散於多數人的手上，結果就把權力削弱。所以多數人政體，在守法的政體中，算是最壞的，在不守法的政體中，算是最好的。

　　柏氏在《法律論》中，更進一步承認法律的效用，而主張法治國。據柏氏說，人民在國家生活之下，要想得到和平，不能不受法律的拘束。柏氏所謂法律非指政府制定的法律，是指人類理智的結晶。換言之，法律不是由政治家或多數人民制定，而是國家元老依其冷靜頭腦，對於社會上各種習慣，選擇其最有道德性質的，宣布為法律。所以柏氏所謂法律是指習慣法，猶如吾國古人之所謂「禮」[8]。此外，柏氏又主張法律不可專靠武力，強制人民遵守；而須勸導人民，使人民能夠理解，自進而服從法律。所以各種法律須有說明書，解釋該法律何以有發布的必要；惟於不得已時，才可以利用強制。

　　法治國與理想國不同。柏氏在理想國中，不承認家庭及私有財產制度；在法治國，則容許人民享受家庭生活的樂趣，並承認私有財產的存在，但有相當條件。第一、一月之中，各家庭須聚餐若干次，因為只有家庭，而沒有共餐，則個人不免流於利己。第二、貧富差別不宜過甚，政府須定一個貧富的極限，對於極貧的人亦應分配以最低限度的財產，凡超過最低財產二倍、三倍、四倍的，都各成為一個階級。但至多不得超過四倍以上。超過此數，由國家沒收之。由此可知法治國的階級區別

乃與理想國不同。理想國以知識為標準，分為三級；法治國以財產為標準，分為四級。柏氏的思想漸漸接近於現實，觀此當可知道。

欲知法治國的政制，須先知道柏氏的平等觀念。他謂平等可分兩種：一是絕對的平等，二是比例的平等。各人都有參政的權利，用抽籤方法任用官吏，這是絕對的平等。依各人的才智，用等級選舉的方法選出官吏，這是比例的平等，法治國須兼用抽籤及選舉兩種方法，組織四種國家機關。

一是護法官 (Guardian of Law)，人數三十七人，由公民投票選舉之。但公民的選舉權並不平等，財產較多的人有較多的投票權。公民先選出三百人，次由三百人選出一百人，再由一百人選出三十七人，年齡須在五十歲以上，七十歲以下，沒有固定的任期，他們輪流當值，或一月一次，或一日一次。其重要職務為調查人民的財產狀況，超額者沒收之，隱匿者處罰之。

二是行政會議 (Administrative Council)，由公民從四個階級中分別選出三六〇人，總數共一四四〇人；再用複選，於一四四〇人中，選出七二〇人；最後用抽籤，產生三六〇人，組織行政會議，任期一年，分為十二組，每組三十人，負責工作一個月。其職務為決定國家的政策。

三是公民大會 (General Assembly of the Citizens)，其主要職務為選舉各種行政官及法庭的推事。

四是夜間議會 (Nocturnal Council)，人數六十人，其中三十人，分由三方面產生。十人為年屆七十歲以上的退休護法官，十人由行政會議推薦的教育界人士，十人由宗教方面選出。此三十人既經產生，再由他們於青年中物色三十人才俊。其職權為修改法律。

總之，法治國的政治機構是用選舉及抽籤兩種方法，使國內一切公

民均有參政的機會；而又不使賢智之士受到眾愚的壓迫，而致無法發揮
其才能。

第三節　亞理斯多德的政治思想

　　雅典社會到了民主時代，已經不是貴族與平民的對立，而是自由民
與奴隸的對立。在自由民之中又分為貧富兩個階級，社會上一切財富漸
次集中於少數人的手上，一般人民竟至貧無立錐之地。這個財富集中的
現象，固然現代也有，但古代財富集中的原因及其結果又與現代不同。
第一、現代的集中，由於自由競爭引起。競爭可以改良技術，而增加生
產力。古代的集中則因為自由的農民受了各種壓迫，日漸沒落；豪富又
乘著農民的貧窮，兼併農民的土地；並購買廉價的奴隸，從事工作，以
增加自己的財富。這種情況是減低而不是提高生產力的。第二、現代企
業家在自由競爭之下，要想保全自己所經營的產業，須將利潤貯蓄起來，
用以改良技術並擴充生產規模；至於個人所得消費的，不過其中小部分
而已。反之，古代的奴主沒有這個必要。他們除去用具、牲畜及奴隸的
衣食費之外，其餘利潤均充為個人享樂之用。即現代企業家的目的在於
積蓄資本，古代豪富的目的在於尋求享受。

　　古代社會的情形如此，當然一代不如一代，於是人士遂開始覺得過
去是黃金時代。按之實際，過去人口稀少，任何自由民都有相當面積的
土地及相當人數的奴隸。自由民之間，貧富差別相去無幾，各家均得過
其安靜和平的生活，於是人士又開始覺得中產階級乃是社會的基礎。社
會的治亂懸於中產階級的存亡。代表此種思想的則為亞理斯多德。

　　亞理斯多德 (Aristotle, 384–322 B.C.) 生於希臘的斯塔奇拉 (Stagira)。他
父親是馬其頓國王腓力 (Philip) 的御醫，自己亦任亞歷山大的教師。亞氏

十七歲到雅典，拜柏拉圖為師，前後達二十年之久，成為柏氏最得意的門生。但亞氏的意見未必都和柏氏相同，他尤反對柏氏的共產及共妻的主張[9]。

亞氏也以為國家就是社會。他謂國家是以達到人類至善生活為目的的一種社會。他所著《政治學》(The Politics) 開頭第一章就說：

> 任何國家都是社會，任何社會都是以某種良善為目的，蓋人類行為無非是要得到他們自己所認為良善的。如果一切社會的目的都在於實現某種良善，則一切社會中最高無上的，包括一切社會在內的國家，當然是以最高良善即所謂至善為目的。

然則這個以至善為目的的國家如何發生出來？照亞氏說，國家是和有機體一樣，漸次生長而成。案人類在兩個方面，有結成團體的必要，一是人類為滿足性慾，不能沒有男女的結合。但此種結合並沒有預定目的，只和禽獸一樣，由性慾衝動而發生。二是人類為保存自己的生存，不能不有主人與奴隸的結合，主人長於思考，奴隸能用體力做工，兩者結合，雙方都有利益。有了男女及主奴的結合，就發生家族制度。聯合若干個家族，便結成一個鄉村。聯合若干個鄉村，便成立了一個國家。所以國家是擴大家族的範圍而成立的。家族若是自然發生出來，則國家也是自然發生出來。

人類何以要擴大家族而為國家？人類與普通動物不同，不是單以生存為目的。人類若單以生存為目的，則家族生活及鄉村生活已經能夠充分保障人類的生存，何必再有國家。人類除家族生活及鄉村生活之外，所以尚需要國家生活者，乃是因為人類生活與普通動物的生活不同，人類尚欲完成自己的道德。國家的職務就是使人類實現道德生活。是故國

家的地位乃在個人、家族、鄉村之上。亞氏說：

> 不問任何結合，我們若細察結合的原因及起源，不難得到明顯的結論。在各種結合之中，最先發生的，第一必是保障種族的延續，如男女結合是。男女的結合並沒有預定的目的，其傳宗接代不過和其他動植物一樣，由自然衝動而發生的結果。第二則本於人類的天性，而以維持統治者與被統治者雙方生存為目的。先知先覺之人是天生就有首長或主人的性格。至於僅能利用體力做工的人乃是天生必為臣下或奴隸。主人與奴隸結合起來，雙方都有利益。由上述兩種結合，即男女的結合及主奴的結合，就發生了家族。是則家族的起源是謀物質生活之滿足，自然產生出來。結合若干個家族，則物質需要更能供給，而各人生活更見幸福。這樣，就產生了鄉村。再結合若干個鄉村，則除日常生活的需要之外，必尚有別的目的，目的非他，即欲完成人類的至善生活，這樣，又產生了國家。國家只是家族的擴大，家族若是天然發生的，國家當然也是天然發生的。因為國家是天然發生的，所以我謂人類由其天性觀之，乃是政治的動物。倘令有人於此，天性不會組織國家，則該人不是在人類之上，就是在人類之下。

國家是擴大家族而成，在古代希臘，家族之內除婦女、兒童之外，尚有毫無權利而只負義務的奴隸。所以亞氏以為國家之內必有兩種階級，一是統治者的市民，二是被統治者的奴隸。市民是什麼？照亞氏說，市民非指住在境內的人民，如果住在境內的人民都可以稱為市民，則奴隸及外國人也是市民了。「凡能夠參加立法權及司法權之行使的，才可以稱為市民」。亞氏又反對工人為市民[10]。他說：

工人若是市民，則市民所有的時而統治、時而服從的特色便沒有了。何以故呢？工人只知服從，而不知統治之故。我以為工人階級不能包括於市民階級之中，猶如奴隸階級不能包括於工人階級之中。即國家不能把一切必要的人都視為市民。

　　奴隸是什麼？照亞氏說，市民和奴隸所以有別，不是出於強制，而是自然的定律。依照自然的定律，人類要達成任何目的，需要兩種人物，即命令者及服從者。有些人能夠發令，有些人只能服從。天賦理智很強的人能夠發令，天賦理智很低的人只能服從。前者就是天生的主人，後者就是天生的奴隸。主人管束奴隸，不但合於天理，且對於奴隸亦有利益。因為奴隸受了主人的管束，才能夠生存。亞氏說：

就天性說，凡自己沒有獨立權，而隸屬於別人，然又成為人類的一員而存在的，可以稱之為天生奴隸。凡隸屬於他人的，是他人的所有物。所有物與所有主不同，只可視為所有主的工具。

柔馴的動物受人管束的時候，可以增加牠們的幸福。因為有了人的管束，而後牠們的生活才有保障。這個原理亦可應用於人類。人類的精神及肉體絕不是人人相同，劣種不單是天生奴隸，劣種受了主人的管束，還是他們的幸福。我想，凡受他人管束，沒有理智；或最多只能瞭解他人理智的人，可以稱為天生奴隸。至於其他動物對於他人的理智也不能瞭解，只能依其本能而動作。案留用奴隸乃與使用獸類沒有區別。因為奴隸與獸類均是用其體力，以生產生活必需品。造物主大約是根據上述原則，區別市民與奴隸兩者的身體。它使奴隸身體強壯而適合於孜孜工作；又鍛練市民身體，使他們長於思考，或知道如何作戰，或知道如何治國，而適合於政治生活。

　　由此可知亞氏的政治論不過依當時習俗制度，加以合理的說明而已。他因希臘輕視肉體勞動，故排斥工人於市民之外；又因當時自由民均有奴隸代他們工作，故更輕視奴隸，而辯護奴隸制度之合理，以為人類有天生稟賦主人的性格，又有天生稟賦奴隸的性格，前者治人，後者治於人。亞氏謂「人類是政治的動物」，其實是說，沒有參政權的奴隸不是人類。依現代人看來，人類的才智只是長期歷史的產物，即由其人的環境及其職業漸次造成。亞氏不顧這個道理，乃謂人類天賦本來有別，長於耕田的，因為他的天賦適於耕田；長於築室的，因為他的天賦適於築室；長於織布的，因為他的天賦適於織布。此種思想之不合理，現代人可一望而知。當時也有少數人士看到大多數奴隸都是戰敗的俘虜，或被海寇販賣為奴，而反對天性奴隸之說。但亞氏不以為然，他謂人們不是劣者，何至戰敗被虜。由於戰敗被虜這個事實觀之，已可證明其人之為劣者了。

　　亞氏說明國家之後，進而討論政體。照他說，國家必有憲法，憲法是規定國家的根本組織，尤其國家最高統治權之所在。所以憲法變更，國家亦必變更，但最高統治權乃寄託於政府，我們可由一國政府的組織，看出國家的分類，即政體的分類。他從兩個方面：一是掌握最高權的人物，二是政治的目的，而將政體分為六種。凡政治以公共福利為目的的，都是純正的政體。在純正的政體之中，最高權在一人的，稱為君主政體 (Royalty)，在少數人的，稱為貴族政體 (Aristocracy)，在多數人的，稱為立憲的民主政體 (Polity)。政治若以統治者私人利益為目的，都是腐化的政體。在腐化的政體之中，最高權在一人的，稱為暴君政體 (Tyranny)，在少數人的，稱為寡頭或財閥政體 (Oligrachy)，在多數人的，稱為暴民政體 (Democracy) ⅢⅡ。茲依上文所述，將亞氏所分類的六種政體列表如次：

掌握最高權的人數	以公共福利為目的	以統治者私人利益為目的
一　人	君主政體	暴君政體
少數人	貴族政體	寡頭或財閥政體
多數人	立憲的民主政體	貧民或暴民政體

關於政體的分類，亞氏的見解與柏拉圖的意見，相去無幾。茲引亞氏之言如次。他說：

要之，政治若以公共福利為目的，則合於正義，而為純正的政體。政治若以統治者私人利益為目的，則弊害叢生，而為腐化的政體。政體的意義，其實乃與政府的構造相同。案政府的構造，凡掌握最高權的或為一人，或為少數人，或為多數人。純正的政體必須這一人、少數人、多數人的統治者以公共福利為目的。反之，一人、少數人、或多數人的統治者若單以自己利益為目的，那便是腐化的政體。因為國家的福利須令一切市民均霑而後可。凡以公共福利為目的，而最高權屬於一人的，稱為君主政體；屬於兩人以上的，稱為貴族政體。吾所以稱之為貴族政體，因為統治者是國內最優秀的人，而能專心謀國家及市民的福利。最高權屬於多數人，而以公共福利為目的，則為立憲的民主政體。純正的政體腐化下去，君主政體變成暴君政體，貴族政體變成財閥政體，立憲的民主政體變為貧民政體。暴君政體專以君主利益為目的。財閥政體專以富豪利益為目的，貧民政體專以窮人利益為目的，而均不顧到全國的公共福利。

此外，亞氏又用別的標準，以分類政體。第一標準為立國的原則，立國的原則有四種：即自由 (liberty)、財富 (wealth)、道德 (virtue) 及出生 (birth)。凡重視自由的為貧民政體；重視道德，秉權的人均是有德之士的

為君主政體或貴族政體；重視財富力量的為財閥政體；重視出生門第的為世襲的君主政體或世襲的貴族政體。重視自由而又兼顧財富力量的為民主政體。第二標準為國家機關的組織。亞氏以為國家必不可少的機關有三種：即討論機關、執行機關、司法機關。凡討論機關為公民大會，一切公民均有出席的權利，執行機關及司法機關則從公民之中，用抽籤方法選出的，那就是貧民政體。討論機關、執行機關及司法機關的構成員均以財富為資格的，就是財閥政體。討論機關雖為公民大會，但有少許財富的限制，行政機關及司法機關兼用抽籤及投票兩種方法選出，但被選舉權則有財富限制的，就是立憲的民主政體。

　　茲宜特別提出說明的為民主政體。亞氏以自由為民主政體立國的原則。案古代希臘人所謂自由與今人所謂自由不盡相同。希臘人所謂自由是公民參加國家統治權的行使，今人所謂自由是個人不受國家統治權的拘束，前者是進入國家之內，後者是離開國家之外。自由既指公民參加國家統治權的行使，則各人應有平等發言的機會，而各人的投票又應有平等的價值而後可。所以亞氏於自由之外，又以平等為貧民政體的原則。照亞氏說：自由是人人統治而又人人被統治之意，此乃基於平等主義。民主的平等乃是「數量的平等」(numerical equality)，而非「比例的平等」(proportional equality)。故在民主國，貧民比之富豪更有權力，因為貧民的人數最多。他又謂人人均不受別人統治，當然是最好不過的，若其不可能，則只有人人輪流統治別人，又輪流受別人統治。換言之，人人輪流擔任政府的職位。貧民政體可分兩種，一是優良的，一是敗壞的。一國之內農民若占多數，可以成立優良的貧民政體。農民貧窮，須努力耕種，以取得生活資料，無暇出席公民大會。兼以他們多不愛虛榮，而愛實利，他們對於沒有任何報酬的公職，多視若敝屣，因是，貧民政體常可安靜

無事。反之，工人與農民不同，他們聚居於城市，可以出席公民大會，而作擾亂之事。所以貧民政體若以城市的工人為基礎，結果必定敗壞。

亞氏分政體為純正的三種及腐化的三種，腐化的可以不說，純正的政體以哪一種為最優？關此，亞氏的見解與其師柏拉圖不同。柏氏欲設計一種理想的政體，而可實行於一切國家。亞氏不承認世上有這一種政體。他說：「關於政體的研究，應細加考慮下述兩點：一是沒有外部的障礙時，理想的政體是什麼；二是一國有特殊情形時，應採用如何政體。凡研究政治的人一方固宜知道最優良的政體是什麼，同時更要知道何種政體最適合多數人的要求。變更政體，應限於人民贊成而又能實行的範圍內。因為變更政體就是變更國家的組織，而變更國家的組織無異於創設一個新國家，困難殊多，不能不細加注意。」

亞氏反對一種政體而可實行於任何國家的學說[12]。他謂選擇政體之時，必須顧到國民性。「國民之中，若能產生德高才優之士，則適宜於君主政體。少數人的道德才幹足以統治人民，而一般自由民亦願意接受其統治，則適宜於貴族政體。國民天性尚武，又能依法輪流為統治者及被統治者，則適宜於立憲的民主政體。」但亞氏又謂一般自由民若都有相當程度的知識，則立憲的民主政體最為優良。何以故呢？第一、多數人的見識總比一個人高明。「我們對於多數人，若一個人一個人的觀察，固然庸人居多。倘把他們視為一個團體而觀察之，則他們比之少數賢者必高明得多」。因為每個人雖然只有少許才智，但他們集合起來，有的理解這件事，有的理解那件事，長短相補，互相協助，他們必能理解一切。第二、多數人比之一個人，不容易腐化。因為「個人容易受感情的控制，一旦受制於感情，判斷不免錯誤。反之，多數人絕不會各個都為感情所左右，同時向同一錯路走去」。第三、立憲的民主政體，其政治須根據法

律。人類都有情慾，很容易受到情慾的誘惑，做出邪僻的事。法律則為脫掉情欲的理智，所以根據法律而行使統治權，可以減少弊害[13]。

　　立憲的民主政體是一般自由民都有參政權，用亞氏自己的話來說，就是「他們一方治人，同時又治於人」。但亞氏不肯把國家的要職給與他們，而只許他們選舉官吏，並監督行政。因為他們雖然沒有辦事的能力，而卻有批評的能力。亞氏說：「自由民對於政治，發表意見，猶如觀眾對於歌唱，發表意見一樣。批評看饌的優劣，最好是吃的人而不是廚子。批評音樂的優劣，最好是聽眾而不是音樂師」。

　　但是立憲的民主政體並不容易實行。要實行立憲的民主政體，必須社會上有大多數中產階級。因為在民主政體，需要自由民一方能夠統治別人，同時又肯服從別人的統治。富人常流於驕，驕則不肯服從別人的統治；窮人常流於賤，賤則不能統治別人。只惟中產階級不驕不賤，既能治人，又肯治於人，所以立憲的民主政體只能存在於中產階級占大多數的國家[14]。亞氏說：

> 現今國家都有三種階級，一是富人階級，二是窮人階級，三是中產階級。中產階級最有理智。反之，在體力、門第、財產各方面占最優勢或最劣勢的人，其行為大都不能遵從理智。占最優勢的人每因驕而犯罪，占最劣勢的人又因賤而淪為無賴。無賴之徒因國家文武官職沒有祿俸而不願就。這種忌避與他們違犯法禁的天性，都有害於國家的安寧。至於體力、財富、徒附過多的人，又常不肯服從國家的統治。他們何以有此惡習？因為他們自幼在家裡過慣了驕奢淫逸的生活；進入學校之後，又不養成服從紀律的習慣。富人階級不知服從，所以他們一旦秉政，只能作專擅的統治。貧人階級不知統

治，結果每受豪富的統治，狀如奴隸。此兩者互相對立，互相嫉惡，
毫無友誼可言。城市或國家最好是由平等的人眾組織之；這個平等
的人眾則以中產階級為核心。中產階級的生活甚為安定，所以不會
和貧人那樣，嫉妒別人的財產。他們的財產不多不少，所以亦不會
和富人那樣，為別人所嫉妒。中產階級沒有陷害別的階級的必要，
亦不怕別的階級來陷害他們。他們的生活和平安靜，國家若由中產
階級的自由民組織之，當然是最好的。若不可能，中產階級人數若
比貧富兩階級總人數為多，或比貧富兩階級中任何一方的人數為多，
也是不錯。因為中產階級在人數上若占多數，則對於極貧與極富雙
方可以維持均衡的局勢。反之，一國之內中產階級人數過少，則均
衡破壞，或變為貧民政體，或變為財閥政體。立法者絕對不可忘記
中產階級有助於國家的安定，所以制定法律之時，應注意中產階級
的向背，勿令他們離開國家。世上若有健全的政體，依我之意，必
存在於中產階級的勢力凌駕於貧富兩階級之上的社會。富人與貧民
本來彼此互相嫉視，而不信任；站在兩者之間，調停兩者之鬥爭的，
則為中產階級。因此，立法者重視中產階級，國家的基礎必能鞏固。

最後，亞氏關於革命，亦有獨到的見解，他分革命為兩種：其一變
更政體，其二不變更政體，而只變更掌握最高統治權的人。不問哪一種，
革命的原因都在於不平等，即弱者要求與強者平等，強者又要求與弱者
不平等，由這兩種心理的衝突，遂爆發為革命。案亞氏分平等為比例的
平等及絕對的平等兩種。人眾之中不免有貴賤貧富賢愚之別，貴賤貧富
賢愚能各守其分，各得其宜，那就是比例的平等。反之，因為一點相同，
而即主張事事都要平等，那便是絕對的平等。貧民無不要求絕對的平等，

即要求與少數特殊階級有同樣的權利。富人又因為財富一點出眾，硬要
主張比例的平等，即要求任何權利都應高出別人一籌。如果現實政體與
他們兩者的主張不能一致，則必發生不平之鳴。此種不平就是革命的禍
根。亞氏說：

> 任何政體若能存在於世上，必須承認公道與比例的平等。例如貧民
> 政體的基礎觀念為人眾在某一點上若是平等，則在其他各點也應平
> 等。一切人眾都有自由，所以人眾須絕對的平等。財閥政體的基礎
> 觀念則為人眾在某一點上若不平等，則在其他各點也宜不平等。各
> 人的財富多寡不同而不平等，所以人眾應絕對的不平等。兩者的主
> 張都有一部分公道，但由絕對的公道觀之，兩者都有誤謬。雙方若
> 均以自己的公道為楯，而政體又不適合於雙方的主張，那就發生了
> 革命。

但人眾何以要求平等或不平等呢？照亞氏說，人眾無不要求榮譽與
利益，畏避不榮譽與不利益。富人階級以獨攬統治權為自己的榮譽與利
益；貧民階級又以不能均霑統治權為自己的不榮譽與不利益。這樣一來，
他們兩者之間當然發生衝突，而引起革命。

知道了革命的原因，便容易發現預防革命的方法。照亞氏說，預防
革命的方法有三：一從政治制度著手，二從社會制度著手，三從教育制
度著手。

先就政治制度言之，統治階級不宜壟斷一切官職[15]，凡與最高統治
權無關的官職，應鼓勵被統治階級去擔任。如民主國應鼓勵富人去擔任，
貴族國應鼓勵平民去擔任。人民之就任官職，須漸次昇高，不宜一蹴就
登高位。如是，可以抑制人士之妄圖非分。各種官職的任期不宜太長，

應令人人均有輪流取得官職的機會；而且任期不長，又可預防門閥的發生。職官以沒有祿俸為佳，因為沒有祿俸，貧民必甘心捐棄官位而不就，去做生財的事。同時富人本來不依靠祿俸維持生計，他們無生計之憂，可以專心致力於政務。此外，國家更須制定嚴厲的法律，禁止官吏挪用公款；否則官吏既有榮譽，又有利益，勢必引起一般人民不平的感情。

次就社會制度言之，國家對於任何自由民，均不可給與以過分的榮譽。因為少數人得到過分的榮譽，勢將引起其他人民的反感。國家當制定法律，禁止人民利用金錢或借用徒黨之力，取得權利；若有此類的人，國家應驅逐之出境。又者，某一個階級增加財富之時，國家須把統治權給予反對該階級的階級，以保持社會上勢力的均衡。不然，亦須設法增加中產階級的人數，使其成為平衡社會勢力的槓桿，以防止革命因人眾不平而發生。

三就教育制度言之，要謀某種政體的鞏固，國家須將該政體的精神，教育一般人民，即教育必須適合於政體。國內青年不知政體的精神所在，則雖制定盡美盡善的法律，亦必不能實行。所謂適合於政體的教育，非指教育要討好統治者的歡心，如在財閥政體，教人拜金，在貧民政體，教人放縱不羈；而是指教育須以治國原則為標準，如在貴族政體，教人尊崇道德，在民主政體，教人遵守法律，藉此以養成青年的良好習慣，並矯正青年種種邪僻行為，使他們發生愛護政體的感情。

綜上所述，可知亞氏的思想是要用中產階級為基礎，建設一個立憲的民主國。詭辯派代商工業者說話，柏拉圖代土地貴族說話。亞氏時代，雅典社會於自由民之中，已分裂為極富與極貧兩個階級，互相嫉視，鬥爭不已，由於豪富的勝利，而發生財閥政體；由於窮人的勝利，而發生貧民政體。兩者均是敗壞的政體，所以亞氏希望中產階級出來秉政，建

立一個以中產階級為中心的政體，藉以牽制貧富階級的鬥爭，而維持社
會秩序的安定。

第四節　伊壁鳩魯學派及斯多噶學派的政治思想

希臘社會到了末期，即在西元前三百年前後，貧富差別日甚一日，
而戰亂頻仍，人生「譬如朝露」，有「為日無多」之感。因之豪富之家遂
乘國家將亡而又未亡之時，放情肆志，狂歡度日。他們毫不勞動，只知
娛樂。但是任何娛樂若沒有勞動以為調劑，不久之後，就不能引起神經
的反應，而致失去滋味。這個時候他們要刺激疲倦的神經，非用新娛樂
不可。然而不論什麼東西都有一定限度，他們的神經受了新娛樂的刺激，
固然暫時可以發生反應；未幾，神經又復疲鈍，而使新娛樂失去滋味。
到了最後，一切娛樂都不能引起他們的興趣，由是他們便變極端厭惡娛
樂，甚至厭惡人生了。人世的事物，他們都視為虛幻，其結果，他們遂
要求一種新的人生觀，可以指示他們生活的途徑。

同時貧窮之家未曾嘗到娛樂的滋味，住在茅舍之中，年豐而兒啼饑，
歲暖而妻呼寒，天天受了生活的壓迫，而又目擊豪富享受過分的娛樂，
他們不但不能分潤一些娛樂，而且成為別人娛樂的犧牲品。他們對於豪
富便有一種劇烈的仇恨心理，從而他們對於娛樂發生鄙棄心理。其實他
們的鄙棄心理，並不是厭惡娛樂，而是嫉妒娛樂。於是他們也要求一種
新的人生觀，可以安慰他們生活的悲哀。

應這要求而發生的，就是伊壁鳩魯學派 (Epicurean School) 及斯多噶學
派 (Stoic School)。前者承認人生目的不外快樂。他們所謂快樂是指理智的
精神快樂，不是指情慾的肉體快樂。情慾的肉體快樂只是一時的快樂，
結果反可引起永久的苦痛。此派用如斯言論，使豪富的快樂受到理智的

節制。後者鄙視快樂，贊揚德性，視德性為人生最大善行，一切屬於外表的事物如財富顯達之類，均視為無足輕重，用此言論使貧民的窮苦生活得到精神上的安慰。

　　兩派思想雖然不同，但他們都以個人為中心，而與希臘固有思想大異其趣。蓋希臘固有思想是以國家為中心，城市國家權力甚大，個人生活均可納入國家生活之中，國家生活幾占社會生活的全部。所以柏拉圖雖以人類的經濟需要為國家發生的原因，亞理斯多德雖以家族為國家的起源，同時又謂個人惟受國家的規制，而後才會得到良善的生活，即當時思想傾向於國家主義。自從亞歷山大用武力征服希臘各城市國家，而建設世界帝國，帝國之內包括許多種族不同的人，從前希臘人斥之為蠻族的人，現在乃與希臘人同為帝國的子民，身分既無區別，而知慧又相差不遠，世界帝國打破了種族之間的偏見，而使希臘人放大其眼界，由城市本位而擴大為世界主義。亞歷山大一死，各城市國家雖然暫時獨立起來，然而情形已不如前，只能利用聯盟形式，如阿奇安聯盟 (Achaean League)、伊托利安聯盟 (Aetolian League) 保其殘喘。一至羅馬勃興，它們便相繼滅亡，希臘人完全失掉政治上的權利，從而學說就不注意國家生活，而只關心個人生活，於是個人主義的思想更代替了國家主義的思想。

　　伊壁鳩魯學派創始於雅典人伊壁鳩魯 (Epicurus, 341–270 B.C.)，他生於薩摩斯島 (Samos)，約在西元前三〇七年到雅典講學，一直到死時為止。他的學說雖稱為快樂主義 (Hedonism)，其實，他與其門徒乃過著清苦的團體生活，以為人類苟能不為物慾所蔽，自得愉快，何必汰侈，使事後反感不適。他著作甚多，現在所存的不過斷簡殘篇而已。

　　照伊壁鳩魯說，人性莫不喜歡快樂，任何動物均有求樂避苦的本能，所以快樂乃是人生唯一的目的。快樂就是善，苦痛就是惡；快樂總是有

利於自己，苦痛總是有害於自己，所以善惡的分界完全以自己利害為標準。所謂良善乃是因其有利於自己，故為良善。所謂邪惡乃是因其有害於自己，故為邪惡。但什麼是快樂，什麼是苦痛，我們必須細加考察。有些快樂常常伴以苦痛或為苦痛的原因，有些苦痛常常伴以快樂或為快樂的原因。伊氏以為精神上的快樂大於肉體上的快樂；精神上的苦痛亦大於肉體上的苦痛。我們須用理智抑制肉體的快樂，使我們精神能夠安靜，不可為了肉體的快樂，而使我們的精神憂愁。

　　伊氏由這個思想出發，把國家的基礎放在個人利己心之上，以為個人為要保障自己的利益，而後才組織國家，所以國家本身沒有價值，國家的價值完全看它能否使人得到快樂。凡國家能夠防止個人利益受到不正當的侵害，而法律又能保障個人利益的，都有存在的價值。否則我們不必服從國家的法律，甚至國家本身，我們也無妨反抗。

　　伊氏既用個人的利益來衡量國家的價值，故凡政府能夠保護個人利益的，不問外國人也好，本國人也好，專制政體也好，立憲政體也好，我們都無妨服從其統治。伊氏又謂個人的快樂與政治生活的煩惱本來不能相容，明哲之士除非有特別理由，以不參加政治活動為佳。這與柏拉圖、亞理斯多德的思想完全不同。此種隱遁思想乃有其時代背境。國家垂亡，希臘人漸次失去民族自信力，不能不向外國政權投降，則咒詛政治生活的學說自可供人藉口，安慰人心。其後伊氏門徒又進一步，坦率提倡肉體的快樂，教人及時行樂，優遊卒歲。此蓋豪富之家雖然失去政治上的權力，而家資殷實，尚可供其揮霍。他們只怕征服者沒收其財產，如果外國人政府能夠保護他們的家資，他們尚得歌舞太平，以樂其生於亡國之餘。用歡樂度過一生，而忘懷覆巢之苦痛，其能得到豪富歡迎，自是意中的事。案伊氏所謂快樂本來是指理智的精神快樂，非指放恣的

肉體快樂。但精神快樂須以肉體快樂為基礎，而肉體快樂又須以生活安定為前提。貧民受盡壓迫，饑而無食，寒而無衣，救死之不暇，哪裡會有精神快樂。伊氏學說只能流行於上層階級，而不受到貧民歡迎，並非無因。

斯多噶學派創始於芝諾 (Zeno of Cyprus, 342–270 B.C.)，他是腓尼基 (Phoenicia) 人，生於賽布魯斯島 (Cyprus)。西元前三一四年經商至雅典，其時雅典學風尚盛，芝諾受到影響，乃棄商而致力於哲學的研究。西元前二九四年始，他常在雅典的斯多噶 (Stoa) 之地講學，故稱為斯多噶學派。是派主張克己禁欲，其學說如自然法、人類平等影響於後世甚大。芝諾沒有著作，他的門生雖記述其言論，但殘存到現在的，亦不甚多。

芝諾以為宇宙是一個統一體，宇宙有一種普遍的法則，叫做自然法 (natural law)，可以規制一切事物。人類只是宇宙的一部分，應該遵循宇宙的法則。這個法則發現於人類，則成為人類的理性。它可指揮人類之所應為或所不應為。人類能夠遵循理性，脫掉物累，不求快樂，不要貨財，反真歸樸，安身立命，就可成為有德之士。

宇宙只有一個普遍的法則，人類的理性是宇宙法則的一部分，人人相同，沒有什麼差別，即不論希臘人或外國人，也不論自由民或奴隸，都有同一的理性，所以人類應該平等。現今政治制度既把人類分為階級，又把人類分成國家，使他們互相仇視，這是有反於人性。我們須糾合全世界人類，共同組織大同社會，使人人都得享受平等的權利，這才合於宇宙法則。

芝諾以道德生活為人生目的，此種意見固和柏拉圖及亞理斯多德沒有區別。但柏、亞二氏要用國家之力培養個人的道德，芝諾則欲令個人用他自己的力，來實現個人的道德生活，這是個人主義與國家主義不同

之點。芝諾雖然輕視國家，但對於政治又非漠不關心。他不贊成伊壁鳩
魯學派的隱遁生活，伊氏以為國家若能保護個人的快樂，任何政府都可
服從。芝諾則謂賢者除非有特別事故阻止，都應該參加政治活動。要是
政府不能保護人類的理性生活，更宜盡力反對。

　　芝諾鄙視快樂的思想，對於得不到快樂的貧民，芝諾之人類平等觀
念對於受人壓迫的貧民，自能安慰他們不平的心理，而受到他們的歡迎。
他對於政治，所以勸人參加，不同伊氏一樣，採取漠不關心的態度，也
是出於愛護貧民之意。何以說呢？這個時代，希臘貧民經濟上是弱者，
政治上受壓制，若非奪取政權，並利用政權，改造境遇，絕難提高自己
的地位，斯多噶學派勸人參加政治活動，理由在此。

　　在斯多噶學派的思想之中，對於後世最有影響的，為自然法、人類
平等、世界主義等的學說，希臘學者固然老早就有自然法觀念，但說明
都不如斯多噶學派那樣明晰。自然法觀念從何發生？據社會學者所說，
這與商品生產頗有關係。在商品生產，買者與賣者均須遵循市場價格，
市場價格不是他們自己定的，他們亦不能加以變更。賣者不承認市場價
格，必將覓不到買主，而致商品無法發售。買者不承認市場價格，亦將
覓不到賣主，而致生活必需品無從買入。總而言之，賣主與買主均須絕
對遵循市場價格。市場價格從何而來，當時的人不會知道，而只認為是
一種必然的現象，即認為一種自然法。那個時代人類的想像力已經進步，
常用日常事實以推論一切情狀。市場之上既有市場的自然法規制物價，
則在宇宙之內，亦必有更偉大的自然法規制萬物。自然法觀念是這樣發
生出來的。

　　至於世界主義及人類平等的思想則與經濟區域的擴大有很大關係。
當希臘各城市國家在經濟方面能夠自給自足的時代，同一個城市國家的

人民於經濟上有其聯帶關係，他們的鄉土觀念甚為強烈，每為自己鄉土
的利益，犧牲一切，有時且把異域的人當做敵人，而加以迫害，所以當
時的人只有國家觀念及種族偏見。到了經濟區域擴大，一方各國因分工
而不能閉關自守，他方各個種族因往來交際，而失去地方的特性，人士
漸能知道一切人類都應互相協助，不宜互相仇視，由是國家觀念遂發展
為世界主義，種族偏見亦發展為人類平等。恰好這個時代，亞歷山大征
服各國，建設世界帝國，一切種族均視為帝國的子民，而有平等的權利
和義務，於是鄉土觀念及人種偏見更歸消滅，而世界主義及人類平等的
思想則孳生蔓長起來。

　　希臘滅亡之後，伊壁鳩魯及斯多噶學說仍在羅馬帝國內流行。這是
因為羅馬的社會情形與希臘的社會情形相差無幾。然最流行於羅馬的，
還是斯多噶學派的人類平等及世界主義。何以故呢？羅馬帝國甚注意各
地的交通，開闢公路，先把羅馬市與各行省聯繫起來，次又把各行省彼
此之間聯繫起來。交通既已發達，商業更見隆盛，遂在整個的帝國之內，
統一了貨幣，統一了度量衡，於是住在地中海四周的人就有密切的關係，
而漸次失去地方的特殊性。此外，羅馬帝國統一歐洲，為時甚長，亙數
百年之久。但領土過大，不能直接統治，只能派遣巡撫坐鎮。後來各省
巡撫漸次跋扈，常常侵吞賦稅，而致中央財政大感困難。羅馬皇帝為挽
救財政危機，乃把羅馬的公民權給予各省的居民，藉此強迫他們除繳納
普通賦稅外，再繳納羅馬公民的各項賦稅。由是羅馬種族與其他種族漸
次失去差別。此種政治上的平等與交通的交達實是人類平等及世界主義
孳生蔓長的有力原因[16]。

1 農業發達之後，何以有分工，而發生許多手工業？我們只觀孟子與陳相的對話，就可知道：「陳相見孟子，……孟子曰許子必種粟而後食乎？曰然。許子必織布而後衣乎？曰否，許子衣褐。許子冠乎？曰冠。曰奚冠？曰冠素。曰自織之與？曰否，以粟易之。曰許子奚為不自織？曰害於耕。曰許子以釜甑爨，以鐵耕乎？曰然。自為之與？曰否，以粟易之。」（孟子滕文公上）

2 最初貨幣不但有交換價值，且有使用價值。吾國古代貨幣進步之後，最初雖用銅或鐵為之，或稱刀，或稱布。刀之形狀作刀形，乃用以割堅固的物，尤其是牛馬的皮。布之形狀如梭，織布時可用為梭。

3 詭辯派若以時代為標準，可分別為四。第一是文法派，第二是修詞派，第三是雄辯派，第四是政論派。文法派發生於西元前四四七年左右，其後發展為雄辯派。修詞派發生於西元前四二七年，其後變成政論派。茲試依此分類，略述其代表人物如次。

文法派的創立人，亦即詭辯派的創立人為勃洛達哥拉 (Protagoras)。他生於阿布第剌 (Abdera)，常到雅典，與伯里克里斯 (Pericles) 交遊。西元前四四三年雅典創設條立愛 (Thurii) 殖民地時，他曾受伯里克里斯的委託，制定該地的法律。後因反對神權思想，不能不離開雅典，而往西西里 (Sicily)，中途溺水死。他所說的「人為萬物的準繩」(Man is the measure of all things)，至今還膾炙人口。此外屬於文法派的，尚有攸里庇忒斯 (Euripides) 及布洛底庫斯 (Prodicus) 等。

修詞派的巨擘為哥爾奇亞 (Gorgias)，他為勒溫底尼 (Leontini) 人。西元前四二七年到雅典，以教授修詞學，有名於世。其門人有謝索馬秋等。哥爾奇亞的修詞學因與法庭訴訟有密切的關係，故又發展為政論派。此派學者有來科夫倫 (Lycophron)、阿爾息達馬 (Alcidamas)、伊索克拉底 (Isocrates) 等。他們均是哥爾奇亞的門人。

同時勃洛達哥拉的文法派亦發展雄辯派，喜庇亞 (Hippias) 則為其代表。此外尚有安替豐 (Antiphon)、卡力庫勒斯等。

4 柏氏除奴隸外，分人為金、銀、鐵三等，依教育方法甄別之。孔聖

「有教無類」，邢昺疏，「類謂種類，言人所在見教，無有貴賤種類也。」（論語注疏卷十五衛靈公）教了之後，就可分別受教之人為三等。孔子說：「中人以上可以語上也，中人以下不可以語上也」（同上卷六雍也），即分人為中人以上、中人、中人以下三等。中人以上即上智，中人以下即下愚。孔子說：「唯上智與下愚不移」（同上卷十七陽貨）。社會上上智寡，下愚亦寡，中人最多，中人由於教育，可上可下。

5 禮運云：「大道之行也，天下為公，選賢與能，講信修睦，故人不獨親其親，不獨子其子……貨惡其棄於地也，不必藏於己，力惡其不出於身也，不必為己……是謂大同」（禮記注疏卷二十一禮運）。吾人觀「不獨」及「不必」兩語，可知其與柏氏之共妻共產不同。

6 周代有「小人農力以事其上」（左襄十三年）之語。孟子說：「有大人之事，有小人之事……故曰或勞心、或勞力。勞心者治人，勞力者治於人。治於人者食人，治人者食於人，天下之通義也」（孟子注疏卷五下滕文公上）。

7 此言亦可應用於吾國。吾國自古以來，人臣欲奪取帝位，必須建立武功。苟能樹奇功於異域，則人望己歸，篡奪之事更見容易。司馬昭必於平蜀之後，才敢接受九錫。桓溫兵屈灞上，戰衂枋頭，而回國之後，竟然欲移晉鼎，其不能成功，勢之必然。劉裕與桓溫不同，伐燕，平定齊地；伐蜀，譙縱授首；伐秦，觀兵函渭。三次進兵，未曾一次失敗，其武功大略不但可以震主，抑亦可以威民，故能坐移天曆，而成移鼎之業。沈約云：「高祖（劉裕）崛起布衣，非藉民望，一旦驅烏合，不崇朝而制國命。若非樹奇功於難立，震大威於四海，則不能成配天之業，一異同之心」（宋書卷四十五王鎮惡等傳史臣曰）。又云：「桓溫一世英人，志移晉鼎，自非兵屈西湖，戰衂枋頭，則光宅之運中年允集。高祖（劉裕）無周世累仁之基，欲力征以君四海，實須外積武功，以收天下人望。然後可以變國情，愜民志，撫歸運而膺寶策」（宋書卷四十八朱齡石等傳史臣曰）。

8 吾國先哲之所謂「禮」，「法」常包括在內。禮云：「分爭辨訟，非禮不決」（禮記注疏卷一曲禮上），即禮除禮儀之外，又指今日之民刑二法。否則「分爭辨訟」，何以「非禮不決」。管子說：「法出於禮」（管子第十二篇樞言），荀子謂「禮者法之大分」（荀子第一篇勸學）。禮即是法，故荀子又說：「非禮是無法也」（荀子第二篇修身）。

9 亞氏以為人類都有利己心，惟對於自己所私有的，才會愛惜而保護之。兒童若歸公有，誰肯留意兒童的教育。這不但有害兒童，且有害社會。至於實行共妻，流弊更多。各人的愛情既無法集中於其妻，而對於其他婦女必缺乏一種高尚而節制的道德觀念。在共產社會，人眾因為勞動的成果不歸於自己所有，必不熱心於生產，而只熱心的消費。爭奪之事勢所難免。

10 關此，可參閱一九頁之「註三」。

11 財閥政體與貧民政體的區別，除掌握最高權的人多寡之外，尚有一個重要的特徵，即統治者一個是富有金錢的財閥，一個是囊空如洗的窮人。亞氏說：「貧民政體與財閥政體的區別，當以貧富為標準。富人的政治，不問人數多寡，都是財閥政治。貧人的政治，也不問人數多寡，都是貧民政治。」

12 韓非說：「法所以制事，事所以名功也。法立而有難，權其難而事成，則立之。事成而有害，權其害而功多，則為之。無難之法，無害之功，天下無有也」（韓非子第四十七篇八說）。此亦主張世上沒有一種法制有百利而無一害。

13 吾國法家主張法治，不是因為法律為理智的結晶，而是因人治不如法治之足恃。申不害說：「聖君任法而不任智」（申子）。慎到說：「法雖不善，猶愈於無法，所以一人心也」（慎子，威德）。韓非說：「今貞信之士不盈於十，而境內之官以百數，必任貞信之士，則人不足官，則治者寡而亂者眾矣」（韓非子第四十九篇五蠹），又說：「釋法術而任心治，堯不能正一國。去規矩而妄意度，奚仲不能成一輪。廢尺寸而差短長，王爾不能半中。使中主守法術，拙匠執規矩尺寸，則萬不

失矣。君人者，能去賢巧之所不能，守中拙之所萬不失，則人力盡而功名立」（韓非子第二十七篇用人）。

14 亞氏反對大貧與大富，就是孔子所說：「貧斯約，富斯驕，約斯盜，驕斯亂……故聖人之制富貴也，使民富不足以驕，貧不至於約」（禮記注疏卷五十一坊記）。董仲舒依孔子之言而解釋云：「大富則驕，大貧則憂。憂則為盜，驕則為暴」（春秋繁露第二十七篇度制）。孔子既然反對大富與大貧，其結論當和亞氏一樣，以為中產階級之存在有利於國家。不但儒家，法家例如管子，一方固然主張「凡治國之道必先富民。民富則易治也，民貧則難治也。奚以知其然也？民富則安鄉重家；安鄉重家，則敬上畏罪；敬上畏罪，則易治也。民貧則危鄉輕家；危鄉輕家，則敢陵上犯禁；陵上犯禁，則難治也。故治國常富，而亂國常貧。是以善為國者必先富民，然後治之」（管子第四十八篇治國），同時又謂「甚富不可使，甚貧不知恥」（管子第三十五篇侈靡）。「夫民富則不可以祿使也；貧則不可以刑威也。法令之不行，萬民之不治，貧富之不齊也」（管子第七十三篇國蓄）。即管子不希望國有大富之民，也不欲國有大貧之民。

15 管子說：「一國之人不可以皆貴，皆貴，則事不成而國不利也」（管子第五篇乘馬）。周代的統治階級為貴族，所以管子之言似與亞氏之意相同。

16 吾國在戰國時代有楊朱、墨翟兩派。孟子說：「楊朱、墨翟之言盈天下。天下之言不歸楊，則歸墨」（孟子注疏卷六下滕文公下），可知楊墨學說之盛行。楊墨思想有似於伊、斯兩派，然又與伊、斯兩派有別。伊派的快樂主義本來是指理智的精神快樂，非指放恣的肉體快樂。楊朱則說：「人之生也奚為哉？奚樂哉？為美厚爾，為聲色爾。而美厚復不可常厭足，聲色不可常翫聞，乃復為刑賞之所禁勸，名法之所進退，遑遑爾競一時之虛譽，規死後之餘榮，偊偊爾慎耳目之觀聽，惜身意之是非，徒失當年之至樂，不能自肆於一時，重囚累梏，何以異哉」。故其結論主張「恣耳之所欲聽，恣目之所欲視，恣鼻之

所欲向，恣口之所欲言，恣體之所欲安，恣意之所欲行」（列子第七篇楊朱）。他由徹底的快樂主義，便不肯損一毫以利天下，且謂「人人不損一毫，人人不利天下，天下治矣」（列子同上）。

斯派反對快樂主義，以道德生活為人生目的，墨翟也反對快樂，由尚儉而主張節用，衣只求暖，食只求飽，居室只求蔽風雨，車只求致重行遠，舟只求利涉大川，凡費用多而無利於民者聖人弗為（參閱墨子第二十篇節用上，第二十一篇節用下）。墨子主張法天，「天欲義而惡不義」（墨子第二十六篇天志上）。「義者正也」（墨子第二十八篇天志下）。「天必欲人之相愛相利，而不欲人之相惡相賊也」，「人無幼長貴賤，皆天之臣也」（墨子第四篇法儀）。這是主張人類平等的。至於墨子之「天」是否可以視為自然法，余不欲有所討論。蓋吾國先哲無不言「天」、「天理」，非獨墨子一人而已。

本章參考書

E. Barker, *Greek Political Theory: Plato and His Predecessors*, 2 ed., London, 1925.

G. H. Sabine, *A History of Political Theory*, 3 ed., New York, 1937.（吾國有翻版，此書不錯，有參考的價值。）

W. A. Dunning, *A History of Political Theories, Ancient and Mediaeval*, New York, 1923.（此書亦不錯，有參考的價值。）

F. W. Coker, *Readings in Political Philosophy*, rev. ed., New York, 1938.（是書均摘要原著作的原文，不加己見，可供參考，拙著中譯文均依此書，但皆意譯。）

T. I. Cook, *History of Political Philosophy from Plato to Burke*, New York, 1936.

W. W. Willonghby, *The Political Theories of the Ancient World*, New York, 1903.

第三章　羅馬的政治思想

社會學者多謂羅馬是一個偉大的侵掠種族及剽竊種族。它的物質文明是劫奪各地財富而成，它的精神文化則剽竊希臘思想而來。當羅馬人認識希臘學術之時，希臘人已由自然科學的研究，轉變為社會科學的研究。因此，羅馬思想對於自然科學自始就不注意，而忙於社會科學的研究。但羅馬雖然研究社會科學，亦不能脫出希臘人的舊套。故在政治思想方面，不能劃一時期以與希臘區別。

第一節　波里比斯的政治思想

波里比斯 (Polybius, 204–122 B.C.) 希臘人，當馬其頓勢力消滅，羅馬漸來侵略之時，他同許多政治家聯合，指導阿奇安聯盟 (Achaean League) 的政策。西元前一六七年羅馬征服希臘，波氏被捕，送到羅馬為人質。他居留羅馬十六年，頗受羅馬政府禮遇，結識朝野名士，並遊歷各地，搜集資料，寫成一部《羅馬史》(*History of Rome*)，說明羅馬興盛的原因，敘述羅馬統治屬地的情形，解釋羅馬政治組織的原理。他的政治思想散見於《羅馬史》第六卷之中。

照波氏說，國家興亡的原因在於政治組織的良窳。所以他研究政治，先從政治組織——政體著手。他依亞理斯多德之說，分政體為六種：一人由人民同意而登君位，為政以德而不以力的，稱為君主政體 (Monarchy)，否則只可謂為專制政體 (Despotism)。少數人德高才俊，為人民所推舉而得政權的，稱為貴族政體 (Aristocracy)，否則只可謂為寡頭政體 (Oligarchy)。多數人能夠尊神、孝親、敬老、守法，而一切決議又以多數人的意見為標準的，稱為民主政體 (Democracy)，否則只是暴民政體

(Ochlocracy)。

　　波氏區別了政體之後，又模仿柏拉圖的政體循環說，說明政體變更的原因。他謂原始社會是人與獸爭，人類能夠戰勝獸類，因為人類知道合群■。當此之時，凡體力強大而膽量勇敢的人，常能統帥體力弱小而膽量怯懦的人。這是自然法則，所以最初政體必為專制政體，以腕力為基礎。後來人智進步，明是非，辨善惡，知道有恩當報，有惡應懲，於是就發生了正義的觀念。又者，果敢的人見義勇為，必博得眾人讚揚，卑怯的人見危遠避，亦將受到眾人鄙視，由此又發生了名譽與不名譽的觀念。強有力的人若能獎勵名譽，而懲戒不名譽，依各人的功績，舉行公平的賞罰，則從前人民只畏服其威力者，現在必感謝其善政。斯時也，倘若有人叛亂，人民必自進而殲滅之。由於此種過程，君主政體遂代專制政體而興，即理性的統治代替了腕力的統治。

　　王位變為世襲，皇子長養深宮，沉淪富貴，一旦即位，往往非荒即暴，驕奢淫逸，虐民以逞，這樣，君主政體便敗壞下去，成為暴君政體。

　　暴君政體一旦出現，有些果決敢行之士，不肯依阿取容，起來革命，顛覆王室，於是專制政體及君主政體均歸消滅。人民感謝他們除暴安良，乃將政權交給他們，他們受到人民的信任，而肯忠心管理國政，那便是貴族政體。

　　貴族政體繼續下去，又發生了弊端。膏腴世家既不知民間疾苦，又缺乏人類平等的觀念，只知肆情縱慾，於公則政事紛亂，於私則污穢狼籍，從而貴族政體又敗壞而為寡頭政體，而引起人民反抗。

　　此時若有賢智之士知民心思亂，而肯振臂一呼，出來反抗，必能得到人民協助，驅逐豪門權貴。但人民由於前此教訓，不敢再蹈覆轍，知君主與貴族之不可信用，唯有信任自己，遂將權力握在自己手裡，於是

民主政體因之發生。

　　民主政體以自由平等為立國的原則，必須人民有道德觀念、守法習慣，而後方能維持下去。歷時既久，自由變為放縱，平等由比例的平等改為絕對的平等，沒有公道，沒有紀律，眾人各行其是，成為無數的暴君，而現出暴民政體。於是形勢又復逆轉，回歸到最初狀態，社會上只講強力，從而專制政體再度產生。政體是如斯循環重演不已的。

　　波氏說明政體循環之後，知道君主、貴族、民主三種政體都會敗壞。要預防敗壞，只有將上述三種政體融和配合起來，使它們互相制衡。這就是制衡原理 (Principle of checks and balances) ，而為此後孟德斯鳩 (Montesquieu) 的三權分立的先驅。波氏說：

> 過去學者常區別政治組織為君主政體、貴族政體及民主政體三種。
> 他們以為世上政體均可包括於這三種政體之中；而此三者又為最良
> 的政體。我則不以為然，依我之意，最良政體必須把三種政體的要
> 素融和配合起來。這不是我的獨斷，李庫格士 (Lycurgus) 所採用的
> 斯巴達的政治組織就是其例。

　　然則斯巴達的政治組織是怎樣的呢？據波氏說，斯巴達的政體乃融和配合各種政體而成。每個權力都受別個權力的牽制，而又不致為別個權力的侵融。人民參政使君主不流於專制，君主可以掣肘元老院的專橫，元老院富有保守的色彩，可以預防民眾的急進。由這三個機關的牽制，使斯巴達政制達到美滿之境。

　　最能表現制衡原理的，則為羅馬的政治組織。波氏謂羅馬政制有三種要素：一是執政官，有君主政體的性質；二是元老院，有貴族政體的性質；三是公民大會，有民主政體的性質。執政官不肯遵守元老院通過

的律令，則軍隊得不到給養；不尊重人民的意見，則宣戰、媾和等國家大事，無法得到公民大會的同意。元老院通過的議案須由執政官執行；重要案件如死刑的宣告等等，須經公民大會評定。而保護平民的護民官亦得行使否決權，使元老院通過的律令不能發生效力。公民大會似握有最高決定權，它得決定執政官及元老院議員的去留，但每個人民均有服兵役的義務，而須絕對服從執政官的命令；人民在公私方面又須受元老院的規制，例如人民要使用土地，利用公家建築物，均須得到元老院的批准。人民畏懼執政官及元老院之報復，故對它們兩者亦不敢有過分的誅求。總而言之，這三個機關乃互相牽制，而保持權力的均衡，使彼此不至流於專恣。波氏從羅馬政制之中，說出制衡原理，認為這是良好政體中最優的政體。

波氏的制衡原理不失為一種創見。在波氏以前，學者只知探求各種政體的優點及其敗壞的原因。他們都贊成單純政體，而未提出任何混合政體。波氏則知各種政體的特質，用三種機關，代表三種政體，使各機關互相牽制，使權力保持均衡。這個道理是波氏最先發現的，而為後世學者所接受。

第二節　西塞羅的政治思想

西塞羅 (Marcus Tullius Cicero, 106–43 B.C.) 生於意大利的阿爾皮諾 (Arpinum)，十六歲到羅馬求學，研究法律及哲學。西元前七六年以後，歷任羅馬顯要官職，六三年被舉為執政官。第一次三頭政治成立，流放於馬其頓，其後回到羅馬。第二次三頭政治成立，又為政敵所捕，在流放途中，為政敵暗殺，時為西元前四三年。西氏著作甚多，關於政治思想方面，模倣柏拉圖的《共和國論》(亦譯為《理想國》)、《政治家論》、

《法律論》，而著《共和國論》(*On Republic*)、《官吏論》(*On Official*)、《法律論》(*On Law*)。由此可知西氏的思想受到希臘思想的影響甚大。

　　西塞羅的國家論是修改亞理斯多德的學說而成。他說：「我們的國家不是根據獨裁者的意思而造成，也不是根據多數人的意思而造成，更不是一代之間忽然產生出來；乃是經過數世紀的光陰，漸次生長而成的」。由此可知西氏關於國家的起源，有似於亞理斯多德的自然發生說。但亞氏以人類的食色本能為國家發生的原因，西氏以人類的社會本能為國家發生的原因。所謂社會本能是謂人類天性有群居而組成社會的本能。關於國家的目的，西氏與亞氏的意見大抵相同，亞氏以國家的目的在使人類完成道德生活，西氏以國家的目的在於挽救人類的墮落而還於良善生活。

　　西塞羅的政體論完全繼承波里比斯的學說，分政體為君主、貴族、民主三種，各種政體都有它的優點，但不免敗壞下去，變為專制政體、寡頭政體、暴民政體。在各種純正政體之中，他以君主政體為最優，貴族政體次之，民主政體列在最後。他所視為理想的政體為融和配合各種政體而成的混合政體。他謂：依經驗所示，君主政體最優，但君主政體又比不上三種政體互相配合，互相糾正而成的混合政體。共和國內擁戴一位君主，再把一部分權力交給貴族，復保留幾種權力於人民，依人民的意思，行使權力，此種政制最為理想。因為君主、貴族及人民均有權力，而又互相制衡，彼此均有戒心。所以君主政體不會變為專制；貴族政體不會集朋結黨，互相排擠；民主政體不會雜亂無章，百弊叢生。這皆可以預防革命的發生。

　　西塞羅最有價值的學說則為模倣斯多噶學派，而闡明自然法的觀念。羅馬法律在西元前第五世紀以前，只有習慣法，習慣法是不成文的，內

容不甚明確，法官有很大的自由裁量的權，法官若由貴族充任，則自由裁量的結果，必不利於平民。因之一般平民就要求國家制定一部眾人周知的法典，使法官不能任意解釋，以袒護貴族。西元前四五一年，貴族與平民各派代表組織十人委員會 (Decemvirs)，負責編訂成文的法律；迄四五〇年編訂成功，鐫之銅版，懸於市內廣場 (Forum)，謂之《十二銅表法》(Laws of twelve Tables)。時代進化，《十二銅表法》失之簡陋，不夠應用，法官遇到案件之無法律條文可以援用者，則於慣例中引證準則以解決案件，是為法官的判例 (Praetor's precedents)。此外，著名學者的言論，法官亦常徵引，以為處理案件之助。此數者總稱為市民法 (jus civile)，只能適用於羅馬市民。到了羅馬領土擴大，羅馬商業隆盛，外僑人數增加，又置外務法官，管理外國人相互之間或羅馬人與外國人之間的訴訟案件。此際，從來以羅馬習慣為基礎的市民法便不能適用；然外務法官又不願意完全引用外國的法律，而致害及羅馬的權威，乃遍查屬地的法律，引徵各國法律的普遍原則，來裁判案件，這種裁判萬民的法律，稱為萬民法 (jus gentium)。萬民法適用於萬邦人民，所以它的背後乃潛存著一種世界公認的原則。這個原則當時的人稱之為自然法 (jus naturale)。

　　說到這裡，本書不能不簡單說明羅馬法學者的意見。自西元前第三世紀至第二世紀，羅馬有許多著名的法學家。其中最負盛名的為蓋雅斯 (Gaius) 及烏爾皮安 (Ulpian)，各成一派。他們論爭的主點則為自然法的解釋，而表現為法的二分說及三分說。蓋雅斯主張二分說，分法律為萬民法及市民法兩種，萬民法源於自然理性 (natural reason)，所以萬民法就是自然法，而萬民法所規定的一切制度也都合於自然理性。其結論便承認私有財產及奴隸制度為合理。烏爾皮安主張三分說，分法律為自然法、萬民法及市民法三種。萬民法只是多數種族的共同習慣，還未達到自然

法的標準。自然法乃世界上最高的普遍法則，而為法律最高的標準。依
自然法所指示，人類應是自由平等，所以現行法上不平等的私有財產制
度及不自由的奴隸制度皆有反於自然法。其後三分說逐漸流行，二分說
失去勢力。

最能闡明自然法觀念的便是西塞羅。西氏的解釋又與斯多噶學說稍
有不同之點。斯多噶學派以自然法為「物理上的必然」，西氏則以自然法
為「天理之當然」。照西氏說，自然法是最高的天理，所謂公道與正義就
是自然法的原則，指導人類當為的事，禁止不當為的事。自然法是存在
於萬世，發生於成文法未制定，國家未成立以前。自然法早就存在於世
上，有普遍性，不是羅馬有一種法，雅典有一種法，今天有一種法，明
天又另有一種法。世上只有一個法，即只有規制萬世萬邦的一種永久不
變的法。它同上帝一樣，只有一個，為萬物之主，規制一切。自然法雖
然永遠不變，規制萬世萬邦，但它只是抽象的法，普遍規制我們的則為
各國政府所制定的法律。因此，西氏又說明自然法與人為法的關係。他
謂一切人為法均須適合於自然法，否則形式上雖是法，實質上不是法。
自然法是人為法的基礎，不是發生於國家存在之後，乃是先國家而存在。

西氏由自然法出發，又主張人類的平等。照他說：一切事物均受自
然法的規制，人類是最高的動物，他的理性是與自然法相同。所以不論
什麼人都有平等的人格，沒有主人和奴隸的區別。人類不平等是由於人
類的墮落，非由人性的不同，國家應設法挽救人類的墮落，造成一個平
等的社會。

第三節　基督教的政治思想

第一項　原始基督教的思想及其轉變

　　基督教乃是巴勒斯坦 (Palestine) 的貧窮人民為了反抗羅馬帝國的剝削和壓迫而創立的宗教。由其創立的動機，可以推測原始基督教的思想。西元三一三年羅馬君士坦丁大帝 (Constantine I, 274–337) 頒布米蘭勅令 (The Edict of Milan) 承認信教自由。三二五年召開基督教會議於尼西亞 (Nicaea)。三九二年羅馬定基督教為國教。西元三一三年以前，信徒受盡迫害，而不撓不屈，祕密傳教不已。基督教欲在羅馬帝國公開傳教，須與羅馬帝國妥協，因此，原始基督教的思想，便隨之加以修改。茲依新約聖經尤其四部福音書所述，說明基督教思想的變遷；據德人考茨基 (Karl Kautsky) 研究（其書名見本章參考書），四部福音書著作年代先後不同。馬可最早，約在耶穌死後十年，其次為路加，發表於第二世紀之初，更次為馬太，比路加又後二三十年，最後為約翰，而於第二世紀中葉以後發表。由四部福音書著作年代之先後，可於其中搜索原始基督教（根據馬可及路加）與後期基督教（根據馬太及約翰）的教義有何差別。

　　第一、基督教乃亡國遺黎中貧窮人民所創立的宗教，他們除受亡國之慘之外，又受生活上的壓迫。他們悲觀之極，絕望之極，乃表現為嫉妒豪富，終而發生仇視豪富的心理。且看路加福音書之所述：

> 你們貧窮的人 (poor) 有福了，因為上帝的國是你們的。你們饑餓的
> 人 (hunger) 有福了，因為你們將要飽足。你們哀哭的人有福了，因
> 為你們將要喜笑……但你們富足的人有禍了，因為你們受過安慰。
> 你們飽足的人有禍了，因為你們將要饑餓。你們喜笑的人有禍了，

因為你們將要哀慟哭泣（路加第六章二十節至二十五節）。

有錢財的人進上帝的國，是何等的難啊！駱駝穿過針的眼，比財主進上帝的國還容易呢（路加第十八章二十四節至二十五節，馬可第十章二十四節至二十五節，也有此語）。

　　何以貧窮的人有福，何以富足的人有禍，路加福音書沒有說明其理由。即路加福音書未曾說出前者是善人，後者是惡人。質言之，富人所以不能進入天國，而當受種種禍患，不是因為他的罪惡，而是因為他有財產。

　　但是此種仇恨富人的心理，不久之後，就要修改。何以故呢？基督教對於貧人既然寄與以無限的同情，說他們有福，說天國是他們的。然在羅馬末季，貧民境遇極其悲慘，社會上一切勞動機會均為奴隸所取代，貧民失去衣食之道。教會對此貧民若不給與物質上的賑濟，則雖口若懸河，力言天國的快樂，亦不能永久得到他們的信仰。因此，教會就有救貧之制。但救貧的資金從何而來？貧民沒有餘糧，唯一的方法只有希望豪富捐助。由是教會遂廣開方便之門，歡迎富人入會。既然歡迎富人入會，則仇恨富人的論調就非修改不可。我們只看馬太福音書，就可知道。

虛心的人 (the poor in spirit) 有福了，因為天國是他們的。哀慟的人有福了，因為他們必得安慰。溫柔的人有福了，因為他們必承受地上。饑渴慕義的人 (they which do hunger and thirst after righteousness) 有福了，因為他們必得飽足。憐恤別人的人有福了，因為他們必蒙憐恤。清心的人有福了，因為他們必得見上帝。使人和睦的人有福了，因為他們必稱為上帝的兒子。為義被逼迫的人有福了，因為天國是他們的（馬太第五章三節至十節）。

教會已經放棄原始基督教仇恨富人的思想。從前是貧窮的人有福，現在是虛心的人有福。從前是饑餓的人有福，現在是饑渴慕義的人有福。從前一方祝福貧人，同時詛罵富人，現在詛罵富人的話已經刪去。其結果，過去絕對不能進入天國的富人，現在他們在天國也同在塵世一樣，成為重要的角色。

第二、原始基督教為貧人所創立，凡沒有財產的人，他們組織團體，關於經濟生活，常接近於共產。這在路加福音書中，可尋找許多證據。

> 你們要變賣所有的賙濟人（路加第十二章三十三節）。
> 這樣，你們無論什麼人，若不撇下一切所有的，就不能作我的門徒（路加第十四章三十三節）。

再看新約另一篇吧。

> 信徒都在一處，凡物公用，並且賣了田產家業，照各人所需用的，分給各人（使徒行傳第二章四十四節至四十五節）。
> 許多信徒都是一心一意的。沒有一人說，他的東西有一件是自己的，都是大家公用……其中也沒有一個貧窮的，因為人人將田產房屋都賣了，把所賣的價銀拿來，放在使徒腳前，照各人所需用的，分給各人（使徒行傳第四章三十二節至三十五節）。

這是原始的共產，與柏拉圖所主張的相去無幾。即不是生產方面的共產，而是消費方面的共產；不是資本集中的共產，而是貨財分散的共產。何以古人只會主張消費方面的共產？關此，本書在說明柏拉圖的政治思想之處已有解釋，現在不妨重說之。古代工業規模極小，而以手藝品為主。手藝匠各自獨立，而表現為生產上的個人主義。他們未曾分工，

希望他們合作，絕難做到。反之，人類的生活條件卻很簡單，任誰都沒
有特別的慾望，他們在消費方面相差不遠。因此之故，古人所主張的共
產遂只能採取消費形式，不能採取生產形式。現在工業已經發達為大工
廠制度。大工廠之內，每一位工人都成為一個齒輪，而與其他無數的齒
輪互相配合。然在他方，生產力的增大又把無數新貨物陳列在人類的眼
前，而增加人類的慾望。縱是勞力的人，各人也有各人的嗜好，不能人
人相同。即現代工人在生產方面雖能合作，而在消費方面卻表示了十足
的個人主義。因此之故，今人所主張的共產遂採取生產形式，而不採取
消費形式。至於古人主張財富分散的共產亦有其經濟的背景。羅馬時代
除礦業外，其他產業都是小規模的。農業規模較大（豪富私有的大土地，
叫做 Latifundium），然乃用奴隸工作，其技術並不比小農進步。即在當
時，生產技術極其幼稚，所謂資本，除土地外，並沒有工廠及機器。因
此，財富集中於少數人，並不是生產力的增大，而只是消費品的壟斷。
而此消費品又不是個人單獨所能消費得盡。所以將財富分給一般人民，
並不妨害社會的生產力。現今資本的集中乃是生產力增大的條件，蓋資
本集中可以購用高價的機器，又可以實行精細的分工之故。今人所謂共
產不問其派別如何，都是資本集中的共產，理由在此。

　　基督教所主張的共產雖然幼稚，然亦不能永久主張下去。教會因為
救貧經費的增加，不能不歡迎豪富入會，而豪富加入教會之後，教會的
性質就發生了一個大變化，即放棄共產的主張。馬太福音書說：

　　耶穌說，你若願意作完全的人 (perfect)，可去變賣你所有的，分給
　　窮人（馬太第十九章二十一節）。

　　在最初，耶穌對於一切信徒，要求盡捨所有。現在只要求那些想作

完全的人盡捨所有。從前一切信徒須變賣一切財產，捐入教會，現在呢？
據大達利安 (Tertullian, 155–240) 的《護教學》(Apologeticus)——據說，此書
成於西元一五〇年至一六〇年——所言：「每人都在每月的某一日，或在
他們自己喜歡的日期，把小數的金錢捐給教會。但最重要的，當看他們
願意與否，及他們能力如何。因為這個捐款不是強迫的，而是各人樂意
捐助的」。這樣，「凡物公用」的信條就根本取消。

　　第三、基督教為猶太人所創立，在其創立之時，猶太亡國已久，其
遺黎受盡各種壓迫，凡人受到壓迫，往往要求平等，不但要求我與壓迫
者平等，且為取得別人的同情起見，進而主張一切人都要平等。試看下
舉文句：

> 我們不拘是猶太人，是希利尼人，是為奴的，是自立的，都從一位
> 聖靈受洗，成了一個身體，飲於一位聖靈（哥林多前書第十二章十
> 三節）。
> 並不分猶太人，希利尼人，自立的，為奴的，或男或女，由基督耶
> 穌看來，則同是一個人（加拉太書第三章二十八節）。
> 在此並不分希利尼人，猶太人，受洗禮的，未受割禮的，化外人，
> 西古提人，為奴的，自立的，惟有基督是包括一切，又住在各人之
> 內（歌羅西書第三章十一節）。

　　即原始基督教不但主張種族平等，而對於奴隸亦一視同仁。但我們
須知基督教雖係貧窮人民所創立，但又為自由民信仰的宗教。羅馬末期，
自由民的生活雖然窮苦，和奴隸相去無幾，但他們兩者的利害卻不一致。
自由民是國家的公民，他們不想工作，只想利用投票權，向國家及豪富
勒索金錢。這種作法必以維持奴隸制度為條件。教會之內自由民人數逐

漸增加,從而基督教對於奴隸,乃逐漸喪失同情心。下述文句可以證明
此中情形。

> 你們作僕人的,凡事要存敬畏的心,順服主人。不但順服那善良溫
> 和的,就是那乖僻的也要順服。你的良心對得住上帝,就是受了冤
> 屈的苦楚,也是可喜愛的。你們若因犯罪而受責打,則雖能夠忍耐,
> 亦有什麼可誇的呢。但是你們若因行善受苦,而又能夠忍耐,則上
> 帝一定喜愛不已(彼得前書第二章十八節至二十節)。

在過去,奴隸順服主人,不過受了淫威脅迫。現在基督教則用道德
的觀念加在奴隸身上,使奴隸敬畏主人。基督教與現實社會妥協,由此
更可瞭解。

第四、原始基督教為猶太人所創立,猶太人受盡羅馬帝國的壓迫,
所以反對羅馬帝國極其激烈。試看新約所述。

> 你們中間有彼此相爭之事,怎敢在不義的人面前求審,不在聖徒面
> 前求審呢?豈不知聖徒要審判世界麼?若世界為他們所審判,難道
> 他們不配審判這最小的事麼?豈不知我們要審判天使麼?何況今生
> 的事呢?既是這樣,你們若有今生的事當審判,難道可派教會所輕
> 視的人審判麼(哥林多前書第六章一節至四節)。

由此可知原始基督教不但不願服從國家的法律,而且蔑視國家的法
官,斥為不義的人。此外,對於羅馬帝國,憤懣之氣更溢於言外。啟示
錄曾假借巴比倫,以詛罵羅馬帝國。

> 巴比倫大城顛倒了,顛倒了,成了鬼魔的住處和各樣污穢之靈的巢

穴，並各樣污穢可憎之雀鳥的巢穴……因他的罪惡滔天，他的不義，上帝已經想起來了。他怎樣待人，也要怎樣待他，按他所行的，加倍的報應他。他怎樣榮耀自己，怎樣奢華，也當聽他照樣痛苦悲哀。所以在一天之內，他的災難要一齊來到，就是死亡、悲哀、饑荒，他又要被火燒盡了（啟示錄第十八章二節至八節）。

悲憤！充分表示了反抗的精神。但基督教一旦開始在羅馬傳教，就不能不與統治者妥協，由反抗而變為卑屈的服從。羅馬書說：

在上有權柄的，人人當順服他。因為沒有權柄不是出於上帝的。凡掌權柄的都是上帝所命的，所以抗拒掌權的，就是抗拒上帝的命，而抗拒的必自取刑罰。作官的原不是叫善人懼怕，乃是叫惡人懼怕，你願意不懼怕掌權的麼？你只要行善，就可得他的稱讚，因為他們是上帝的用人，是與你有益的。你若作惡，卻當懼怕，因為他不是空空的佩劍，他是上帝的用人，是伸冤的，刑罰那作惡的。所以你們必須順服，不但是因為刑罰而當順服，並且因為良心而當順服。你們納糧，也是這個緣故。他們是上帝的差役，常常管理這事。凡人所當得的，就給他，當得糧的，給他納糧；當得稅的，給他納稅；當懼怕的，懼怕他；當恭敬的，恭敬他（羅馬書第十三章一節至七節）。

基督教思想的轉變，觀此更可瞭解。從前詛咒羅馬的基督教，現在竟然宣傳服從羅馬，地上權力已經控制了那代表上帝說話的宗教。

第五、原始基督教反抗羅馬，而欲解放窮苦的人民，其實現解放的時期，最初是在現世的地上，不是放在死後的天堂。新約聖經上說：

耶穌又對他們說，我實在告訴你們，站在這裡的，有人在沒嘗到死味以前，必能看見上帝的國，大有能力臨到（馬可第九章一節）。

耶穌又對他們說……我實在告訴你們，這一代沒有過去，這個事（人主降臨，拯救窮民）都要成就（路加第二十一章三十二節）。

即人們不必於死後，纔能進入天國，就是活的人也可以看到人主降臨，在地上建設一個樂園。樂園既然是建設於地上，而地上乃有羅馬帝國作梗，然則如何對付？如上所言，基督教最初仇恨羅馬，後又希望與羅馬妥協，由這根本態度的變更，其實現樂園的方法，前後主張亦不一樣。在前期，基督教想用暴力革命的方法，實現樂園於地上。我們若看路加福音書，就可知之。耶穌說：

你們以為我來，是叫地上太平麼，我告訴你們，不是，乃是叫人紛爭（路加第十二章五十一節）。

不但單單出之於口而已，路加福音書尚有耶穌及其門徒用直接行動，反抗羅馬的事。

耶穌說，如今有錢袋的可以帶著，有口袋的也可以帶著，沒有刀的，要賣衣服買刀。我告訴你們，聖經上寫著說：「他被列在罪犯之中」，這話必應驗在我身上，因為那關係我的事，必然成就（路加第二十二章三十六節至三十七節）。

說話之間，來了許多人……左右的人見光景不好，就說，主呵，我們拿刀砍，可以不可以。內中有一個人，把大祭司的僕人砍了一刀，削掉他的右耳（路加第二十二章四十七節至五十節）。

眾人都起來，把耶穌解到彼拉多（羅馬巡撫）面前，就告他說，我

們見這人誘惑國民，禁止納稅給凱撒，並說自己是基督，是王。彼
拉多問耶穌說，你是猶太人的王麼？耶穌回答說，你說的是（路加
第二十三章一節至三節。馬可第十五章二節也有「耶穌回答說，你
說的是」之句）。

　　觀上所述，我們可以看出耶穌要作直接行動，叫人預備刀劍，卒與
羅馬軍士衝突，而至被捕的情形。

　　到了基督教盛行於羅馬帝國，而須與羅馬帝國妥協的時候，情形便
不同了。所以在後期編著的福音書之中，關於耶穌被捕，乃加以許可刪
改。如在馬太福音書上，耶穌不但未曾命其門徒預備刀劍，且又反對門
徒用刀殺人，說道：「收刀入鞘吧！凡動刀的，必死在刀下」（馬太第二
十六章五十二節）。不但未曾禁止納稅，並且還說：「凱撒的物當歸納凱
撒，上帝的物當歸納上帝」（馬太第二十二章二十一節）。至於耶穌被捕
的理由也不是鼓動人民反抗納稅，而是因為「說了僭妄的話」，自稱為上
帝的兒子（馬太第二十六章六十三節以下）。在約翰福音書上，耶穌更否
認自己是猶太的王，而說：「我的國不屬這世界」（約翰第十八章三十六
節）。於是基督教所理想的樂園遂由現實世界而移於精神世界，以為人們
唯於死後，才得進入天國。此外，他更教人民在現實世界，必須含垢忍
辱，不要反抗。

你們聽見有話說，以眼還眼，以牙還牙。只是我告訴你們，不要與
惡人作對，有人打你的右臉，連左臉也轉過來，由他打（馬太第五
章三十八節至三十九節）。
你們聽見有話說，當愛你的鄰人，恨你的仇敵。只是我告訴你們，
要愛你們的仇敵，為那逼迫你們的，祈禱（馬太第五章四十三節至

四十四節）。

一方把自己所理想的王國，由現實世界移於精神世界，同時又教人忍辱含垢，不作反抗。基督教的教義與現實社會的權力已經沒有衝突。於是基督教在歐洲大見流行，終而傳播於世界各國。

第二項　奧古斯丁的政治思想

原始基督教是反抗羅馬的。耶穌遇難，其使徒欲在各地傳教，不能不與羅馬妥協，以求避免衝突。及到君士坦丁大帝公許基督教傳教之後，基督教便和羅馬帝國發生關係。此時教會乃隸屬於國家之下，而受國家的管轄。諸凡鎮壓異教及處罰叛教之事，均由羅馬帝國官署執行。不久，帝國式微，教會便漸次脫掉隸屬的地位，離開國家而獨立。四〇一年哥德種族 (Goths) 的阿拉利克 (Alaric) 侵入意大利半島，四一〇年攻破羅馬城，羅馬帝國的統治權一蹶不振，教會又想擴大自己的威力，把國家壓伏在教會之下。乘著這個機會，出來宣布基督教的教義，而創立基督教的政治論的，則為奧古斯丁。

奧古斯丁 (Aurelius Augustinus, 353–430) 生於意大利的努米底亞 (Numidia) 的塔加斯忒 (Tagaste)。十六歲到迦太基 (Carthage)，學習修辭學及法律學，遍閱柏拉圖、亞理斯多德之書。西元三八六年始皈依基督教，三九六年出任非洲希波 (Hippo) 地方之神父，遷主教。他著作更多，其與政治思想有關的則為《上帝之城》(City of God)。此書著手著作於四一三年，完成於四二六年。

原始基督教是反抗羅馬國家的。奧氏既見羅馬帝國已經承認基督教為國教（西元三九二年），又知基督教惟在國家之內，依藉國家的協助，方能擴張勢力，所以放棄原始基督教反抗國家的思想，而創立基督教的

國家論。照奧氏說，人類生來就有社會本能，而知經營團體生活。最先
發生的團體為家族，國家是由家族發展而成，家族只是國家的一部。家
長有管理子弟及奴隸的權，人類有鑒於家長的管理權，乃創立國家的制
度。國家的目的可分三種：一是防禦敵人入寇，二是維持國內治安，三
是滿足人民之經濟需要，並舉辦教育事業。由此可知奧氏的國家論不過
承襲柏、亞二氏的學說，毫無創見。其與柏、亞二氏不同的，則為奧氏
思想側重於宗教。他謂教育不能與宗教分離，當令人民有敬信上帝之心。
宗教之事應歸教會管理，但國家須給與以積極的協助。國家的目的固然
是在維持社會的和平，所可惜者，這個和平只是肉的和平，不是靈的和
平。靈的和平只唯教會方能給與。蓋上帝創造的世界有二，一是塵世
(Civitas Terrena)，一是天堂 (Civitate Dei)。國家生活只是塵世生活，既不是
人生的最後目的，只可視為嚮往天堂的人生逆旅。指導人類進入天堂，
有恃於教會，所以教會能夠給與人類以靈的和平。奧氏依此觀念，進而
主張國家必須遵循神意。國家既須遵循神意，則對於一切問題，自應服
從教會的指導。

　　依奧氏之言，國家本身是和上帝所創造的宇宙秩序沒有衝突。當然，
這句話有一個條件，即惟國家能夠遵循上帝意思，服從教會指導，才無
衝突；否則國家只是盜賊團體而已。國家能夠遵循上帝之意，不違教會
的信條，則雖基督教徒也須服從國家的法律。縱令國家尚有一部分異教
的色彩，未曾完全實行基督教的信條，人民也有服從的義務。此種思想
似根據新約羅馬書（第十三章一節以下）所說：「在上有權柄的，人人當
順服他，因為沒有權柄不是出於上帝的，凡掌權柄的都是上帝所命的」。
奧氏用「原罪」(original sin) 一語，說明其理由。他謂塵世的國家中都是
有原罪的人，有罪的人知道贖罪，則上帝遣仁君以治之；不知贖罪而依

然為惡，上帝則遣暴君以治之，所以仁君暴君皆上帝所遣。人君仁慈，百姓更應敬畏上帝；人君殘暴，百姓亦只有忍辱，受其統治，若要反抗，那便是受裁判的人不服裁判，為罪更大。

奧氏固然主張國家應服從教會的指導，但他不一定認為教會高於國家。蓋在第五世紀之初，羅馬帝國尚有利用的價值，而教皇在教會中的地位亦未確定之故。任何思想均不能離開現實環境，更不能不顧當時勢力關係，所以奧氏對於奴隸制度，一方主張上帝創造人類，只許人類支配海裡的魚，空中的鳥，地上的牲畜及爬蟲（參閱舊約創世紀第一章二十六節），並不許人類支配人類。但他方又謂人類有各種罪惡，故上帝特設奴隸制度，以懲戒人類，吾人不宜破壞奴隸制度。如是，奴隸制度便變成神聖化了。又如奧氏一方雖謂私有財產是國內鬥爭的主要原因，但他方又說明私有財產制度既然存在於世，則必合於上帝的意旨，我們不宜反對，一切罪惡非發生於私有財產本身，而是發生於私有財產的利用不得其法。財產若能用於正途，均有真正的價值。什麼是正途？施捨給貧人就是正途。因為「貧人是天國的市民，施捨給貧人無異於將金錢放置在上帝傍邊」。

總之，奧氏的思想一方要將古典世界轉變為基督教世界。他方欲將教會與異教國家的對立，於基督教信條之下，改造為教會與國家的合一。此種思想到了中古時代，雖然不能完全實現，而確是實現了大部分。

1 荀子說：「人力不若牛，走不若馬，而牛馬為用何也？日人能群，彼不能群也」（荀子第九篇王制）。

本章參考書

G. H. Sabine, *A History of Political Theory*, 3 ed., New York, 1937.

W. A. Dunning, *A History of Political Theories, Ancient and Mediaeval*, New York, 1923.

F. W. Coker, *Readings in Political Philosophy*, rev. ed., New York, 1938.

T. I. Cook, *History of Political Philosophy from Plato to Burke*, New York, 1936.

K. Kautsky, *Der Ursprung des Christentums,* Berlin, 1908, 13 Aufl., 1923.（有英譯本，本章第三節第一項所述「原始基督教的思想及其轉變」是根據是書之後半部，這要特別申明。）

第二篇
中世政治思想

中世社會的一般情況
政權與教權的紛爭
王權思想的興起
反抗暴君及國際法觀念的發生

第一章　中世社會的一般情況

第一節　中世社會的結構

所謂中世，其期間並不明確。學者或謂始於西元十一世紀，終於十四世紀。我們以為應始於西元第五世紀羅馬帝國滅亡，終於十六世紀宗教改革。

中世社會又稱為封建社會。封建社會以農業經濟的莊園制度及都市經濟的基爾特 (guild) 制度為特徵。茲先就莊園制度言之，中世經濟以農業為主，而土地則為少數地主所私有。地主稱為領主 (Lord)，隸屬於領主的農民稱為農奴 (Serf)。領主的大土地稱為莊園 (Manor)。這個領主私有了大土地，而於一定條件下，貸與農民的制度，稱為莊園制度 (Manorial System)。農民對於領主有繳納賦稅及擔任徭役的義務，而對於土地則沒有所有權，只有使用收益權。這種使用收益權最初是暫時的或一代的，以後遂成為世襲的。農奴不得擅自離開土地，對其自己保有的土地，不得讓與或分割。**■**

我們若將中世的農奴與古代的奴隸比較一下，則知他們兩者有顯著的區別。關此，本書已有說明，茲再重複述之。奴隸不但沒有財產，並且奴隸本身就是主人的財產。奴隸須將勞動的生產物全部奉獻給主人，主人不過和飼養牛馬一樣，依著奴隸的生活必需，給與以適當的生活資料。所以主人與奴隸的關係，與其說是人與人的關係，不如說是人與物的關係。反之，農奴在某程度內，有其私有財產，不過每年有一定日數，無報償的耕作領主直轄的土地，而將其全部生產物交還領主。其他餘日，則可耕作自己借來的土地，而收其生產物為己有。由這一點看來，農奴

比之奴隸，人格上較有自由。但是再從別的方面觀之，農奴的境遇亦極悲慘。第一、農奴每年須為領主耕耘土地若干日，沒有任何報酬。第二、農奴除耕作土地之外，又有納稅（人頭稅、戶稅、財產稅）及當兵的義務。第三、領主若有旅行遊獵，農奴須設宴款待；農奴結婚，須納規費，而領主對於新娘且有初夜權。第四、莊園之內，風車、磨坊、公牛、麵包爐、釀酒房等為領主所專有，農奴要想利用，須出租金；母牛要由公牛取種，亦須繳納規費。第五、農奴須服從領主的審判權，農奴若欲逃亡，領主可處以死刑。

領主對其莊園，不但有所有權，且有統治權。故每個莊園除領主外，尚置有官吏。此外，又有許多手藝匠如木匠、鐵匠、製靴工人、紡織工人等是。所以莊園於政治上和經濟上都可以視為一個獨立的團體。

在此種經濟結構之下，社會階級固然以領主及農奴為主，但又不是這樣簡單。最高的階級為國王 (King)，國王之下才是領主。領主一方是莊園的所有者，同時又是莊園的統治者。領主分為兩種：一是出身於貴冑，而受封為公爵 (duke)、侯爵 (marquis)、伯爵 (count)、男爵 (baron) 者，二是教會的主教。此二種領主均用官吏，以統治其領內的臣民。領主之下，普通就是農奴，但中間又有騎士 (knight) 階級。騎士階級多出身於自由農民，因為建有功勳，受到領主優待，昇為領主的陪臣 (vassal)，若更得到土地的賞賜，則成為小領主。

各種階級之間皆有主僕的關係，農奴固不必說，小領主對其領主，領主對其國王，皆須宣誓效忠。而上層階級對其直接下層的人亦須盡保護之責。即在封建時代，上下之間均有相互義務。

最下層的階級除農奴外，尚有古代社會殘留下來的奴隸，但其為數不多。此外又有自由農民 (free-holder)，位在領主與農奴之間，人數亦少。

莊園制度愈發達，領主壓迫自由農民愈苛暴，到了最後，自由農民不能不放棄其自由的境遇，而將自己的土地讓給領主，而變成領主的農奴。

　　現在試來研究莊園制度的起源。前曾說過羅馬末季曾發生了大土地所有之制，不但盛行於意大利半島，且又普遍存在於羅馬帝國各地。當日耳曼民族侵入羅馬，而與羅馬人接觸之時，一方雖已發生私有財產制度，同時尚保存日耳曼民族原有的共產團體的印記。故由社會進化階段觀之，羅馬人的經濟組織實比日耳曼人進步。因此，日耳曼人一旦建國於羅馬版圖之內，就學習了羅馬的大土地制度。加以當時交通不便，中央權力不能達到地方，而致地方官吏常常割地稱雄，變成該地的領主。領主為了獎賞功勳，又將自己的土地賜其陪臣。這個賜與陪臣的土地本來只是食邑，後來才變成封土，而使陪臣成為小領主。這批大小領主隨著經濟的發達，沒收自由民的土地，使自己土地天天擴大，並勵行日耳曼舊制——部下對其主人須宣誓服從——使階級區別得以鞏固，於是莊園制度遂見成立。

　　在莊園經濟之內已經有了分工的萌芽，例如農民專門耕田，木匠專門築室，織匠專製布匹，鐵匠專造用具，其當然的結果，便發生許多手工業。手藝匠最初只為領主工作，以後他們的製品又供給一般農民之用。但其生產又與現今不同，乃應著顧客的需要，用顧客自備的材料，在手藝匠自己室內或顧客之家，為顧客製造。其後因為手藝匠的增加，技術的進步，加上領主的保護，於是莊園內手工業日益發達，而促進貿易的發生。貿易的發生不單由手工業的發達，且又由領主需要奢侈品及發售過剩生產物。此種貿易最初由外國人經營。莊園愈繁榮，領主愈富裕，而需要奢侈品亦愈多，由是又發生一種專門經營貿易的商人。商人最初是以行商的方式往來各地，買賣貨物。後來就定期的集合於一定場所，

這個場所發達之後，成為市場。市場既固定於一定場所，遂受該場所的
領主的保護和干涉。領主由於市場，不但可以取得奢侈品，且可向市場
徵收特許稅及市場稅。市場大有利於領主，所以領主為防禦外敵的來寇，
便建築城廓，施以種種戒備，於是商人自由來往，毫無危險，固不待言。
而手藝匠亦由莊園遷居於市場，農奴逃出莊園，也奔到市場謀生。人口
愈增加，市場愈繁盛，終則發達為中古的都市。

都市發生之後，聚居於都市的人又欲排斥領主的干涉。都市本來是
該地領主的土地，經其許可而後成立的。所以該地領主同時就是都市領
主，而有各種特權。由於特權的濫用，便引起都市人民的反抗，而要求
都市的自治及獨立，經過許多鬥爭，都市的統治權漸由領主移歸於市會。
此外，都市復制定種種維持市場和平的規約，凡擾亂和平，破壞規約者，
得處以刑罰或罰款。這樣，都市遂逐漸成為獨立的組織。

都市經濟的骨幹就是基爾特。最先組織基爾特的乃是商人，而稱為
商人基爾特 (merchant guild)，其次手藝匠也出來組織基爾特，稱為藝工基
爾特 (craft guild)。商人基爾特的目的在於抵抗領主。藝工基爾特的目的不
但抵抗領主，且要抵抗商人的壓迫，更欲獨占生產，並防止同業者的競
爭。各種基爾特都是由同一職業的人組織之，故可譯為同業公會，例如
木匠組織木匠基爾特，鐵匠組織鐵匠基爾特。它們謀顧客的方便及工作
的便利，各聚居於都市的一隅[2]。

封建社會是階級的社會，而階級差別也表現於基爾特組織之上。基
爾特的會員是由同一職業的師傅 (master) 組織之。在師傅之下有職工
(journeyman) 及學徒 (apprentice) 兩個階級。學徒是在師傅之下，練習技工
的人，他們的工作沒有報酬，修學期間由各職業而異，亦由各地而異，
短者三、四年，長者八、九年，罕有超過十年的。學徒滿了修學期間，

並經過考試之後，昇為職工。職工於一定期間之內，在師傅處工作，得些工資。這個期間滿了之後，才成為獨立的師傅。就是當時的勞動關係分為師傅、職工、學徒三個身分。這個身分的勞動關係是由手工業的性質而來。因為手工業須有某特定的技能，人們要想得到職業，須於一定年限之內學習技能。同時又因為師傅要防止同業者的競爭，故用此種制度，限制同業者人數的激烈增加。

基爾特為減少競爭，設定許多規約：每個師傅只許使用職工及學徒二、三人，罕有超過五人的。此外，又嚴格規定工作的時間及工作的範圍，既不許製造草帽的人製造布帽，亦不許任何人的生產物，品質比別人優，數量比別人多。至於原料品的取得，亦由基爾特平等分配。但基爾特最重視的乃是市場的獨占。就是用法律規定某一個基爾特可在某一城市，獨占其貨物的生產及販賣。凡人要在某城市內，從事某種職業，須先加入該職業的基爾特。不消說，加入須得該基爾特的許可，而許可又極困難。

在每個基爾特之內均有師傅、職工、學徒三種階級，他們的關係最初是友好的。職工及學徒住在師傅家裡，視為師傅家族的一員。其後師傅人數增加，師傅要保全自己的利益，乃用種種方法阻止學徒昇為職工，職工昇為師傅。因此，職工與學徒就聯合起來，反抗師傅。由是從前友好關係消滅，而代以鬥爭的氣氛。這是基爾特制度破壞的一個原因。

基爾特本是經濟團體，後來竟然發生政治的色彩。同一基爾特的會員既然住在同一地區之內，所以曾無幾時基爾特就成為選舉區。某一個基爾特若有強大的勢力，則它可以選出市長職官及市會議員。而且每個基爾特又各有其自己的法庭及軍隊，所以在中世，基爾特也是反抗國權的一個勢力。

第二節　中世的教會

基督教本來只以傳教為事，既無組織，亦無僧俗的區別。後因信徒漸多，不易統制，乃設立教會於各地，置主教 (Bishop) 以司其事；又因主教漸多，不易監督，復置大主教 (Patriarch) [3]於羅馬、君士坦丁堡 (Constantinople)、亞歷山卓 (Alexandria)、耶路撒冷 (Jerusalem)、安提阿沙 (Antiochia) 五處。基督教既有組織，就需要維持組織的經費。在君士坦丁大帝時代，國家已許人民將其財產或土地捐給教會，其後又發生一種習慣，凡信徒死時，教會可繼承其財產或土地，由是教會所占有的土地日益擴大[4]，終則古羅馬末期的大土地所有制及封建時代的莊園制度亦發生於教會領地之內。

當日耳曼民族侵入羅馬版圖而使羅馬帝國分崩瓦解之時，西歐一帶已經沒有一個堅強的權力可以約束人民。此際代替羅馬皇帝[5]領導人民的，只有教會。日耳曼民族本以遊牧為生，其政治組織則為部落。羅馬國家雖已式微，其生產方法亦甚幼稚，但比之日耳曼的政治制度及經濟組織，卻進步許多。因此，日耳曼民族一旦移住於羅馬境內，就學習了羅馬人的生產方法（大土地所有制），又組織了與這個生產方法相適應的國家。在這時期，教會遂步步攫取權力，而使日耳曼民族隸屬於教會。何以故呢？教會不但繼承羅馬末期的生產方法，足為日耳曼民族的模範。而且教會又是當時知識的寶庫，它對於日耳曼民族教以農耕的方法，授以手工的技術，而醫生學者又盡出身於教會。人類一切物質的和精神的生活既與教會有關，教會便抓住人類，使其隸屬於自己權力之下[6]。豈但思想要受教會的規制，就是行為也常受教會的干涉。人生三大要事：出生、結婚、死亡，教會都得置喙，甚至工作與祭祀也由教會統制。

　　教會在民眾之間既有勢力，浸假其勢力又推廣而及於日耳曼民族所
創設的國家之上[7]。當羅馬帝國逐漸式微之時，教會已經發展為政治的
組織，現在則欲奪取國家一切職權以為己有。教會既然得到民眾的信仰，
其一言一動自能移轉民眾的意嚮，而教會亦善能利用機會，討好蠻族酋
長。當日耳曼民族紛紛建國之時，教會常冊封日耳曼民族酋長為國王[8]。
尤其是西元八〇〇年羅馬教皇利奧第三 (Leo III) 擁立西法蘭克國王查理
曼 (Charlemagne) 為西羅馬皇帝。九六二年羅馬教皇約翰第十二 (John XII)
又對東法蘭克國王（亦稱日耳曼國王）鄂圖第一 (Otto I) 舉行加冕之禮，
稱神聖羅馬皇帝，是為神聖羅馬帝國之始。自是而後，國王對於人民的
統治權愈增大，教會對於國王的控制權亦隨之增大。弄到最後，皇帝也
好，國王也好，只是教會的傀儡，而教會遂由作之師一躍而為作之君了。
　　同時國家亦常利用教會以擴張自己的勢力。前已說過教會本身乃是
一個政治的組織。教會勢力的膨脹就是國家勢力的膨脹，所以君主常常
利用教會，扶助教會傳教於各地。因為君主對於異教的地方若能設置一
個教會，不但可使該地異教徒皈依基督教，而且尚有一個更重要的意義，
即藉此可以擴張羅馬的生產方法於該地，使該地變成國家的領土。所以
日耳曼民族的舊生產方法愈益消滅，羅馬的生產方法愈益流行，教會便
成為國家與人民之間必不可缺的機構。
　　教會對於國家及人民雙方均有利益，但教會又不是只謀別人的利益，
而不謀自己的利益[9]。教會需要經費，經費本來仰給於什一稅。案中古
的勢力及收入乃以土地為基礎，所以教會便和貴族一樣，努力於取得土
地。最初教會的土地是由人民捐助，只因教會保護農民比較貴族為優，
所以農民均願意將土地讓給教會，而求其保護。又者，教士多任職為國
王的顧問，國王常割自己領地的一部以賜教會。此外，國王征服一個地

方，又將該地方十分之一的土地宣布為教會的管轄區。貴族反抗國王，
國王沒收其領地之時，復將該領地一部分交給教會管理。這樣一來，教
會在中古竟然占有全部土地三分之一⑩。

　　如前所言，中古時代，經濟上和政治上的勢力是以土地為基礎。而
教會的土地又是土壤最肥沃，人口最稠密的地區，所以教會不但在政治
上有巨大的權力，且在經濟上又有豐富的收入。此種收入當貨幣尚未通
行之時，率為貨物。教會如何處理貨物？教士的生活不能太過奢靡，他
們又不能同貴族一樣，從事戰爭，以消耗貨物。他們的收入既然超過於
消費，遂將貨物充為賑濟貧民之用。

　　封建時代也和羅馬末季一樣，由於土地的兼併，社會上充斥著無數
貧民。因此，賑濟貧民不失為國家最大的問題。但是日耳曼國家對此問
題乃不知如何處理。由是賑濟貧民的責任就全部歸於教會。教會既然負
起責任，以賑濟貧民為其職務之一，於是個人、地方團體、國家的慈善
捐款均交給教會施捨⑪。此後教會的收入愈增加，貧民隸屬於教會愈加
甚，到了大部分人民均變成貧民之時，教會在民間更有巨大的權力。

　　教會權力的增加就是教皇權力的增加。在各處教會之中，最有權力
的則為羅馬教會。何以故呢？意大利自羅馬帝國勃興而至於中古時代，
均是西歐文化最高的地區。它的農業比各地進步，它的商業亦甚隆盛。
意大利的財富及其生產方法常為蠻族所羨慕。蠻族國家與意大利的關係
愈密切，則其人民生活程度愈能提高。因此之故，各地國王及教會多設
法與意大利接近。意大利的中心乃是羅馬，所以各國於經濟上愈隸屬於
意大利，則其國王及教會愈隸屬於羅馬，從而羅馬便成為基督教的中心。
趁這時期，羅馬教會又藉口於聖彼得 (St. Peter) 為耶穌第一門徒，羅馬教
會又為聖彼得所創立，所以羅馬教會於各地教會中，應居於領導的地位。

西元第五世紀中葉以後，羅馬大主教逐漸受人尊稱為教皇 (pope)。這就是羅馬教會教皇的起源。

第三節　中世的國家

　　中世國家與近代國家不同，國之內外均有反抗國權的勢力。國內的反抗勢力有二，一是封建領主，二是自由都市。先就封建領主言之，封建領主乃發生於莊園經濟之中。每個莊園均能自給自足，彼此之間沒有貿易行為，因之彼此之間也沒有聯帶關係，各有各的習慣，各有各的方言，形成為一個單位。每個莊園的人均有強烈的排外心理，縱是同國的人，苟他不屬於自己的莊園，也視為外國人，而限制其權利。要之，莊園以外均視為外國，一方對於莊園之外，有一種輕蔑心，他方對於莊園之內，又有一種愛鄉心。這樣一來，經濟上的割據便造成了政治上的割據。莊園的領主就是封建諸侯，諸侯在莊園之內，既有其土地，又有其人民，又有其財賦，又有其甲兵，儼然成為獨立的小國。國王名義上雖有統率諸侯的權，其實諸侯乃各自獨立，並不統一於國王。所以國家的組織極其鬆懈，國王的權力極其微弱。當時權力乃以土地為基礎，權力的大小又比例於私有土地的廣狹，國王並不例外。所以國王只是最大的地主，最強的領主。然其勢力尚不能壓倒一切領主。多數領主若能聯合起來，反可壓倒國王。在此種情形之下，國王只可稱為諸侯之中最大的諸侯，不能視為超越於諸侯之上的元首[12]。

　　次就自由都市言之，都市勃興之後，社會經濟漸次由農村轉移於都市。一切生產物均先集中於都市，再由商人運到國內外販賣。最初都市與國王並沒有利害衝突，故當國王與諸侯鬥爭之時，都市常協助國王，抵抗封建諸侯。都市既有功於國王，而國內各種人民由於經濟上的必要，

又多移居於都市。都市日益繁榮，其勢力日益增加，遂由國王那裡，得到特許狀 (charter)，有自治的權，因而設置政府，組織軍隊，儼然成為對抗國王的勢力。中古時代，自由都市陸續出現於各國，舉其重要者，如意國的比薩 (Pisa)、熱那亞 (Genoa)、那不勒斯 (Naples)、佛羅倫斯 (Florence)；法國的里昂 (Lyons)、馬塞 (Marseilles)；德國的哥隆 (Cologne)、馬因斯 (Mainz) 等是。

國家內部既不統一，至其外部亦有兩種權力對抗國王。一是羅馬教會，二是神聖羅馬帝國。先就羅馬教會言之，羅馬教會之有勢力，本書已經說明過了，其控制各國國王的方法則為「開除教籍」(excommunication)。日耳曼民族本來迷信，及移住羅馬帝國境內，均改宗基督教，基督教在民間極有權勢，國王受到「開除教籍」的制裁，該國人民便不必對之效忠。此在迷信極深的時代，對於國王當然不利。歷史上開除教籍之最著名者，為一〇七七年教皇格列哥里第七 (Gregory VII) 開除神聖羅馬帝國皇帝亨利第四 (Henry IV) 的教籍。但羅馬教會與神聖羅馬帝國的關係常隨時代而不同，有時兩者立於平等的地位，國家管理政治，教會管理宗教；有時教會權力竟在國家權力之上；有時教會權力又復不如國家。但無論何時，關於人類生活一部分的事項，則常受羅馬教會規制，國家不得干涉。所以中古時代羅馬教會可以視為反抗國家的一個勢力。

次就神聖羅馬帝國言之，中古社會就實質說，雖是四分五裂的社會，就形式說，卻是一個統一的社會。羅馬教會教皇是靈的世界的統治者，神聖羅馬帝國皇帝是肉的世界的統治者。各國國王雖然各自獨立，互相攻戰，但名義上他們均隸屬於神聖羅馬帝國，受神聖羅馬帝國皇帝的冊封，而後方能領有其土地而統治其人民[13]。所以由形式看來，神聖羅馬

帝國皇帝對於各國領土，有最高土地所有權；對於各國人民，亦有最高統治權，猶如西周時詩（詩經，小雅，北山）所謂：「率天之下莫非王土、率土之濱莫非王臣」一樣。這固然只是一種想像，實際上皇帝並未曾控制過各國國王。然而既有此種想像，則中古國家無形之中，便喪失了近代國家的性質，而只可視為神聖羅馬帝國的封土。

第四節　中世社會的崩潰及其轉變

莊園經濟以農業為主，農民須將全部勞力集中於農事，無遑顧到別的工作。所以農業發達之後，必有分工而發生許多手工業。手工業的進步又促成貨物的交換，成立了市場，發展而為都市。在這過程之中，商人貿遷有無，獲利甚厚，遂於都市之內成為重要角色。他們將各種材料供給手藝匠，以廉價買入製造品，運到都市，以高價賣給消費者，所以手藝匠最初乃隸屬於商人。固然手藝匠曾經組織基爾特，以抵制商人的剝削，卒因貨幣的採用引起商業的隆盛，社會上的財富大部分歸屬於商人，於是商業資本便代土地財產而出現。當此之時，手藝匠因為需要增加，必須擴張生產規模。但他們缺乏資金，不能不仰藉商人的協助。商人遂利用資本控制手藝匠，並為增加手藝匠工作能力起見，強迫他們集合於一個建築物之內工作。這樣一來，手工業就由家內手工業進化為工廠手工業。

工廠手工業既已發生，商人為增加生產起見，就感覺基爾特種種限制之不便，而欲從根破壞基爾特制度，一方由外國輸入原料，他方向國內雇用自由勞工。此批自由勞工固然可雇用學徒及職工為之，但人數過少，不能不另求其他辦法。

於此，我們必須反回來說明莊園制度的破壞。都市方面既然發生商

品生產，從而農業也受到影響，變成商品生產。領主為要取得貨幣，已經不能繼續其自給自足的生產，須將剩餘農產物運到市場販賣，便於贏虧計算之下，減少農奴人數，使剩餘農產物能夠增加起來，於是前此領主禁止農奴遷徙，現在則願意解放農奴，而採用佃農或傭農制度[14]。不但此也，土地既有商品價值，領主的園囿及山陵當然也有商品價值。園囿及山陵最初是開放給農奴放牧採樵之用，現在則禁止農奴利用。但農民家畜的食料乃取給於園囿，而其所用的木柴及枯草又須取之於山陵。所以園囿及山陵一旦變為領主的私有財產，不許農奴利用，農奴愈貧窮[15]，勢只有逃出農村，而投奔於都市。

投奔於都市的農奴，均恢復其自由的身分，一部分由生產者雇用為勞工，一部分由國王雇用為傭兵[16]。但是生產者所需要的乃是熟練的工人，君主所需要的則為勇敢的兵士，所以大部分還是沒有職業，陷入貧苦的深淵。人類都有強烈的生存慾望，此輩沒有生存的方法，只有投身於盜匪之中，劫掠鄉村的農人，由是無職業的貧民又把貧民「再生產」出來了。

現在再回到原文，說明商業資本的作用。商人本來和農民及手藝匠不同，不願跼蹐於一地，他們要發售其商品，必須開闢廣大的市場。他們常往來邊疆異域，謀商品的暢銷，其結果，遂使歐洲發生了一個發現時代。西元一四八八年迪亞士 (B. Dias, 1450–1500) 發見好望角，一四九二年哥倫布 (C. Columbus, 1446–1506) 發見美洲，一四九八年達伽馬 (V. da Gama, 1469–1524) 發見印度新航路，其動機均在於此。新世界既已發現，商業愈益發達，於是一方由於世界貿易，而發生世界精神，他方商業對於羅馬教會的普遍性，又發生了國民性。換言之，世界貿易一方擴大歐洲各國人民的眼光，使其超越於羅馬教會的範圍之上，他方又縮小其眼

光，使他們局限於自己民族的範圍之內。

這個現象不是矛盾麼？然其理由頗見簡單。中古自給自足的莊園經濟在同一國家之內，每個莊園雖然彼此對立，不能統一，而其對於外國，只要外國不來擾亂莊園的安寧，它們向來是不關心的。反之，大商巨賈則不能不顧慮自己國家在外國有何作用[17]。商業利潤的發生在於廉買而貴賣。買者與賣者的勢力關係如何，對於利潤乃有極大的影響。他們最喜歡的乃是不出一點代價，由物品所有主奪取物品，不然，亦希望能夠以最低的代價，購入自己需要的物品；用最高的代價，賣出自己生產的物品。這種行為是需要國家協助的。豈但如此，買者與買者之間，或賣者與賣者之間，亦常發生競爭。這個競爭在外國市場，則變成國民的競爭。在巴爾幹半島，德國商人與英國商人的競爭乃是一個國民的競爭。德國政府對於巴爾幹半島若能增加勢力，則德國商人可以得到通商的特權。祖國愈強大，自己利潤愈加多，於是他們遂發生了國家的觀念。

世界貿易可使商人發生國家觀念，國內商業則可把從來鬆懈的國家組織緊縮起來。何以故呢？商業每集中於最適當的地方，即集中於貿易的通路。外國商品先運到這個地方，而後再轉販於全國；國內商品也先集中於這個地方，而後再輸出於外國。由於此種關係，全國遂以該地為中心，成為一個經濟的有機體。生產愈發達，貿易愈頻繁，各地對於這個地方的附屬性也愈益明瞭。國內各處人民由於經濟上的必要，也常往來於這個地方。這個地方愈發達，便成為一國最大的都市，不但可控制全國的經濟生活，且又可以集中全國的精神生活。於是該地的語言遂成為商人及學者的用語，最初驅逐拉丁語，其次驅逐各地方言，而使國語因之成立。國家的行政亦適應於經濟組織，逐漸集中起來。中央政權由於時勢的要求，遂以經濟生活的中心地為政府的所在地。這樣一來，這

個中心點便成為全國的首都，不但經濟上，而且政治上都能夠控制全國。近代國家有統一的國語，集中的權力，唯一的首都，是如斯成立起來的。

　　這個發展過程對於國王當然有利。國王的利益最初是與商人的利益一致。國王為自己的利益，對內須統一政權，對外須擴張勢力；而商人也為開拓國內市場起見，為保護對外貿易起見，希望有一位君主，集中一切權力於其身，對內壓倒封建諸侯，造成國家的統一；對外整頓軍備，發揚國家的威力。所以當君主與封建領主鬥爭之時，都市商人無不協助君主。如是，集中一切政權及軍權於君主一身的專制政治便見發生。

　　這個時候封建領主是否完全剷除？不，他們失去諸侯的位勢，而變為君主的宮廷貴族，在君主左右，過其驕奢淫樂的生活。此種奢侈生活對於商業及王權都有利益。因為奢侈可促進商業的發達；又可令貴族破產，使他們經濟上不能不仰給於朝廷的祿俸及賞賜，以維持生活。生活既然依靠朝廷，從而政治上又須忍受君主的壓制。故在當時，商人及國王無不提倡奢侈，有時且示以奢侈的實例。故在十五世紀，竟然發生了一種奇怪現象：宮廷若不奢侈，君主的統治不能維持。無限的奢侈需要無限的金錢，到了最後，君主自己的財政也至窮匱。

　　財政窮匱，君主便開始增加賦稅。當時大部分賦稅乃仰給於都市[18]，因此，從前商人與君主，雙方利益雖能一致，現在又認為君主利益與自己利益有衝突。經過許多鬥爭，他們遂要求君主此後徵收賦稅須得他們同意；並選派代表，與貴族共同組織議會，以監督君主的行政，由是代議制度便見發生，而時代亦由中古進入近代。

第五節　教會權力的衰落

　　都市經濟不但破壞封建社會，且又推翻羅馬教會的權勢。前已說過，

中古時代教會占領土地甚大，土地的收入純是實物，而非教士所能消費得盡。教會常將剩餘實物布施給貧民。自貨幣發生之後，教會便縮小或停止布施，而將實物當做商品，運至市場，以與貨幣交換。這當然引起貧民的不滿。但教會繼續布施，又可招致商工業者的反感。何以故呢？有了教會的布施，貧民尚得苟延殘喘；布施停止，則無數貧民只有受雇於手工業工廠，成為工資勞工，以取得生活費。所以布施與否，對於商工業者有很大的利害關係，他們希望教會不再布施，確有理由。

斯時都市已成為全國物質上和精神上生活的中心，遂由各種需要，創辦學校，而供給新社會及新國家所需要的人才。這樣一來，教會便失去教師的作用，甚至民間的知識反凌駕在教士之上。教士之於民間，竟變成最頑固，最愚蠢的分子。

封建時代，國家行政有恃於教會之協助者甚大。教會培養人才，以供國家之用；而教會又能代替國家，於邊疆僻地，開發文化，執行法令。自從貨幣流通之後，國家可用金錢雇用官吏，教士已成為無用的長物，國家遂進而欲奪取教會的權力。

教會對於人民失去教師的效用，對於貧人失去布施者的效用，對於國家失去行政機關的效用。其結果便影響到羅馬教皇，而使教皇的權勢隨之降低。中古之世，基督教的組織乃採用中央集權的制度，一切權力集中於羅馬教皇。羅馬教皇常向世界各地徵收賦稅，以充教會的經費。當初賦稅純是實物，牛乳羊肉不能越過阿爾卑斯山 (Alps)，運到羅馬，所以當時教會的賦稅實比封建諸侯輕些。及至貨幣通行之後，情況就不一樣。貨幣容易運輸，中途不會毀壞，而且在任何地方均得使用。教皇為取得貨幣，愈想剝削一切基督教國家。各國人民看到本國金錢源源流入意大利，能不痛心？而最痛心的當然是手工業工廠的廠主。此外，各國

教士又希望本國教會能夠脫離羅馬教會而獨立。因為他們只是羅馬教皇的收稅吏，民間所納賦稅，大部分運往羅馬，他們不能分潤絲毫利益。高級教職又為意大利人所壟斷，各國教士地位既低，薪俸又薄，昇遷復不容易。由於此種理由，教士之間便發生分裂。宗教改革所以由教士發動，尤其由外國的下級教士發動，理由在此。

羅馬教皇不但用徵稅方法，剝削各國人民。商業在當時既是儲財的最佳方法，則教皇要想儲財，亦只有變成商人，變成販賣本錢最低廉的商品的商人，應這希望而發生的，則為教職及赦罪符 (indulgence) 的販賣[19]。此種腐化的行為自會引起人民反感，到了這個時期，人民之視教會，不但以之為無用的長物，且又以之為有害的毒素，於是宗教改革發生，教會勢力一落千丈。

[1] 吾國周代亦將農民束縛於土地之上。孟子說明井田之制，而謂「死徙無出鄉」（孟子滕文公上）。左傳亦有「在禮，民不遷，農不移，工賈不變」（左昭二十六年）之語。這都可以證明農民沒有遷徙的自由。王制有「田里不粥」（禮記注疏卷十二王制）之言，即謂農民固然對於土地有使用收益權，而卻沒有處分權。農民的土地乃授之於領主，其報償則為提供勞務，即共耕公田。詩云：「雨我公田，遂及我私」（詩經，小雅，大田）。孟子解釋井田之制，謂「方里而井，井九百畝，其中為公田，八家皆私百畝，同養公田。公事畢，然後敢治私事」（孟子滕文公上）。農民除提供勞力，共耕公田之外，還須貢獻裳、裘、豜、酒等物，又須「入執宮功」，公事既畢，而後「始播百穀」（參閱詩經，豳風，七月）。參閱拙著中國社會政治史第一冊三民版三〇頁以下。

魏晉南北朝的社會亦分裂為士族、寒人、奴客三種階級。士族是貴

族，亦即領主。寒人是自由民。奴客無異歐洲中世之農奴。奴客平時耕田，戰時得組織之為軍隊，特稱為部曲。參閱拙著中國社會政治史第二冊三民版五一頁以下，二二二頁以下，二九〇頁以下。

2 吾國周代曾將同一職業的人聚居一地。管仲「制國以為二十一鄉，商工之鄉六，士農之鄉十五」，「士農工商四民者，國之石民也（四者國之本，猶柱之石也，故曰石也），不可使雜處，雜處則其言嚚，其事亂。是故聖王之處士必於閒燕，處農必就田野，處工必就官府，處商必就市井」（管子第二十篇小匡）。此種各處一地與歐洲中世各種基爾特各聚居於都市之一隅不同。

3 羅馬的大主教到了第五世紀，才稱為教皇 (Pope)。

4 吾國於五胡亂華之後，佛教大見流行。到了南北朝，皇帝常捨其宮苑以造佛寺，如南朝的齊高帝梁武帝陳武帝、北朝的魏孝文齊文宣周文帝等是。南北朝豪貴死時，其家多捨邸宅，以施僧尼，至以金錢貨寶田地捐給佛寺者，為數尤多。梁武帝三次捨身同泰寺，每次公卿大臣均以錢一億萬奉贖，這是讀史者共知的事。北朝自魏孝文帝遷都洛陽之後，二十年中，「寺奪民居，三分且一。非但京邑如此，天下州鎮僧寺亦侵奪細民，廣占田宅」（魏書卷一百十四釋老志）。參閱拙著中國社會政治史第二冊三民版三四六頁以下。

5 西元二八六年羅馬帝國分為東西，三二三年君士坦丁大帝統一東西羅馬，遷都於拜占庭 (Byzantium)，改稱其地為君士坦丁堡。三七五年匈奴攻擊日耳曼各部落，日耳曼民族開始遷徙。三七六年西哥德人 (Visigoths) 遷入羅馬境內。三九五年羅馬又分為東西，東羅馬以君士坦丁堡為都，西羅馬以羅馬為都。四七六年西羅馬帝國亡，代之而起的則為許多蠻族王國。

6 這是與吾國佛教不同之點。佛教於漢明帝之時傳入中國。「魏黃初初，中國人始依佛戒，剃髮為僧」（隋書卷三十五經籍志）。五胡亂華，蠻族首長見其「化金銷玉，行符勅水，奇方妙術，萬等千條」（魏書卷一百十四釋老志），認為神奇，莫不皈依。經東晉而至南北朝，佛教

思想已經深入人心，吾人觀當時人士因「佛教自殺者，不復得人身」，而不敢自殺（宋書卷五十二褚叔度傳，卷六十八彭城王義康傳），就可知道。總之，佛教流行於中國，純粹由於佛教「因果報應」之說，與佛教的理論沒有關係。吾人讀弘明集，廣弘明集，即可知之。

7 吾國佛教似先由上層階級信奉，而後才普及於民間，而一般人民信奉佛教，除三世因果之說之外，尚因出俗入佛，有免役的權利。參閱拙著中國社會政治史第二冊三民版三四五頁以下，尤其三四八頁及三五〇頁。

8 早在西元四五七年，東羅馬皇帝利奧第一 (Leo I) 即位，就由君士坦丁堡大主教為之加冕。

9 吾國南北朝時，佛寺常放債取息，參閱拙著中國社會政治史第二冊三民版三四九頁。

10 吾國佛寺土地之多，可閱本書一〇二頁之「註四」。

11 吾國佛寺亦有救濟貧民之舉，從而個人或政府的慈善事業均委託佛寺辦理。參閱拙著中國社會政治史第二冊三民版三四八頁。本節之註所以多舉吾國佛教者，蓋欲讀者能夠得到暗示，將佛教與基督教的流行，作一比較。

12 這不是指神聖羅馬帝國與列國的關係，而是指列國內部的領主反抗國王。用吾國之例言之，不是指周天子與諸侯的關係，而是指諸侯與其陪臣（大夫）的關係。東周時代，「諸侯僭於天子，大夫僭於諸侯」（公羊傳昭公二十五年）。所以由春秋而至戰國，國君往往擢用庶民以抵抗大夫。魯定公以孔子為大司寇，攝行相事，孔子欲毀三桓之城，卒為三桓排擠而去（史記卷三十三魯世家，卷四十四孔子世家）。楚悼王以吳起為相，起「廢公族疏遠者，以撫養戰鬥之士」。「楚貴戚盡欲害吳起。及悼王死，宗室大臣作亂，而攻吳起」，射殺之（史記卷六十五吳起傳）。秦孝公以商鞅為相，商鞅變法，改采邑以為縣，宗室貴戚多怨望者。孝公死，商鞅便受車裂之刑（史記卷六十八商君傳）。

13 這又有似於周天子與諸侯的關係了。周威烈王二十三年，「初命晉大夫魏斯（魏文侯）、趙籍（趙烈侯）、韓虔（韓景侯）為諸侯」。據司馬光說，「三晉雖強，苟不顧天下之誅，而犯義侵禮，則不請於天子而自立矣。不請於天子而自立，則為悖逆之臣，天下苟有桓文之君必奉禮義而征之。今請於天子，而天子許之，是受天子之命而為諸侯也」（資治通鑑卷一）。由此可知三家分晉，必請於天子，天子許之，而後才列為諸侯。安王十六年「初命齊大夫田和為諸侯」（資治通鑑卷一）。

唐自安史亂後，方鎮在其領地治兵繕壘，奪取署吏的權、徵稅的權、世襲領地的權，儼然成為獨立的國家。但舊帥一死，或由子繼承，或由將士選擇新帥，稱為留後，而邀命於朝廷，由朝廷正式任命為節度使。是則唐代天子自代宗以後，雖然對於地方徒擁虛位，而方鎮名義上尚須由朝廷除拜。參閱拙著中國社會政治史第三冊三民版一六五頁以下，一七四頁以下，一九九頁。

14 周代井田之制，土地不得買賣，農民不得遷徙。自商業發達之後，領主欲將農產物運到市場販賣，便於贏虧計算之下，減少農奴人數，願意解放農奴，而採用傭農或佃農制度。諸侯亦廢除公田之制，例如魯，宣公十五年初稅畝，哀公十二年用田賦，即採用賦稅以代助耕。參閱拙著中國社會政治史第一冊三民版四三至五九頁。

15 周代亦然，孟子說：「文王之囿方七十里，芻蕘者往焉，雉兔者往焉，與民同之」（孟子梁惠王下）。到了後來，就禁止農民利用。魯莊公二十八年冬築微，魯成公十八年築鹿囿。穀梁傳均云「山林藪澤之利所以與民共也，虞之非正也」。豈但虞之而已，且「殺其麋鹿者如殺人之罪」（孟子梁惠王下）。參閱拙著上揭書第一冊三民版四二頁以下。

16 周代亦有此種現象，但商業的隆盛不能引起工業的發達，農民離開領主，只有投靠諸侯，由諸侯收編為職業的軍隊。例如戰國時，魏有「廝徒十萬」，司馬貞索隱云：「廝，養馬之賤者，今起之為卒」（史記卷六十九蘇秦傳）。參考拙著上揭書第一冊四三頁。

[17]以吾國為例言之。秦師過周及滑，「鄭商人弦高將市於周，遇之，以乘韋先，牛十二犒師。且使遽告於鄭，則束載厲兵秣馬矣。孟明（秦將）曰鄭有備矣，不可冀也，攻之不克，圍之不繼，吾其還也」（左傳三十三年）。這個歷史可以證明商人乃往來各國，運販遠方貨物；而對其國家則有愛護的感情。

[18]這是與吾國大不相同之點。吾國人口以農民為最多，賦稅以田賦為主。每朝政府均採取重農輕商政策。其實，商是輕了，農卻未必重視。但商業的利益甚厚，漢時，諺有「以貧求富，農不如工，工不如商，刺繡文不如倚市門」（漢書卷九十一貨殖傳）之語，所以商人雖受朝廷壓迫，而商業還是逐年繁榮。只因對外交通不便，國內市場狹隘（農民貧窮），商人蓄積資本，不能投資於工業，只有依「以末致財，用本守之」（史記卷一百二十九貨殖傳）的方法，將資本用以購買土地，於是農村之中便發生了兼併的現象。

[19]吾國自晉以後，佛徒分為兩種：一是出家，二是不出家。即如釋慧遠所說：「佛經所明，凡有二科：一者處俗弘教，二者出家弘道」（弘明集卷十二晉釋慧遠答桓太尉書），兩者均有免役免稅的權利，於是所在編民相與皈依佛教。唐玄宗天寶末，安祿山反，始令人納錢為僧尼。明丘濬云：「按此後世鬻僧道之始」，宋神宗熙寧元年，週歲饑河決，鬻度牒以佐一時之急。丘濬云：「按前此雖鬻僧，未有牒也。賣度牒始於此」（大學衍義補卷三十二鬻筭之失）。鬻教職及赦罪符由羅馬教會為之。鬻僧及度牒由政府為之。參閱拙著中國社會政治史第四冊三民版一二三頁。

本章參考書

K. Kautsky, *Thomas More und seine Utopia*, 6 Aufl., Stuttgart, 1926. 可只閱 erster Abschnitt。

E. A. Friedberg, *Die mittelalterlichen Lehren über das Verhältniss von Staat und Kirche*, Leipzig. 1874.

G. B. Adams, *Civilization during the Middle Ages*, New York, 1898.

張漢裕：經濟發展與經濟思想（張漢裕博士文集㈡一三五頁以下，三民書局。）

第二章　政權與教權的紛爭

第一節　政教紛爭的經過

　　自蠻族移動，西羅馬帝國滅亡（西元四七六年）之後，約一千年中，歐洲歷史純是政教紛爭的歷史，從而這個時期的政治思想盡是討論政權與教權的關係。茲應特別告知讀者的，此時政治思想乃繼承古代羅馬帝國的理想，即世界帝國及世界教會的理想。不論國家，也不論教會，最高權力均應屬於一人。政權屬於羅馬帝國皇帝，教權屬於羅馬教會教皇。所以此時政教爭論與宗教改革以後政教爭論不同。前者是討論皇帝與教皇的關係，後者是討論國王（各國君主）與人民的關係。前者討論帝權應否獨立於教權之外，後者討論君權對於民權是否萬能。

　　中古政教論爭，目標均集中皇帝權力與教皇權力的關係，有的主張政權與教權平等，有的主張政權應在教權之下，有的主張教權應附屬於政權。他們立論雖然不同，而多引聖經以為證。主張政教平等的，引用「凱撒的物當歸納凱撒，上帝的物當歸給上帝」（馬太第二十二章二十一節），以為教會統治人類的精神，帝國統治人類的肉體，誰也不能統制誰。詳言之，關於俗世的事，皇帝有權裁斷，教皇不得干涉，且須服從皇帝的裁斷。關於精神的事，教皇有權處理，皇帝不得干涉，且須服從教皇的處理。即皇帝與教皇的關係是平等的。主張政權應在教權之下的，引用「屬靈的人能夠審判萬事，他自己並不被人審判」（哥林多前書第二章十五節），以為肉體要受靈魂的控制，皇帝不過統治人類的肉體，教皇則可統治人類的靈魂，所以教皇的權力應在皇帝之上。主張教權應附屬於政權的，引用「凡掌權的都是上帝所命的，所以抗拒掌權的，就是抗

拒上帝的命。抗拒的必自取刑罰」（羅馬書第十三章一節到二節）。以為皇帝只對上帝負責，皇帝的仁暴都是出於上帝的意思。仁慈的皇帝是上帝獎賞善良的百姓，暴虐的皇帝是上帝懲罰邪惡的百姓。皇帝暴虐無道，不但百姓不宜反抗，就是教會也無權干涉。

在第九世紀以前，教會的基礎尚未鞏固，一方政府想利用教會的勢力來約束人心，他方教會也想利用政府的勢力，來壓服異端及叛教之徒，所以當時兩權平等說頗見流行。比方教皇吉拉秀士第一 (Gelasius I) 於西元四九四年致書於皇帝阿那斯塔秀斯 (Anastassius)，意謂「耶穌深知人類的弱點，故分別設置兩個機關，使各有各的專司，管束人類。基督教的帝王須仰藉教會的力量去獲得永生，教會對於塵世的事務，則須依靠帝王的力量來解決」。教皇格列哥里第一 (Gregory I, 590–604) 自視為「塵埃與蟲豸」(dust and worm)，以為「人類都有一種獸性，不能不用強制力恐嚇他們，這是政府發生的原因。所以政府是上帝要拯救人類的罪惡而設置的，而皇帝的權力也是直接受之於上帝，他只對上帝負責，任誰都要服從其統治」。此種思想便是後來王權神授說的基礎。不過我們須知他所以尊崇政權，乃是因為當時意大利受到倫巴德人 (Lombards) 的侵略，教皇不能不求助於皇帝。至他內心還是輕視國家，所以他又主張教士是上帝的僕人，是上帝的士兵，同天使一樣的神聖。

及至第九世紀，情勢已經不同，教會的基礎頗見鞏固，歐洲大部分土地又歸屬於教會，於是前此尚向皇帝低首的態度，一變而為進攻政權，卒至引起政教的紛爭。最初紛爭可以教皇尼古拉第一 (Nicholas I, 858–867)與羅倫國王羅泰爾 (King Lothaire II of Lorraine) 的衝突為例。國王欲與其后離婚，另娶他的情婦。儘管國王有其弟皇帝路易第二 (Louis II) 及若干國內主教的支持，但教皇尼古拉第一仍開除羅泰爾的教籍，卒使羅泰爾屈

服，又使皇帝路易第二不能不與教皇言和。這樣，教會的權力便侵入政
權範圍之內。

　　到了十一世紀，政權日益凌替，教權日益強大，教皇格列哥里第七
(Gregory VII, 1073–1085) 欲把政權壓服在教權之下，而於西元一〇七五年
發布教令，謂皇帝若有不道德的行為，教皇有權開除他的教籍，而最不
道德的行為莫過於反抗教皇。教皇對於暴君，有權宣告人民無須履行效
忠的誓言。同年又發布一道教令，要從帝王手裡爭得主教的敘任權
(investiture)。案主教本來是終身職，主教逝世，其繼任人由該區的神父集
會選舉。但新主教尚未選出以前，那代表主教權力的指環及手杖，均交
皇帝暫時保管。皇帝由此常強迫神父選舉其指定的人，其人不能當選，
皇帝便不交出指環及手杖，使新主教無法就職。皇帝用此方法，逐漸控
制了各地教會，而令自己的親信出任主教。西元一〇七五年，教皇格列
哥里第七下令禁止俗世帝王為教上舉行授職典禮，以便爭取主教的敘任
權。皇帝亨利第四 (Henry IV, 1056–1106) 極力反對，並煽動境內二十六位
主教起來否認格列哥里第七的教皇地位。一〇七六年教皇下令罷黜亨利
第四，並宣布開除教籍。斯時神聖羅馬帝國有許多諸侯覬覦帝位，遂趁
此時機反對亨利第四。亨利第四大懼，只得親至教皇所駐蹕的卡諾沙
(Canosa)，在風雪交加之中，赤著雙足，站在城門之下，三天三夜，才得
教皇赦宥，恢復教籍[1]。由這一事，可知當時教皇權力之大。

　　十二世紀以後，教皇之中權勢最大的則為英諾森第三 (Innocent III,
1198–1216)。他於一一九八年發布教令，謂政教二權均由聖彼得付託於教
皇。皇帝的權力不過受自教皇。比之天空，教皇有似太陽，其他帝王則
如遊星，隸屬於太陽之下，以太陽為中心而迴轉。教皇可裁判帝位的紛
爭。凡帝王若有不道德的行為，教皇得廢黜之。他最得意的事是一二一

三年強迫那發布《大憲章》的英王約翰 (King John) 自認為教皇的藩臣，每年貢獻賦稅。這個時期可稱為教權全盛時代。

降至十三世紀之末，民族國家漸次誕生，教皇的權勢隨之逐漸衰落。而教皇奔尼費斯第八 (Boniface VIII, 1294–1303) 仍依羅馬教會的傳統思想，欲將政權壓服在教權之下。西元一二九六年他發布教令，主張一切信徒非得教皇許可，不必納稅給帝王。一三〇三年又創二劍之說 (Theory of two swords)，謂上帝將兩把劍授給耶穌，由耶穌傳給聖彼得，再由聖彼得傳給羅馬教會。兩劍之中，一把統治精神，一把統治肉體；前一把劍由教會用之，後一把劍則謀教會利益而用之。其後羅馬教會只保留統治精神的劍，而將統治肉體的劍委託皇帝使用。但皇帝使用之時，須得教皇許可[2]。要之，二劍說以為政教兩權本來都屬於教會，其後皇帝雖有政權，然此政權是由教會授與的。凡授與人比之受取人常居優勢，是以教權應在政權之上。但吾人須知這個時期，教會的權勢已經由盛而衰。因之，法國國王腓力第四 (Philip IV) 關於納稅問題，便首先提出抗議，宣告教皇沒有權力干涉法國的政治。教皇懾於腓力第四的兵力，忍辱屈服，不久便逝世了。西元一三〇九年腓力第四又親征意大利，將教皇由羅馬移居於法國的亞威農 (Avignon)，而受法國的監視。遲至一三七六年，教皇始再回居羅馬。後人稱此為教皇的「巴比倫俘囚」 (Babylonian Captivity)。自是而後，教皇勢力便一蹶不振。

在政教紛爭之時，產生不少學者。學者之中，最能代表某一時期的思想的，為阿奎那、但丁、馬西流三人。

第二節　阿奎那的政治思想

在教會勢力逐漸增大之時，教會學者欲將地上國家和天上國家聯結

起來，主張國家不是人類結成社會的最後目標，國家只是人類嚮往天國的橋梁。首先提出這個學說的是奧古斯丁，繼承奧氏學說而發揚之者則為阿奎那 (St. Thomas Aquinas, 1227–1274)。

阿奎那生於意大利的那不勒斯 (Naples)，他係世家子弟，幼時曾為教士，後奉教會之命，入巴黎大學進修神學。畢業後，即在其地講學，名震一時。他不但是羅馬教會的貴要，且又是經院學派 (Scholastic) 的巨擘。經院學派是要調和知識與信仰，使知識附屬於信仰之下。換句話說，經院學派是要調和亞理斯多德的哲學和聖經上的教條。但哲學與教條若有牴觸的地方，則應放棄哲學而遵從聖經。所以阿奎那的思想有兩個來源，一是繼承亞理斯多德的思想，二是繼承基督教尤其奧古斯丁的學說。他著作甚多，其中最重要的當推《神學大全》(*Summa Theologica*)。其次則為《王政論》(*On the Rule of Princes*)，專門討論政治，可惜沒有完成，後由門生盧卡的巴塞洛繆 (Bartholomew of Lucca, 1236–1327) 繼續寫成。

阿奎那的政治思想，如上所言，乃結合亞理斯多德及奧古斯丁的學說，承認國家是一種有益於道德生活的制度。照他說，人類不能單獨生存，人類的器官不如禽獸，只因人類有理性，能用各種器具以補器官之不足。但是不論誰人，均不能用一人之力，製造各種器具，必須組成社會，共同生活，各在自己能力的範圍內，製造各種生活必需物，而後彼此交換，方能解決生活問題。他說：

> 人類由其天性看來，乃是社會的和政治的動物，必須共同生活。上帝對於一切走獸，不但給以食物，且給以皮毛，使其禦寒；給以捷足，使其便於奔馳；給以爪牙及角，使其能夠自衛。反之，人類沒有此種器官，所幸的，上帝給與人類以理性，使人類能夠講求各種

自衛方法。但一人之力亦不能製出一切器具，於是人類又感覺單獨
生活之不便。人類要保全自己的生命，必須結成社會。一切禽獸都
有一種本能，能夠直接感知什麼是有益於己，什麼是有害於己，羊
之避狼，即其一例。禽獸又能認識哪一種草木可供食用，哪一種草
木可充藥用。人類沒有這個本能。人類要取得此一類知識，須作社
會生活。因為人類的理性雖能判斷何種事物對於自己是必要的，但
又不能用一人之理性判斷一切。所以人類必須組成社會，各用各的
理性，有的研究醫學，有的研究其他知識，合作無間，以保生存。

　　此種思想有似於亞理斯多德，但又與亞氏的不同。亞氏由當時家族
經濟出發，主張家族是為供給日常必需品，自然產生的社會。在阿奎那
時代，都市經濟已經發達，他看到了職業的分工，知道人類只能各自生
產某一種貨物，而後再互相交換，以保生存。家族孤立，絕難滿足各種
需要。他說：

　　人類單獨生存，必不能取得一切生活必需品，所以必須組成社會。
　　社會生活比之個人自食其力的自給自足生活，更見豐富，更見美滿。
　　我們固然知道家族及部落未必不能供給日常必需品，但此二者尚非
　　完滿的社會。都市可以供給一切日常必需品而有餘力，故為完滿的
　　社會。國家又能防禦敵人，故可稱為最完滿的社會。

　　人類既已組成社會，結果便發生了統治關係，即「治人」與「治於
人」的關係。統治關係由阿奎那看來，乃是社會生活的必然現象。蓋人
類既要共同生活，互相協助，倘令沒有紀律，則必發生混亂。統治關係
就是要鎮壓混亂而產生的[3]。他說：

人類既須作社會生活，則必要求一種機構能夠規制社會人眾。在群
居生活，若令各人各求所欲，而不相讓，則共同生活必至瓦解。因
此，社會生活常要求一位能夠企謀全體福利的人。任何組織只要它
是統一的，必有統治及被統治兩種分子存在著。比方世上萬物為理
性的動物（人類）所管束；人類的心靈又可管束肉體；在心靈之中，
理性又可管束感情，即其明顯的例。同樣，在社會生活，也須有某
一種管束力存在著。

統治關係既已成立，就必然的發生國家。阿奎那不以國家為自然產
生的物，而以國家為君主創造的物。照他說，君主無異於宇宙中的上帝。
上帝一方創造宇宙，同時又統治宇宙。君主也一方創造國家，同時又統
治國家。固然一切君主並不是都能創造國家，其繼承先緒而即位的，為
數不少。但我們不宜以此為證，我們寧可主張有了君主，而後才有國家。
且看他說：

> 君主創造國家乃取範於造物主。上帝先創造物體，次又排列物體。
> 上帝分別晝夜，分別上下，分別固體與液體，使它們各居其所。星
> 在天上，鳥飛空中，魚游水中，動物則棲息於地上，應它們的需要，
> 各給與以物品。其次又創造人類，使人類管制鳥獸魚蟲。創造國家
> 的人不必創造人類及土地，因為這是上帝給與的。但君主必須選擇
> 一個物產豐富，風景明媚，位置險要，而又合於各人衛生的地方，
> 來建設國家。這種條件愈佳，則建設國家愈易。土地選擇之後，君
> 主又創造各種制度，如城市、學校、倉庫、商業、藝術、司法之類。
> 君主又使各人各有各的地位和職務，以便永保國家的治安。

　　現在試問君主創造國家的目的何在？關此問題，阿奎那十足表示了
基督教徒的態度。他雖採納亞理斯多德的思想，以為國家的目的在使人
眾完成道德生活，同時他又以為人類所以要完成道德生活，乃欲得到上
帝的恩顧，俾死後得永生於天國。當然，引導人類進入天國的，不是人
政的事，而是神政的事。塵世的政府只有管理塵世的權力，雖能指示人
類完成其道德生活，亦必不能引導人類進入天國。因此，政府之上遂有
教會的必要，所以政府是附屬於教會之下。他說：

> 人類最終的目的在於得到天國的幸福。塵世的幸福只是最終目的的
> 手段。管理最終目的的人對於管理手段的人，是有控制權的。所以
> 帝王應該服從教會的指導，以統治塵世的事。塵世幸福的生活既以
> 天國的幸福為其最終目的，則帝王應該領導眾人過其道德生活，使
> 他們得入天國。換言之，帝王應該獎勵有利於進入天國的事物，而
> 禁止有害於進入天國的事物。

　　國家必有組織，國家如何組織，這是政體問題。阿奎那關於政體也
依亞理斯多德的學說，分之為六，即在良好的政體之中，有民主政體、
貴族政體、君主政體三種；在敗壞的政體之中，有貧民政體、寡頭政體、
暴君政體三種，這完全抄襲亞氏的思想，沒有任何創見。茲摘要他的言
論如次：

> 統治者一人，只謀個人的利益而不顧公共幸福的，叫做暴君政體。
> 統治者少數人，只謀他們自己的利益，而迫害一般人民的，叫做寡
> 頭政體。多數人民組織政府，為政只謀私人利益而壓迫富人的，叫
> 做貧民政體。在良善的政體之中亦有三種區別。多數人施行仁政，

而顧到大眾福利的，稱為民主政體。少數有德之人出來秉政，而謀一般利益的，稱為貴族政體。統治者只有一人，但其為政完全注重人民福利的，稱為君主政體。

即阿奎那分別政體，完全與亞氏相同。在良善的政體之中，哪一種政體最優？阿奎那由統一及和平，贊成君主政體。蓋政治的目的在謀大眾的幸福，一個團體之內，大眾能夠得到幸福，必以統一為前提。因為統一而後有和平，有和平而後社會才得安定，人民生活才能愉快，而免於罪惡[4]。既是這樣，則定於一的君主政體當然比其他政體為優。他說：

其次成為問題的，在國家或都市之內，一人政治與數人政治孰最優良。要解決這個問題，只研究政治的目的，就可知道。統治者的第一目標當謀被統治者的安寧。但社會生活能夠安寧，乃以社會定於一為前提，即以和平的保障為前提。社會不能統一，就不能和平；不能和平，則爭亂紛起，人類的不幸因之發生。但統一與其求諸多數機關，不如求諸單一機關，尚易實現。換言之，一人政治比之多數人政治尤為有利。因為統治者若是數人，他們意見苟不一致，必不能達成政治目的的統一。這猶如多數人駕駛一舟，彼此意見參差一樣。要之，凡百事物欲保統一，必須定於一。自然界雖然千差萬別，但其間亦有統一。因此之故，最良的政體應依自然律，而為一人政治。一人之身雖由五官四肢組合而成，但身體要受心意管束，心意要受理性管束，蜂有王，宇宙有唯一的上帝，一切現象都是定於一，統治於一。所以人類社會以君主政體為優。

這個思想是與亞理斯多德的相反。亞氏贊成民主政體，阿奎那贊成

君主政體。這是有其時代背景的，基督教是一神教，照其教義所言，宇宙是統一於唯一的上帝，世上萬民於精神方面應受唯一的教皇統治，於肉體方面應受唯一的皇帝統治。羅馬教皇擁立鄂圖第一為神聖羅馬帝國皇帝，令他統治全歐，就是實行這個教義。此外，阿奎那還有一個企圖，當時皇帝已經受制於教皇，他擁護皇帝，就是擁護教皇，他想利用皇帝，使歐洲各國都受羅馬教會的管制。由於這個背景，就產生了阿奎那的帝權思想。

君主政體雖然最優，但很容易墮落為暴君政體。暴君政體一旦出現，則當如何對付？關此，阿奎那不承認人民有放伐暴君的權。因為人民多半自私，其判斷未必合理。放伐暴君往往變成放伐明主。何況放伐必生內亂，內亂發生，則黨派交相攻擊，誰是誰非，不易決定，終至放伐暴君的人又變成新暴君。所以要不要反抗暴君，應由公共權力判斷。第一、君主若由公民選舉，則選舉君主的機關如元老院或公民大會有廢立暴君之權。第二、君主若由上級機關選任，如猶太國王由羅馬皇帝任命，則人民可赴訴於皇帝，求其廢立暴君。第三、萬一缺乏廢立暴君的方法，則當禱諸上帝，上帝必有能力使暴君改過自新，暴君不肯改過，上帝必有能力剝奪其至尊之位。由此可知阿奎那雖知暴君之應廢立，而卻不許人民用革命方法來放伐暴君。最後一著只有依賴上帝，求其解決問題。其實，問題何曾解決。

總而言之，阿奎那不過改造亞理斯多德的學說，以適應當時社會的勢力關係。他同亞氏一樣，承認社會之有階級原於人類稟賦之不同，但亞氏由此而即主張奴隸制度的合理，阿奎那不把人類稟賦之不同視為奴隸制度的理由。關於奴隸制度，他完全採納奧古斯丁的意見，一方主張上帝創造人類，都付以同一的理性，故依自然法則，人類應該平等。同

時又謂奴隸制度是上帝用以懲罰罪人，故雖有反於自然法則，而由現在人的道德程度觀之，尚有必要。又如亞氏反對共產，以為在共產社會，人們因為生產物不歸自己私有，勢必不肯努力生產，而只熱心分配，弄到結果，必引起許多爭端。阿奎那亦謂私有財產有存在的價值。因為貨物屬於個人私有比之屬於多數人公有，不但可以善為保存，而社會由此亦因人眾各得其宜，不至發生紛爭。復次亞氏限制市民資格，不許工人為市民。阿奎那除不許工人及貧窮的手藝匠為市民之外，又不認農民為市民。因為當時意大利的都市住民沒有土地，只以經商為業。都市的食糧是由鄉村的農民供給，農民對於都市經濟固甚必要，但他們不是都市的構成分子，只是都市的附屬品。由這經濟情形，他便以農民（是指自由農民，不是指農奴）為下層階級，即吾國古人所謂「小人力農，以事其上」（左襄十三年），不許他們參加都市政治。至於富裕的師匠則視為商人，與教士學者同為都市的構成分子。總而言之，阿奎那生存於教皇權勢尚未衰落之時，故其思想傾向於尊崇教權，謂政府應附屬於教會之下。

第三節　但丁的政治思想

由十三世紀之末至十四世紀初期，教權漸次衰落，到處均有政權與教權的衝突，縱在教皇所在地之意大利亦有兩個黨派，一是袒護羅馬教皇的歸爾甫黨 (Guelfs)，一是協助神聖羅馬帝國皇帝的基伯林黨 (Ghibellines)，互相攻訐，至以干戈相見。意大利除政教紛爭之外，尚有封建諸侯的衝突，復有各都市的爭長鬥雄。人民在這個時代，當然希望和平，由和平而希望有一位偉大人物出來統一天下，排斥羅馬教會干涉政治。但丁的政治思想就是由這環境產生的。

　　但丁 (Dante Alighieri, 1265–1321) 生於意大利的佛羅倫斯 (Florence)。佛羅倫斯是當時意大利的大商業都市之一。但丁性愛文學，後又投身政界，西元一三〇〇年出任為佛羅倫斯市議會議員。其家本是貴族，屬於歸爾甫黨，但丁則同情基伯林黨。一三〇二年教皇援助歸爾甫黨打敗基伯林黨，但丁逃至外國。一三一〇年神聖羅馬帝國皇帝亨利第七率兵入意大利，驅逐歸爾甫黨，但丁才回故國。他在亡命時期，寫了《帝政論》(De Monarchia) 一書，主張意大利應由神聖羅馬帝國統治，方能得到和平及幸福。他攻擊羅馬教會不遺餘力。其志蓋欲提高政權，使政教兩權立於平等的地位。他不主張民族國家，而主張世界帝國；不完全反對教權，而只要求政權與教權平等，故其思想尚有中世紀的色彩。

　　但丁對於帝政，先下了定義。他說：「有唯一的君主，君臨於塵世，而統治萬民的，叫做帝政」。但丁為什麼主張帝政？據但丁之意，人類的目的在於要求兩種幸福，一是地上的，一是天上的。天上的幸福乃以地上的幸福為前提，要想得到地上的幸福，須先保障和平。因為整個人類和個個的人一樣，個人必須平安無事，方能得到完全的智慧；人類也須在和平中，過其安靜的生活，而後纔能做出自己應該做的事。他說：

> 對於部分是真理的，對於全體也是真理[5]；個人必須安靜無事，才能得到完全的智慧，人類也須過其安靜的生活，才能自由做出其所當為的事。人類當為的事是什麼？是使世上的人都能過其和平生活。世人所樂聞的聲音，不是富貴，不是名譽，不是長生，不是健康，不是腕力，不是美貌，而是和平。「天有光輝，地有和平」，這是上帝說的。救主亦說：「與你共和平」。這句話常為使徒所引用，終而成為人類的祝辭。由此可知人類所當為的事是什麼了。我們應以世

界的和平作為我們行為的第一目標。

人生的目的既然在於和平，而最能保障人類和平的又惟帝政。無數的人集合起來，組成一個團體，在他們之中，須有一人管束諸人，而後眾人方能相安無事，而得到和平。家有家長，部落有酋長，都市有市長，國家有君長，這都是想由統一而使社會安定，藉以保障和平。但丁說：

> 試看家族吧！一家的目的在使全家得到安定的生活，倘若沒有家長或類似家長的人，則不能達到目的。再看部落吧！部落的任務在於保護部落人員的生命和財產，要達成這個任務，必須擁戴一人為部落的酋長，不問酋長是由部落人員推舉或由其他有權的人任命。沒有酋長，則部落不能完成其任務，甚至每個人員均欲控制別人，而致發生混亂，終則破壞了部落。試看都市吧！都市的任務在於保障市民的良善而愉快的生活。市民之中如果沒有一人出來做統治者，試問都市何能安定，而免於毀滅。最後再看國家吧！國家的任務實和都市一樣，不過規模較大，保障和平比較確實而已。國家如果沒有國王，不但國家的任務無法達成，而國家又將分崩瓦解，陷入混亂之中。由此可知一切事物，只要它有目的，只要它有任務，它一定有一個領袖。

最大的統一當然能夠得到最大的和平，所以但丁進而主張世界須擁戴一位皇帝，全體人民受治於一個政府。倘若各國各自獨立，彼此不相服從，則結果必至發生紛爭。要解決各國的紛爭，除掉有一個皇帝站在各國之上，再沒別的方法[6]。他說：

> 不問關於哪一種事物，如果發生紛爭，必須審判；否則不滿之事一

定更多。因此，上帝常常注意審判制度。比方有兩個國王因為某種原因發生衝突，此時就要有第三個君主出來審判他們的曲直。這位第三個君主的權力須比前兩個國王權力為大，而後後者才肯服從前者。這第三個君主可以稱為皇帝。若不稱為皇帝，那就一定尚有與他平等的君主。由此可知帝政對於世界人類是很必要的。

但丁主張帝政是希望於安定之中，獲得和平。他不是為皇帝而主張帝政，乃是為人類幸福而主張帝政。所以他不以帝政為壓迫人民的工具，反而以帝政為保護人民自由的妙策。照他說，自由是指意志的自由，又指判斷的自由。即對事物能作是非的判斷，而又有控制自己感情之力。在共同生活，任誰都不能不顧別人，而去追求自己的自由，所以需要一個皇帝指導人民，使各人各處其宜，而得到自由。他說：

> 自由的第一原則是意志的自由，即對於事物有所理解，判斷其是非，而決定取捨之法。這個第一原則是上帝給與人類，而使人類得到塵世幸福及天國幸福的。所以最能應用這個第一原則的國家便是最優良的國家。但是這個自由只能存在於帝政。亞理斯多德說過，自由人是為自己而生存，不是為他人而生存。凡為他人而生存的，必為他人所左右。人類要想得到自由而不為他人所左右，必須生活於帝政之下。何以故呢？列國君主均有私慾，而欲擴大領土，爭地以戰，殺人盈城，爭城以戰，殺人盈野，人民受了強制，不得不服從國君的命令，如是，那有自由，那有幸福。皇帝至尊，天下屬於一人，他既無所求，又無所爭，那末，爭地爭城之事自可停止，世界和平亦得實現。我敢堅決主張人民不是為執政官利益而生存，國家也不是為國君利益而存在。執政官也好，國君也好，均為人民幸福而後

才產生出來。故就政治的手段言，國君及執政官雖可統治人民，而就政治的目的言，他們都是人民的僕人。皇帝則為全體人類的公僕。皇帝制定法律，必須注意自己的權責，依上帝的意旨，顧人民的需要。如是，在帝政之下，人類生活當然是最美滿，又最幸福。

但丁說明帝政的目的在於保障和平之後，進而研究帝權的來源。照他說，神聖羅馬帝國是繼承羅馬帝國而統治天下的。羅馬帝國是羅馬人由戰勝的結果而建立起來的。「用戰爭以判定功罪乃是上帝判定功罪的最後方法。羅馬由戰爭得到勝利，就是天命在茲，得到上帝的承認」。羅馬人戰勝全世界，而建設羅馬帝國，就是天命在茲的證據。所以羅馬的帝權乃直接受之於上帝。神聖羅馬帝國既是羅馬帝國一脈相承的正統，所以皇帝的權力也是直接受自上帝，不是教會給他的。但丁說：

> 上帝對於人類給與以兩個目的，一是塵世的幸福，這是人力所能建設的地上樂園；二是天國的幸福，這不是人力所能為，唯由上帝的指導，才會獲得的。所以人類生活需要兩個指導者：一個是引導人類進入天國的教皇，一個是用哲理指導人類，使其得到塵世幸福的皇帝。塵世的制度乃取範於天國的制度；而創立這個制度的皇帝，其權力是直接受之於上帝。所以選擇皇帝的惟有上帝，承認皇帝的亦惟有上帝。宇宙之內沒有比上帝更高的物。

但丁謂皇帝的權力也是直接受之於上帝，這是重要的觀點。皇帝的權力既是直接受自上帝，而非教皇授與，則政教兩權自應站在平等的地位。即皇帝對於塵世一切的事均有最高管轄權，教權不得干涉。同樣，教皇對於宗教事項亦有最高管轄權，皇帝無須置喙。兩權平等，這是但

丁的結論。

第四節　馬西流的政治思想

　　比但丁稍後，有馬西流 (Marsilius of Padua, 1270–1342) 者，生於意大利的帕雕亞 (Padua)。帕雕亞為一商業城市，其政治組織也同其他自由都市一樣，採用民主制度。以市議會為最高權力機關，有制定法律的權。市長只負執行之責，每年須向市議會報告施政經過，市議會認為有失職違法，得予以嚴厲處分。馬西流生長在如斯環境，故其思想接近於民主主義。他在巴黎大學研究醫學及哲學，西元一三一三年就在巴黎大學講授功課。西元一三二四年發表《和平的護衛者》(Defensor Pacis) 一書，是書可稱為中世末期劃時代的著作。書中所言不見容於教皇，一三二八年受到開除教籍的處分，乃出奔外國，至巴伐利亞 (Bavaria)，託庇於皇帝路易 (Louis)，因為皇帝路易也是被開除教籍的。馬西流不但反對教權，且又反對政權的專制，而主張民主政治，再將民主主義應用於宗教方面，以為教會也應採用民主制度。

　　馬西流先討論國家的發生，照他說，人類不但要生存，且要得到良好的生存。良好的生存必須倚靠各種技能，但人力有限，一人之身不能兼有各種技能，而須恃多數人之分工合作，於是就有群居的必要。多數人群居一地，不免發生紛爭，一方需要群居，同時群居必有紛爭，於是人類就依正義，設置一個維護和平的機構，這樣，就產生了國家。所以國家由馬西流看來，是一個完全的社會，不是單為求生而設，是為求更善其生而設。他說：

　　　人類要避免內心的苦惱及外界的患難，須有各種技能。這許多技能

必須依靠多數人纔能供給；又須由一代傳於他代，纔能保存。人類
利用技能以趨利避害，非群居於一地不可。群居的生活常可發生爭
端，若不依正義的原則，加以統制，則人類鬥爭不已，終則社會將
至分崩瓦解。故要維持社會生活，須依正義，設置保障和平的人。
總之，人類要過其幸福的生活，並將自己所得的技能傳於後人，必
須組成社會。這個社會達到完滿之域，稱為國家。

　國家成立之後，在國家各種權力之中，立法權宜屬於市民全體。因
為國家是市民組成的社會，市民組成社會，是要趨利而避害。法律對於
人民有很大的影響。人民最能瞭解自己的利害，法律由全體市民議決，
市民方能依其利害觀念，選擇有利而無害者制定之以為法律。立法權若
委託於一人或少數人，則他們制定法律將為自己的利益打算，置人民全
體幸福而不顧[7]。馬西流說：

　制定法律的人即立法者須為市民自己。全體市民決定何者當為，何
　者不當為，並附以若干罰則，這就是立法。全體市民或大多數市民
　固然可將立法權委託於一人或少數人，但受任的人尚不能因此而成
　為獨立的立法者，他們只得對人民每次委任的事項，在一定期間之
　內，制定法律。案人類心理，均願意遵守自己制定的法律，不願遵
　守別人制定的法律，所以不管那一類事項，只要其有關全體市民的
　幸福或災害，均須令市民自己立法。固然有人主張立法權可屬於一
　人，或屬於少數人，或屬於多數人；據余之意，前兩種方法均不妥
　當。立法權屬於一人，則他可由個人的利益，制定不公正的法律，
　從而暴君政治就發生了。立法權屬於少數人，亦可發生寡頭政治，
　是故立法權非屬於全體市民或大多數市民不可。不問誰人，總不會

喜歡有害於自己的事物。市民若有立法權，大約可以制定良好的法律。

馬西流重視立法權，以之居於國家權力的首位，這是馬氏第一重要思想。他不欲市民自己行使立法權，而將立法權委託於市民所選舉的立法機關，這是馬氏第二重要思想。由此可知古代直接民主政治，到了馬西流時代，由於國家領土的擴大，不能不變為間接民主政治，即代議制度。

立法權雖屬於市民，至於執行權，由某性質看來，以屬於少數人為佳。不過行政官處理政務，必須根據法律，行政官之任用亦以民選為宜。市民除選舉行政官外，必要時且得罷免行政官。如是，最高權力便保存於市民自己。他說：

> 行政權的活動也宜以市民意思為標準。行政官應由人民選舉，行政
> 如有偏差，市民有矯正之權，偏差過甚，而致害及公共福利，市民
> 有罷免行政官之權。全體市民或大多數市民本來是最高權力之所在，
> 行政機關不過由立法機關授權，管理政務，故其統治人民必須根據
> 法律，即行政不過執行法律。現在試問法律的執行何以要委託少數
> 行政官？我們以為法律由一人或少數人執行比之由多數人執行，乃
> 有許多方便。執行法律需要動作敏捷，又須斟酌各種實際情形，迅
> 速決定對策，此皆非多數人能夠辦到的。

馬西流將執行權與立法權分開，以為行政機關一切活動必須根據法律，這就是法治政治，而為馬氏第三重要思想。至謂市民有罷免行政官之權，這就是今人所謂公民罷免，而為馬氏第四重要思想。

　　總之，在中古政治思想之中，馬氏的思想最有創見。他生在中古自由都市最發達的意大利，看到自由城市均置市民會，代表人民行使立法權，又看到市長不過執行市議會所通過的法律，其受到影響，主張民主主義，自有其時代背景。最難得的，馬氏對於當時專制的教會，想將政治上的民主主義應用於教會制度之上，以為教會是信徒所組織的團體，教會的權力應屬於信徒或信徒代表總會，不應屬於教士尤其教皇。他說：

> 信徒是平等的，教會是信徒所組織的團體，所以代表信徒的總會應
> 為教會的最高機關。教皇只是教會的執行機關，其地位是在信徒總
> 會之下。不，且與其他教士平等，不能超過於一般教士之上。

　　馬氏應用民主主義，以打擊教皇的專制作風，進而主張教會的權力不在國家之上，也不與國家平等，而須在國家之下。教會只能鼓勵人民的信仰，勸導人民入於正路，無趨邪道。但不論如何，教會甚至信徒總會均不得利用強制手段，執行自己的主張。反之，國家則可制定法令監督教士如何管理教堂。馬氏又謂教會的土地應歸屬於國家，縱令不歸國家所有，也應受國家的管束。國家得徵收教會土地的租稅，若有正當理由，尚可沒收教會的土地。這對於教會尤其教皇，可以說是釜底抽薪的打擊方法。到了宗教改革時代，列國君主果然因為土地問題，起來反抗羅馬教會及羅馬教皇。任何思想必與時代環境有關，一方經濟發達，商工業者希望國家統一，而欲推翻羅馬教會的勢力，同時民族國家漸次萌芽，希望國家獨立，不受羅馬教會的干涉。馬氏在這時期，提出民主主義以代替羅馬教會的專制作風，其能得到時人歡迎，自有理由。

1 其後，亨利第四又與教皇格列哥里第七衝突，一〇八四年亨利第四親率大軍攻入羅馬，教皇被迫出奔，翌年客死於意大利南部。

2 二劍說乃附會聖經所述。前已說過，羅馬教會創立於聖彼得，聖彼得是耶穌的第一使徒，耶穌曾將兩把劍給他。案「主呵，請看，這裡有兩把劍」，只唯路加福音書（第二十二章三十八節）才有。至於二劍歸於何人所得，不但路加，就是馬太、馬可也未提到。聖經曾述：「站在耶穌旁邊的一個人（沒有指出誰人）伸手拔出劍來，將大祭司的僕人砍了一下，削去了他的一個耳朵」（馬太第二十六章五十一節及五十二節，馬可第十四章四十七節，路加第二十二章五十節）。只唯約翰福音書才說：「彼得拔出一劍，將大祭司的僕人砍了一下，削去他的右耳。耶穌就對彼得說，收回你劍吧」（第十八章十節及十一節）。到底彼得所用的劍是否當初耶穌所買的二劍，而二劍又是否均為彼得所得，新約聖經沒有說到。教會學者因見彼得用劍砍人，就斷定彼得的劍就是耶穌的劍，理由已不充分。至於二劍何以表示兩種權力，更是費解。

3 這就是孟子所說：「有大人之事，有小人之事，且一人之身，而百工之所為備，如必自為而後用之，是率天下而路也。故曰或勞心，或勞力，勞心者治人，勞力者治於人。治於人者食人，治人者食於人，天下之通義也」（孟子卷三滕文公上）。

荀子之言更見明瞭。他說：「人之生不能無群，群而無分則爭」（荀子第十篇富國，第九篇王制亦有同一之言）。何以「人之生不能無群」？蓋「能不能兼技」（雖能者亦不能兼百工之技）。「離居不相待則窮」（離群索居，不相協助，生活必至於窮）。何以「群而無分則爭」？蓋「欲惡同物，欲多而物寡，寡則必爭矣」（以上均引荀子富國篇）。聖人惡其爭也，乃制禮，使人各守其分，於是無組織的人就成為有組織的群，這位聖人就是人君。故他說：「君者善群也」（王制篇），「人君者所以管分之樞要也」，「故曰君子以德，小人以力」，「百姓之力待之而後功（成功也），百姓之群待之而後和……故曰天地生之，聖人成

之，此之謂也」（富國篇）。

4 孟子主張「定於一」（孟子卷一梁惠王上）。荀子亦說：「權出一者強，權出二者弱」（荀子第十五篇議兵）。蓋他以為「兩貴之不能相事，兩賤之不能相使，是天數也」（荀子第九篇王制）。「君者國之隆也，父者家之隆也。隆一而治，二而亂，自古及今，未有二隆爭重而能長久者」（荀子第十四篇致仕）。法家亦有此種思想。管子說：「使天下兩天子，天下不可理也。一國而兩君，一國不可理也。一家而兩父，一家不可理也」（管子第二十三篇霸言）。慎子亦謂：「臣兩位而國不亂者，君在也；恃君而不亂矣，失君必亂」（慎子，德立）。「多賢不可以多君，無賢不可以無君」（慎子，逸文）。無君必亂，多君亦必亂，所以一國之權應屬於君主一人。即均主張君主政體。

5 此語不合於邏輯學上「大小對當」的規則。

6 孔子著春秋，明一統之義。隱公「元年春王正月」，對此公羊傳云：「何言乎王正月，大一統也」。此即主張頒正朔的權屬於周天子。一統之法不但頒正朔而已。孔子說：「非天子不議禮，不制度，不考文」（禮記注疏卷五十三中庸）。由於一統觀念，孔子就進而尊王，「王者欲一乎天下」（公羊傳成公十五年）。所以有天子在，諸侯不得專地（公羊傳桓公元年），不得專封（公羊傳僖公二年），不得專討（公羊傳宣公十一年）。其實，周自平王東遷以後，王室式微，不能控制諸侯，內則列國攻戰，外則蠻夷猾夏。莊王以後，人心已經希望改造此種局勢，只因王室的尊嚴尚在，任誰都不敢公然推翻，於是人士便退一步，要求強有力的諸侯「興利除害，誅暴禁邪，匡正海內，以尊天子」（漢書卷六十四下嚴助傳）。這樣，便發生了霸的觀念。霸須尊崇王室，而又不兼併諸侯，所以只可視為割據與統一的過渡辦法。戰國以後，強陵弱，眾擊寡，諸侯存者不過十餘，而強大者只有七國。當時周室式微已久，天子的尊嚴掃地無存，於是「霸」的觀念又轉變為「王」的觀念。孟子說：「定於一」（孟子注疏卷一下梁惠王上），定於一的方法則為王，而不為霸。霸是尊崇周室，王欲推翻周室。霸是

利用周室，維持苟安的局面，王欲打垮周室，建設統一的帝國。總之，封建國家已經分裂，而人心又希望統一，統一之法在春秋時代為霸天下，在戰國時代為王天下。自孟子主張：「以力假仁者霸，以德行仁者王」（孟子卷三公孫丑上）之後，俗儒均重王而輕霸。只唯宋代李覯以為王霸只是名位的區別，而非施政本質之不同。王，天子之號，以安天下為務；霸，諸侯之號，以尊京師為務（參閱李直講文集卷三十四常語下）。

7 此種言論有似於十八世紀之末至十九世紀初期功利主義者的思想。功利主義者由人類的利害觀念，主張民主，馬西流亦然。至於吾國，雖然法家亦謂各人均有好利惡害之觀念，但又因為人民未必知道那是有利的，那是有害的，而主張君主獨斷。即如商鞅所說：「民不可與慮始，而可與樂成。故知者作法，而愚者制焉。聖者更禮，而不肖者拘焉」（商君書第一篇更法）。管子亦說：「生法者君也」（管子第四十五篇任法）。生法就是制定法令，即主張立法權應屬於君主。此蓋吾國不但歷史上，就是傳說上，也沒有民主制度之例，與馬西流之生長於意大利的自由城市者不同。

本章參考書

G. H. Sabine, *A History of Political Theory*, 3 ed., New York, 1937.

W. A. Dunning, *A History of Political Theories, Ancient and Mediaeval*, New York, 1923.

F. W. Coker, *Readings in Political Philosophy*, rev. ed., New York, 1938.

E. A. Friedberg, *Die mittelalterlichen Lehren über das Verhältniss von Staat und Kirche*, Leipzig, 1874.

G. B. Adams, *Civilization during the Middle Ages*, New York, 1898.

H. Cunow, *Die Marxsche Geschichts-Gesellschafts und Staatstheorie*, I Bd. 4 Aufl., 1923.（本書不是宣傳共產主義，其述政治思想與各時代環境的關係，實可供吾人參考。抗戰前，余曾購得此書，初到臺大時，法學院圖書館亦有之，不知何時遺失。）

T. I. Cook, *History of Political Philosophy from Plato to Burke*, New York, 1936.

第三章　王權思想的興起

　　封建社會末期由於經濟的變動，都市之內發生新興的市民階級[1]。他們為開拓國內市場，為發展國外貿易，不能不先謀國家的統一及國力的充實，而向封建領主（即諸侯）進攻。在市民階級與封建諸侯鬥爭之時，國王便超然於雙方勢力之外，且利用雙方鷸蚌相爭，收到漁人之利，卒使雙方屈伏於國王之下。英王亨利第七 (Henry VII, 1485–1500)、法王路易第十一 (Louis XI, 1461–1483)、西班牙斐迪南第五 (Ferdinand V, 1479–1516) 均於西元十五世紀之末，壓迫封建諸侯，而建立統一的民族國家。到了這個時代，從前聯合歐洲各民族成為一個帝國的幻想就失去意義，代此而生的則為國家主義（非世界主義）及君權（非帝權）思想。

第一節　文藝復興時代的政治思想

　　新的社會環境要求新的思想內容，但一種思想的創造須經長期的努力。因之，在社會轉變之際，即在文化轉變之際，最初只能於前代文化的廢墟之中，尋求某種思想之能適合現實社會的需要者，加以修改，供人參考；絕難憑空創造一個思想，以備現實社會之應用。希臘文化是商業社會的產物，中世封建社會不是建築在商業經濟之上，而是建築在莊園經濟即農業經濟之上。所以中世紀學者不能純用希臘文化的遺產，以解釋政治現狀。自從都市發生之後，商業日益隆盛，從而古代商業社會的文化就有重新估價的機會。中世商業先發達於意大利，意大利的商業共和國頗有似於古代商業共和國的雅典，因此，意大利學者在希臘文化之中，發見了許多思想而適合於他們環境的需要，不禁予以熱烈的歡迎，於是便發生了文藝復興 (Renaissance) 之事[2]。

　　文藝復興時代學者歡迎古代希臘文化，亦只限於希臘文化之能適合現實情況的範圍內。他們萬不得已，寧可不顧邏輯（民主思想的結論），不願無視現實的需要（君權思想）。我們知道商業經濟在封建社會與在古代社會不同，可以產生君權思想（非帝權思想）及國家主義（非世界主義）。因此之故，文藝復興時代的學者雖然生在都市的共和國，雖然崇拜古代民主主義，而卻是擁護君權的鬥士。他們以為要建立民族國家，須有一位中心領袖——君主，國家的禍福懸於君主之勇敢及怯懦者甚大。他們希望有位明君接受他們的主張，對內統一國家，對外發揚國威；至於君主會墮落為暴君，如何反抗，如何預防，他們完全不予考慮。其能考慮的乃在商業經濟更進一步的發展之後。

第一項　馬基維利的政治思想

　　在文藝復興時代，歐洲各國已經開始創立民族國家。意大利尚分裂為五國：南部有那不勒斯王國 (Kingdom of Naples)，西北有米蘭公國 (Duchy of Milan)，東北有威尼斯共和國 (Republic of Venice)，中部有佛羅倫斯共和國 (Republic of Florence) 及羅馬教會的直轄領土 (Territory of Roman Church)。各國互相猜疑，沒有一個強國及雄心的君主，負起統一的責任；而羅馬教皇又為自己的利益，利用各種策略，反對統一運動；列強亦欲伸張勢力於意大利半島，而挑撥各國自相攻戰。在此種情勢之下，一般人民希望統一，更由統一的希望，要求一位強有力的君主完成統一之業，實是勢之必然。馬基維利就是代表這個思想的一人。

　　馬基維利 (Niccolo Machiavelli, 1469–1527) 生於意大利的佛羅倫斯，祖先多為共和派的領袖，西元一四九八年至一五一一年，他曾歷任佛羅倫斯共和國的要職，出使外國，而觀察各國的政制及政策。一五一一年佛

羅倫斯發生政變，共和改為君主，他亡命外國。一五二一年國王許其回國，他息影田園，從事著作。生平著作甚多，其與政治思想有關的為《君主論》（*The Prince*，吾國有譯本，書名霸術）、《李維羅馬史疏義》（*Discourses on Livy*）。

　　馬基維利的政治思想與古代及中世的政治思想，比較一下，實可劃一鴻溝。古代學者每用倫理的眼光討論政治，中世學者則用宗教的眼光批評政治。馬基維利不但將宗教與政治分開，且將倫理與政治分開[3]。他的政治思想全部築在現實的人性之上，即築在自私自利的人性之上[4]。他先說明人性，以為「一般人都是奸巧利詐，忘恩負義，貪婪怯懦的。當你成功之時，他什麼東西都願奉獻給你，甚至他們的生命，他們的財產，他們的子孫，也願意給你，以買你的歡心。一旦你失敗了，他們便忘卻前此之忠心耿耿，而來背叛你了」。人性如斯狡猾，如斯反覆無常，則除強制他們，他們不會善良。所以統治人民與其用恩愛，不如用威力。國家就是一個用威力統治人民的團體。他既以自私自利為人類的本性，所以又謂人類一切活動均在於滿足自己的慾望。在各種慾望之中，人類視為最重要的則為物質的慾望，即私有財產的慾望。所以為人君者絕不可侵犯人民的財產。「人家父親死了，不久即將忘記。財產失掉，永久不會忘記」，此種言論可謂大膽之至。固然亞當斯密 (Adam Smith) 亦用人類的利己心，說明經濟與政治，但亞當斯密主張自由放任，馬基維利主張武力強制。此無他，馬氏生在商業資本方才萌芽之時，要求國家的統一；亞氏生在工業革命將次成功之時，希望人民有自由。兩人時代不同，故兩人的思想雖均以人類的利己心為前提，而結論乃背道而馳。

　　馬基維利的政治思想不是國家理論，只是政治策略[5]。他將國家的起源分為兩類，第一類是某地方的原住民創設國家，第二類是外來民創

設國家。第一類國家的創設原因為共同防衛，即人民要防禦外敵而有群居的必要，由此便組織了國家。此類國家的發生又分為人民自己提議組織國家及人民接受一位哲人的勸告而組織國家兩種。不問是那一種，此類國家一經成立，多半是自由的國家。第二類國家創設的原因，或為一位梟雄欲取得權力而組織國家，或為一個國家因為人口過剩或天災地變，不得不於一位智勇兼全之士領導之下，移民於別個地方，就在那個地方組織國家。第二類國家大率是不自由的國家。

國家組織之後，其能否維持下去，第一要看土地的肥瘠，第二要看政制的良窳。據馬基維利之意，國家建設於瘠土比之建設於沃壤，猶有前途。因為人民住在沃壤，衣食無虞，飽暖思淫慾，不免流於怠惰，遂由萎靡，終至衰亡。人民住在瘠土，苟不奮鬥，衣食無著，遂能勇往邁進，排除危難，終至成為強國。

關於政制的良窳，則要看一國政體是屬於那一種。馬基維利分類政體與過去學者的分類不同，他先將政體分為君主與共和 (republic)，次將共和分為貴族 (aristocracy) 及民主 (democracy)。此三者屬於優良的政體。君主政體敗壞下去，變成暴君政體；貴族政體敗壞下去，變成寡頭政體；民主政體敗壞下去，變成無政府狀態 (anarchy)，即用無政府狀態以代替過去學者所謂貧民政體或暴民政體。茲試列表如次：

優良的政體		敗壞的政體
君主政體		暴君政體
共和政體	貴族政體 民主政體	寡頭政體 無政府狀態

敗壞的政體可以不談。在優良的政體之中，哪一種最優？他採納亞理斯多德的意見，以民主政體為最優。因為民主政體是令全體市民共同

討論國事，其能集思廣益，不像君主政體那樣，由一人獨斷獨行；又不
會同君主政體那樣，太過保守，太過因循。固然民主政體也有缺點，即
行動遲緩，不能臨機應變。但由另一方面觀之，卻能保持中庸之道，不
急進，不保守，而適合於多數人的要求。至於貴族政體，尤其是以土地
為基礎的貴族政體，每可釀成割據的局面，陷國家於混亂之中，故為最
壞的政體。由此一點，可知馬氏是反對封建領主的。

　　馬氏雖然承認民主政體的價值，但當時市民階級所要求的乃是國家
的統一，不是民治的實行。所以馬氏又一轉而謂民主政體只能實行於人
心純潔，不相欺詐而相信任的社會。今日人心腐化，不能和衷共濟，所
以只能實行君主專制政體。他既由性惡出發，贊成君主專制政體，所以
又從性惡出發，主張權謀策略[6]。權謀策略是馬氏政治思想的核心思想，
必須詳細敘述。唯在敘述以前，又須說明他有極強烈的國家觀念。

　　馬基維利生在四分五裂的意大利，而又值歐洲各國已經成為民族國
家，常向意大利領土進行侵略的時代，他目擊祖國的危急，當然容易變
成國家主義者[7]。在他各種著作之中，不惜再三說到：

> 君主須以保全國家生命為目的。凡能保全國家生存的，任何手段都
> 是光榮的，而值得贊美。
> 我謂當國家危急之時，無論是君主或是共和國的當局，都應該為國
> 家生存打算，不顧信義，做出負人的事。
> 當祖國危急之時，人士可以不問公正或不公正，仁愛或殘暴，光榮
> 或恥辱，應該不顧一切，只求挽救危機，維持國家的獨立。

　　即馬基維利以為君主的第一任務是在保全國家的生存[8]。君主為達
到這個目的，任何手段都可採用。道德的手段固不必說，就是邪惡的手

段，也可以採用。他說：

> 君主的人格能夠博得世人稱頌，固然是最好的事。但君主苟非受到
> 奸邪的惡名，不能保其社稷，則無妨違背道德。世上有許多事，外
> 觀上雖很善良，實行之時，不免發生不良的結果；又有許多事，外
> 觀上雖很邪惡，而卻能使君主的地位穩固。

依馬氏之意，政治上本來就沒有道德，只要手段有益於國家，邪惡
也可以化為神聖。君主的實際行動雖然可以不顧道德，但外貌則應裝做
惠愛之狀。他說：

> 君主不必真有道德，但當裝做有道德之狀。君主真有道德，而又實
> 行道德，這是最危險的事。君主沒有道德，裝做有道德；必要時，
> 又能做出不道德的行為，這是君主最必要的性格。君主不可隨便發
> 言，一旦開口，則須裝做仁慈、嚴正、虔誠、忠實之狀。換言之，
> 君主的言動須使世人批評為道德高、有良心、有宗教心。普通人每
> 由外貌月旦人物，至能洞察人心，不過少數人而已。少數人既見多
> 數人信任君主，亦必不敢違反公意，出而攻擊君主。何況君主的行
> 為受人評論，往往不由君主行為的動機，而由君主行為的結果。君
> 主能夠保全自己的地位，且使國家臻於富強之境，人民必頌揚不已。
> 蓋人民只知外表，至於察其真相，只唯少數有識之士方能做到。而
> 此輩既係少數的人，哪有能力使君主地位發生危險。

君主能夠使人愛戴，固然是最好的事，但同時又須使人畏懼。愛與
畏二者若不得兼，寧可使人畏，不必使人愛[9]。何以呢？馬氏說：

人民對其親愛的人比其對於畏懼的人，容易犯上作亂。因為愛與不愛，由人民決定，權在人民，而且人民愛戴君主多出於義務觀念。人性本惡，常由利害關係，隨時放棄義務而不顧。反之，畏懼是由怕受刑罰，權在君主，只要君主有生殺與奪之權，不問什麼時候都可發生效果。

君主要使人民畏懼，須有武力為後盾[10]。君主不但須有武力，並且須用詭計。有武力而無詭計，不能成功；有詭計而無武力，也難奏效。馬氏說：

君主對人民用信義，不用詭計，固然值得贊美。但據事實所示，從來君主之能成就大業者，往往自食其言，他不但不去履行約束，甚者不顧信義，用詭計破壞約束。余意紛爭的解決有兩個方法，一依法律，一用武力。法律只唯人類才用，武力則為野獸所常使。但是人類只用第一方法，有時不免於窮，於是就須訴諸武力。一國之君須能知道什麼時候用法律，什麼時候用武力；用其一而忘其他，國家未有不亡。君主須有獅子之猛，同時又兼狐狸之狡。獅子雖猛，而不能發現陷穽；狐狸雖狡，而不能抵禦豺狼。所以君主須有狐狸之狡，以發現陷穽，同時又兼獅子之猛，以威嚇豺狼。

馬氏崇拜權謀與武力，大約由此可以知道。此種思想實如上面所說，是代表市民階級，要求國家的統一，而後才提倡的。馬氏又說：

人民若有一技之長，君主均當獎勵，而對於經營農工商各種生產事業的人，更當保護，使他們能夠安樂，使產業能夠發達。勿令人民誤會財產有損失之虞，更勿使人民受到苛捐雜稅的誅求，不肯努力

求富國之道。

吾人讀馬氏此一段話，可知他雖崇拜術數及武力，其實，術數及武力只是手段，其真正目的則為如何促成意大利的統一，以求富強之道。馬氏思想是代表當時市民階級，不容懷疑。

第二項　布丹的政治思想

布丹 (Jean Bodin, 1530–1596) 生於法國的安澤 (Angers)，在都羅斯 (Toulouse) 大學，學習法律。畢業後即為該校講師，未幾至巴黎執行律師業務，並應聘為亨利第三的宮中顧問。一五七五年至一五七七年所召集的三級會議，布丹當選為市民階級的代表。一五七六年發表《國家論》(*Six Books on Republic*) 一書，把國家觀念置在新的學說之上，以適應當時社會的需要。

我們要瞭解布丹的政治思想，不可不先知道布丹對於國家的定義。布丹說：

國家是由多數家族的人員和財物集合而成，並被一個最高主權 (a sovereign power) 及理智 (reason) 所支配的團體。

布丹何以把最高主權視為國家的要素?因為要排除羅馬教會的干涉，並制止封建領主的反抗，而使法國的權力能夠強大。布丹何以又把「理智的支配」視為國家的要素?因為要否認宗教上「王權神授說」，並使國家與盜賊團體有所區別。

這樣的國家如何產生出來？布丹以為國家是武力造成的。國家的基礎為家族，家族必有家長，操生殺與奪之權。許多家族由於各種原因，往往互相攻戰。戰敗的人淪為戰勝的人的奴隸，同時戰勝的人亦須服從

他們自己領袖的權力。這樣一來，便產生了國家。他說：

> 在國家尚未產生以前，家長對其妻子有生殺與奪之權，人類都是貪
> 婪無饜，而又喜歡報讎雪恥，每個家族常用武力侵削別個家族，於
> 是戰爭發生，弱者不能不受強者的支配，強者既已支配了自己的家
> 族，現在又支配敵人以及自己的盟友。盟友早已歸順，所以稍有自
> 由，敵人因為反抗，所以淪為奴隸。在這裡，我們可以看到奴隸與
> 自由民、市民與外國人、君主與國家的起源。理性告訴我們，政府
> 及國家最初都是武力造成的，不必再引歷史證明。

布丹把國家定義為「被一個最高主權所支配的團體」。然則什麼叫做主權？他說：

> 主權 (sovereignty) 是在市民及臣民之上的最高權力，不受法律限制。
> 我們不但以主權為最高的，且以主權為永久的。因為最高權力也可
> 以暫時委託於一個人或數個人。此輩受託的人並不能稱為主權者，
> 他們不過於一定期間之內，受了主權者的委託，行使主權而已。他
> 們無異於借用他人的物，終究必須歸還原主，因之，其人不是該物
> 的所有主。

由此可知布丹所謂主權乃含有兩個重要的性質，一是最高性，二是永久性。但他既謂暫時把主權委託於別人，這個受託的人不能稱為主權者，則布丹所謂主權尚有第三重要的性質，即唯一不可分的性質。因為主權有此三個性質，所以一國之內永久只有一個主權，一方對外不受別國干涉，同時對內不受人民限制。團體有了主權，才可以稱為國家。都市及其他地方團體沒有主權，所以不是國家；就是附庸國或朝貢國也因

為沒有此種主權，故皆不能稱之為國家。

　　然則此種主權應該屬於誰人？要知道布丹的見解，不能不先述布丹關於國體 (form of state) 與政體 (form of government) 的區別。布丹以前，學者均不區別國體與政體，只以統治者人數多寡為國體或政體分類的標準。換句話說，國體的分類就是政體的分類。布丹則謂國體的形式是由主權的歸屬而異，主權在一人的稱為君主國，主權在少數人的稱為貴族國，主權在多數人的稱為民主國。世上絕沒有混合國體，因為主權如果可由幾個機關分掌，則將變成無政府，不是國家了 ■。至於政體的形式，則由官職如何分配來決定。比方君主若將官職給與某特定階級，則這個君主國便是貴族政體；君主若將官職開放給一般人民，則這個君主國便是民主政體。

　　國體雖有三種，但最良的國體還是君主國體。因為在君主國，權力集中，行政不像民主國那樣遲緩，最適宜於危急存亡的時代。而且國家要開疆闢土，造成富強的大國，更非採用君主國體不可。即布丹以為主權最好是屬於君主一人。

　　君主既有主權，則由布丹的主權說推論下去，君主的行為當然不對人民負責，也不受法律拘束。蓋依布丹之言，主權最重要的任務乃是制定法律，君主既是主權者，當然也就是立法者。君主既是制定法律的人，自可隨時修改法律，而不受其拘束。至於議會只是君主的諮詢機關，並不能限制君主的主權。議會若能限制君主，則君主便沒有最高主權了。布丹說：

　　有人謂君主須服從人民的意思及命令，這個見解是錯誤的。這不但
　　使革命有所藉口，且可引起國家的混亂。依我之意，君主若是庸懦

之人，人民自可選舉攝政官或執政官；除此之外，倘若要令君主服從人民的命令，或將君主的主權交給議會，那實是不合理之至。因為君主若受人民或議會的拘束，則君主的主權將變成有名無實了。

然則如何而能匡救君主的暴虐無道?布丹以為國家是受理智支配的，所以君主第一當受自然法的限制，因為自然法觀念乃存在於人類的理智之中，人類都有理智，人類都不宜破壞自己的理智，所以君主也不可破壞自然法。第二君主當受契約的限制，因為布丹代表市民階級，故他謂君主若以私人資格與人民訂立私權契約，必須遵守；不但自己所訂立的要遵守，就是先君所訂立的也要遵守。第三君主須受國家基本法 (lex Imperii) [12]的限制。因為國家基本法乃規定國家最高權力之所在，此種基本法是和主權連在一起，廢止或改變它，必將搖動國家的基礎，所以君主不可破壞。

由於上面所述，我們略可明瞭布丹的主權論。簡單言之，主權是指君主制定法律，不必徵求人民同意，而可拘束人民；但君主本身則不受法律的拘束。這個主權至上的思想在當時很有用處，封建時代歐洲各國不論國之內外，均有反抗的權力。法國到了十五世紀之末，國王的權力逐漸鞏固，外脫離皇帝及教皇的控制，內壓鎮領主及都市的反抗，成立中央集權的統一國家。法蘭西國王事實上成為全國最高統治者，所以布丹提倡主權說，而謂主權屬於君主。就是布丹乃於帝權陵替，教權弛墮，諸侯無力的時候，利用主權在君的學說，促使法蘭西王國更徹底的實現統一與獨立。

布丹代表市民階級，吾人可於其自然法觀念之中看出端倪。他謂主權當受自然法的限制，而在自然法之中，他特別提出個人自由及私有財

產之不可侵犯。布丹由此前提，結論遂謂賦稅可以減少私人財產，所以主權者行使課稅權時，須得人民同意[13]；又惟於全體福利發生危險之時，才得增加新稅。至於公用徵收，須於有助於公共福利，並給與相當賠償，始得執行；君主若不遵守自然法，人民可以拒絕服從。

總之，布丹的主權學說是謀市民階級與君權思想的妥協。一方因為市民階級受到貴族的壓迫，故對君主給與以不受限制的統治權，同時市民階級又懼君權干涉經濟活動，故用自然法觀念以防止君主的專恣。當時市民階級的地位是處於如斯矛盾的狀態之下，故乃產生布丹所說的自相矛盾的主權觀念。一方主張主權最高，不受限制，同時又用自然法加以限制。

第二節　宗教改革時代的政治思想

宗教改革 (Reformation) 發難於馬丁路德，傳播於歐洲各地，而以日耳曼國家最為激烈。至於意大利、法蘭西、西班牙並未有。意大利乃羅馬教會勢力最大的地方，何以沒有宗教改革？蓋羅馬教會設在意大利領土之內，各國隸屬於羅馬教會，無異於意大利控制各國；羅馬教會向歐洲各國徵收賦稅，無異於意大利剝削各國。因此，意大利知識分子雖知教會的黑暗，而有文藝復興之事，乃不能由文藝復興再進一步作宗教改革。

在法蘭西[14]及西班牙二國，商業資本早已發生，國王權力早已鞏固。它們不但不受羅馬教會的壓迫，且能利用羅馬教會，以擴大自己勢力於各地。羅馬教皇在別國可以隨意徵收賦稅，對於法西兩國卻須於其由歐洲各地剝削的金錢之中，提出若干成送給兩國。比方教皇利奧第十 (Leo X, 1513–1521) 販賣赦罪符，想得法西二國同意，不能不用巨金運動。西班牙國王卡羅斯第一 (Carlos I)——後被選為神聖羅馬帝國皇帝，改稱喀

爾第五 (Karl V)——得到十七萬五千金幣 (ducat)。法蘭西國王法蘭西斯第一 (Francis I) 亦得到巨額賄款。總之，法西兩國君主及教士在宗教改革以前，已經得到日耳曼各地君主及教士用盡鬥爭方法纔能得到的權利了。它們兩國因為有利可得，所以不願與羅馬教會斷絕關係，而參加宗教改革。

　　日耳曼各地與它們三國不同，一般人民不欲金錢流到意大利，教士以為羅馬教會若不改造為民族教會 (National Church)，自己沒有前途。國王又因自己不能同法西兩國一樣，得到贓金，且欲沒收教會的財產尤其教會所占領的土地（當時德意志土地約有三分之一屬於羅馬教會）。三者均欲削弱羅馬教會的勢力，故能聯合起來，以反抗羅馬教會。皇帝喀爾第五說：「宗教改革不是因為教會的教旨，乃是因為教會的財產」[15]。一四三一年至一四四九年召集在巴塞爾 (Basel) 開會的宗教會議，德意志神父提出申訴，其中值得吾人注意的，可歸納為兩點，一是意大利人不懂德意志語言及習慣，而乃出任為德意志的教士，德意志各地最高教職盡為意大利人所壟斷。二是新主教就職之時，須將第一年收入獻給羅馬教皇，其金額逐年增加。在馬因斯 (Mainz) 一個地方，最初為一萬金幣 (ducat)，其次為二萬金幣，最後為二萬五千金幣，如果一年之中，主教死者兩人，不知如斯巨金如何籌措。由此更可證明宗教改革並不是自由主義與權威主義的衝突，而是經濟的衝突引起民族主義與世界主義的鬥爭。

　　宗教改革提倡於馬丁路德，附和之人甚眾，其中最有名的，當推司文格利 (Ulrich Zwingli, 1484–1531) 及喀爾文。前者於政治思想方面，不甚重要，故只述路德及喀爾文二人。茲應告知讀者的，宗教改革雖發生在文藝復興之後，但領導宗教改革的人，其思想還不脫中世的色彩，而接近於阿奎那等輩。

馬丁路德 (Martin Luther, 1483–1546) 生於德國的薩克森 (Sachsen)，早年在耶爾福 (Erfurt) 大學研究法律，中途改入教會學校，研究科學及哲學。畢業後，服務於耶爾福教堂，一五〇七年獲准為教士，一五〇八年應聘為薩克森選舉侯所創辦的威丁堡 (Wüttenburg) 大學教授。他見教會日益腐化，一五一一年親赴羅馬觀察。當時教皇利奧第十欲討伐土耳其，常向各國募款，這已引起德國人民的反對。一五一七年又派德策爾 (Johann Tetzel) 到德國販賣赦罪符，遂激起路德的憤恚，一五一七年十月三十一日提出九十五條「論旨」(Theses)，貼在威丁堡教堂門上，反對赦罪符的販賣。德策爾亦發表「反論旨」(Anti-Theses)，斥路德為異端，教皇利奧第十遣使疏通。一五一九年神學家厄克 (Johann Eck) 又攻擊路德，路德遂決心反抗羅馬教會，以為人類與上帝應直接發生關係，無須教會從中介紹；教皇的言論不免有所錯誤[16]，只有聖經才是唯一可以為憑。教皇因此便把路德「開除教籍」，路德將開除令投入火中燒去，並發表「致日耳曼民族的貴族書」(An Address to the Nobility of the German Nation)，勸人民設置民族教會，以對抗羅馬教會。此外更說明三點：⑴教士除執行宗教職務之外，沒有特別神聖的地位，所以教士若有不正當的行為，國家可處罰之。⑵羅馬教皇不是教會的最高機關，教會的最高機關為教徒總會。教皇除羅馬教堂的產業之外，不得徵收賦稅並行使審判權。一切關於俗世的問題均由政治當局處理之。⑶個人可從良心所命，自由解釋聖經。在信仰方面，一切教徒都是平等，不是教皇才有解釋聖經的權。路德由於這篇宣言，便和羅馬教會脫離關係，生命自由極其危險，幸有薩克森選舉侯腓特烈 (Frederick) 的保護，匿居於瓦特堡 (Wartburg) 城內，才免於難。他的著作只是短篇時文，其與政治思想有關係的，為〈致日耳曼民族的貴族書〉、〈論教會的巴比倫俘囚〉 (*On the Babylonian Captivity of the*

Church)、〈論基督教徒的自由〉(*On the Freedom of a Christian Man*)。

路德分世界為兩種：一是上帝的王國 (Kingdom of God)，二是塵世的王國 (Kingdom of World)。前者是信仰的世界，後者是俗權統治的世界。信仰的世界是一個自由平等的世界，沒有強制，也沒有階級的區別，人人獨立，不必服從任何權力。哪知現今基督教的社會竟有教皇 (Pope) 主教 (Bishop) 及神父 (Priest) 等各種階級。他們本來是由一般信徒選舉，沒有任何神聖的身分。而今他們竟然發布教令，用他們自己解釋的聖經，強迫一般信徒遵從。此種階級不平等的現象不是出自上帝的意旨，只是人類亂作的制度。

人類在信仰的世界雖然是絕對自由，至於塵世的生活則有加以規制的必要。何以呢？一切人類如果都是基督教的忠實信徒，則各人當然有自主權及自由權。可惜人類的品德尚未達到完成之域，彼爭我詐，不絕於世。非有統治肉體的劍控制人類，則社會必將發生混亂而致失掉和平的秩序，這是國家誕生的原因。所以國家的目的在於保護每一個人不受別人的侵犯。

國家的權力受之於上帝，但不是無限的：第一不可干涉信仰問題，第二須謀人民的福利；前者是國家權力之消極的限制，後者是國家權力之積極的作用。路德知道國家與君主是兩個不同的概念，所以他雖主張國家權力出自上帝，而又不以君主權力是代表上帝的權力，反而因為世上罕有明君，而謂君主行使權力必須受到限制。不過路德承認聖保羅所說：「在上有權柄的，人人當服從他」。所以他不主張民主政治，而主張人民要絕對服從君主。這是路德思想的矛盾。路德既謂人人有自由解釋聖經的權，如是，則人人均有自己的上帝，推到極端，必將變成無信仰的社會。果然不久之後，就出現了「再洗禮派」(Anabaptists)。何謂再洗

禮派？他們以為信仰應出於個人的良知，嬰孩受洗，毫無意義，故成年
之時應再受洗禮一次，以表示其真心誠意，信仰上帝。案路德的宗教改
革本來主張個人信教自由，教徒一律平等。這個主張若推廣而應用於政
治方面，可以達到民主主義。因為信徒不應屈服於教皇權力之下，則人
民亦不應屈服於君主權力之下，宗教方面不宜有教皇、主教、神父等階
級，則政治方面也不宜有君主、貴族、官僚等階級。再洗禮派基此思想，
反對君權主義，甚至主張共產。他們以為經濟上實行共產，而後社會上
才有平等。如是，再洗禮派已經超出宗教改革的範圍，而進入政治革命
及社會革命的途徑了。其結果，便引起德國各地農民暴動（一五二四年
至一五二五年），其領袖多屬於路德一派。但路德提倡宗教改革有恃於日
耳曼君主的支持，沒有日耳曼君主的支持，宗教改革絕難成功。再洗禮
派的主張已經有害君主的權威，而農民叛變更可脅迫君位的安定。難怪
路德大為震驚，痛斥再洗禮派，謂個人或團體的言論或活動超過一定限
度而有害國家秩序之時，國家得用武力鎮壓之。關於農民叛變，路德又
勸告日耳曼國王用兵力撲滅之。即路德不但不將其在宗教方面所主張的
民主，應用於政治方面；且將其在宗教方面所反對的專制，允許君主應
用於政治方面。蓋當時市民階級只要求民族國家的建立，並不要求民主
主義的實行，路德思想的矛盾實由環境使之。

　　喀爾文 (John Calvin, 1509–1564) 雖是法國人，但其活動地區則在瑞士
日耳曼民族所聚居的日內瓦 (Geneva)。他生於法國西北的畢喀臺
(Picardy)，初習神學及文學，後來改讀法律，得到法學博士學位。他旅居
巴黎，以急進主義得名於世，因觸政府忌諱，乃於一五三六年避居於瑞
士的日內瓦，甚受該地市民歡迎。斯時日內瓦已經改宗新教，但剛剛獨
立為都市國家，情形甚見混亂。喀爾文積極參加政治的及宗教的改革運

動，成為中心人物，用嚴格的紀律以臨市民，遂招市民之怨，暫時不能不離開日內瓦。但當時日內瓦卻需要喀爾文那樣的人物，所以一五四一年又歡迎喀爾文回來。自是而後，他事實上成為日內瓦的統治者，一直到他死時為止。他著有《基督教原理》(*Institutes of the Christian Religion*) 一書，其政治思想載在第四篇之中。

照喀爾文說，人類的生活可分兩種：一是精神的生活，一是物質的生活。教會管束精神的生活，政府管束物質的生活。人類要想得到心靈的安寧，昇入天國，不能不求助於塵世的政府。所以政府猶如空氣水火一樣，人類不能一天無之。因為政府既能保護人類的物質生活，又能防止異端及叛教徒作亂，維持社會的治安，所以政權與教權不是絕對分立的，而是互相協助的。

政權與教權雖宜互相協助，但教會與國家又有明顯的區別。教會只可管理信仰問題，國家職務則甚廣泛，最重要的，一須盡力神事，使人人有敬神之心；二須維持社會的安寧秩序。為達成第二職務，上帝又把獎善懲惡的權交給君主，教君主用嚴刑懲罰罪人。

宗教改革家的目的均在於反抗羅馬教會的專制，而竟變成擁護君權專制的鬥士，喀爾文也不例外。他謂統治者的權力乃授之於上帝，人民不服從統治者就是不服從上帝，而當受到刑罰。喀爾文說：

> 人民當以統治者為上帝的代理人而尊敬之。世上有不少的人一方雖知統治者之必要，同時又以政治為必要的害物 (necessary evil)。但聖彼得不是說過，「尊敬君王」麼？所羅門 (Solomon) 亦說：「敬畏主和王」麼。這都是說明君主的尊嚴及君主的神聖，指示人民對於統治者應盡的義務。聖保羅說：「你們必須服從，不是因為刑罰，也是

因為良心」。其意蓋謂人民不是因為畏懼刑罰而服從統治者，必須因為統治者的權力受之於上帝而服從之。人民由於服從，就發生遵守法律、納賦稅、服兵役、就公職的義務。聖保羅說：「凡掌權的都是上帝所命的，所以抗拒掌權的就是抗拒上帝的命，而抗拒的必自取刑罰」。即依聖保羅之意，凡抗拒君主，就是反抗上帝。我們千萬不要輕視那沒有武力的君主，如果輕視，就要受到上帝的懲罰。

　　人民不但要服從仁慈的君主，還須服從暴虐的君主，因為暴君的權力也是受之於上帝。上帝用暴君以懲罰邪惡的人民，所以人民遇到暴君，只可反省思過，求上帝憐愍，絕不可用直接行動反抗暴君。他說：

> 雖是暴君，其權力也是受之於上帝的。上帝特降暴君來懲罰此一國人民。所以君主的德行雖然卑鄙，不值得尊敬，但是他的權力如果出自上帝，人民在責難暴君以前，須先省察自己有否罪過。

　　惟在當時，反抗暴君的思想已經萌芽，所以喀爾文於無抵抗主義之下，另闢一條抵抗的途徑，即君主的行為若有反於上帝的意旨，人民可以拒絕服從。他說：

> 人民所以服從君主，乃是因為王權受之於上帝。換句話說，人民敬事上帝，而後才服從君主。君主的命令苟有反上帝的意旨，人民便不必服從。

　　由此可知，喀爾文之反抗暴君乃出於宗教上的理由，不是出於政治上的理由。然而這個學說後來竟為法蘭西、英格蘭、蘇格蘭、尼德蘭 (Netherlands) 的革命黨人所接受，稍加修正，供為他們與暴君鬥爭的武器。

　　總而言之，宗教改革家的思想並不是為自由主義而反抗權威主義，乃是為擁護政治上的權威主義而反抗宗教上的權威主義。其所以如此，我已屢屢說到當時市民階級希望有一位強有力的君主，內壓迫封建諸侯，外抵抗羅馬教會，建設中央集權的國家。所以學者均謂宗教改革乃基於市民階級的要求，其在歷史上所以有重大的意義，也是因為其能代表市民階級，打垮世界主義的羅馬教會，使中世的封建國家發展為近代的民族國家。

1封建時代各國除農奴及自由農民外，尚有三個階級。第一階級為貴族，第二階級為教士，第三階級為市民。此三者各派代表，組成三級會議 (Etats generaux)。市民階級亦稱為第三階級，在中世末期而至近代初期，在政治上成為重要角色。

2文藝復興到底始於何時，終於何時，學者意見並不一致，或以西元十四世紀至十七世紀初葉為文藝復興時代。

3吾國古代學者亦常用倫理的眼光，討論政治，法家才將倫理與政治分開。但管子一書尚未完全擺脫倫理。他謂國有四維，一曰禮，二曰義，三曰廉，四曰恥。四維不張，國乃滅亡（參閱管子第一篇牧民）。到了商鞅，而後反對道德。他說：「仁者能仁於人，而不能使人仁。義者能愛於人，而不能使人愛，是以知仁義之不足以治天下也」（商君書第十八篇畫策）。韓非說：「世之學術者說人主，皆曰仁義惠愛而已矣。世主美仁義之名，而不察其實，是以大者國亡身死，小者地削主卑。何以明之？夫施與貧困者，此世之所謂仁義。哀憐百姓，不忍誅罰者，此世之所謂惠愛也。夫施與貧困，則無功者得賞；不忍誅罰，則暴亂者不止……不亡何待。夫嚴刑者民之所畏也，重罰者民之所惡也。故聖人陳其所畏，以禁其邪，設其所惡，以防其姦，是以國安而暴亂不起。吾以是明仁義愛惠之不足用，而嚴刑重罰之可以治國

也」（韓非子第十四篇姦劫弒臣）。韓非此言邏輯上大有問題，蓋仁者好施，未必不賞有功之人；惠者不忍，未必不罰有罪之民。然其反對仁義惠愛，則甚顯明。在韓非子一書之中，類似之言甚多，如第三十篇內儲說上，第三十八篇難三，第四十四篇說疑等是。

4 吾國法家思想亦由此種人情出發。管子說：「凡人之情，得所欲則樂，逢所惡則憂，此貴賤之所同有也……夫凡人之情，見利莫能勿就，見害莫能勿避……故利之所在，雖千仞之山，無所不上；深淵之下，無所不入焉」（管子第五十三篇禁藏）。商鞅說：「民之性，饑而求食，勞而求佚，苦而索樂，辱則求榮，此民之情也……羞辱勞苦者民之所惡也；顯榮佚樂者民之所務也」（商君書第六篇算地）。韓非說：「夫安利者就之，危害者去之，此人之情也」（韓非子第十四篇姦劫弒臣）。又說：「醫善吮人之傷，含人之血，非骨肉之親也，利所加也。故輿人成輿，則欲人之富貴。匠人成棺，則欲人之夭死也。非輿人仁而匠人賊也。人不貴，則輿不售。人不死，則棺不買；情非憎人也，利在人之死也」（韓非子第十七篇備內）。豈但法家，禮云：「何謂人情，喜怒哀懼愛惡欲，七者弗學而能」（禮記注疏卷二十二禮運）。人類有所好，又有所惡，這是人情，任誰都難否認。孔子說：「飲食男女人之大欲存焉，死亡貧苦人之大惡存焉」（同上禮運）。孔子又說：「富與貴是人之所欲也，貧與賤是人之所惡也」（論語注疏卷四里仁）。荀子說：「好榮惡辱，好利惡害，是君子小人之所同也」，「凡人有所一同，飢而欲食，寒而欲煖，勞而欲息，好利而惡害，是人之所生而有也，是無待而然者也，是禹桀之所同也」（荀子第四篇榮辱）。孟子主張性善，但他亦說：「矢人惟恐不傷人，函人惟恐傷人」（孟子注疏卷三下公孫丑上）。此與韓非所說：「輿人成輿」云云，完全相同。

5 吾國先哲的政治思想均側重於策略，而忽略理論；最多亦只說明國家的起源。而關於國家的起源，法家以為原始社會為鬥爭世界，強凌弱，智詐愚，各人要保全自己的生命和財產，只有依靠自己的腕力。

有聖人出，以其智勇，糾合眾人，禁虐止暴，興利除害，寖假權力便
集中於斯人。於是設制度，定名分，而斯人就成君長，而國家便成立
了（參閱管子第三十一篇君臣下；商君書第七篇開塞、第二十三篇君
臣；韓非子第四十九篇五蠹）。

6 荀子說：「君子不下室堂，而海內之情舉積此者（猶老子言，不出戶，
知天下也），則操術然也」（荀子第三篇不苟）。此「術」字似指方法，
與法家之術不同。法家之術是指權謀策略，但法家說明不如馬基維利
明晰。管子說：「古者武王地方不過千里云云，知為之之術也。桀紂
貴為天子，富有海內云云，不知為之之術也」（管子第六十四篇形勢
解）。「術」又稱為「數」，「術數」兩字可合用之，均是權略之意。商
鞅說：「聖人審權以操柄，審數以使民。數者臣主之術，而國之要也。
故萬乘失數而不危，臣主失術而不亂者未之有也」（商君書第六篇算
地）。韓非區別法與術之不同，說道：「法者編著之圖書，設之於官
府，而布之於百姓者也。術者藏之於胸中，以偶眾端，而潛御群臣者
也。故法莫如顯，而術不欲見。是以明主言法，則境內卑賤莫不聞知
也。用術則親愛近習莫之得聞也」（韓非子第三十八篇難三）。又說：
「術者因能而授官，循名而責實，操殺生之柄，課群臣之能者也，此
人主之所執也。法者憲令著於官府，刑罰必於民心，賞存乎慎法，而
罰加乎姦令者也，此臣之所師也」（同上第四十三篇定法）。由管、
商、韓三子之言觀之，何謂術，實難瞭解。韓非曾舉「七術，一曰眾
端參觀，二曰必罰明威，三曰信賞盡能，四曰一聽責下，五曰疑詔詭
使，六曰挾知而問，七曰倒言反事，此七者主之所用也」（同上第三
十篇內儲說上七術）。韓非對於七術雖曾舉例說明，由余觀之，其中
唯「五」、「六」、「七」三者可視為術。總之，法家之術不若馬基維利
那樣明白的說出。由余觀之，術有似於「因」，吾人讀管子第三十六
篇「心術上」，即可知之。「因」是因人之情，慎子說：「因也者，因
人之情也，人莫不自為也，化而使之為我，則莫可得而用矣……故用
人之自為，不用人之為我，則莫不可得而用矣。此之謂因」（慎子，

因循）。尹文子曾引田子之言曰：「人皆自為，而不能為人，故君人者之使人，使其自為用，而不使為我用」（尹文子校勘記大道下）。鄧析說：「為善者君與之賞，為惡者君與之罰，因其所以來而報之，循其所以進而答之。聖人因之，故能用之；用之循理，故能長久」（鄧析子轉辭篇）。術若作「因」解，則孔聖論政，亦可謂知術。何以言之？孔聖謂為政之道，必須因人之情，而不可忘及刑賞。故云：「示之以好惡，使民知禁」，正義曰「示有好必賞之令，以引喻之，使其慕而歸善也，示有惡必罰之禁，以懲止之，使其懼而不為也」（孝經第七篇三才）。然而如斯說明與馬基維利之術相去遠矣。

7 法家均主張強兵。管子說：「不能強其兵，而能必勝敵國者未之有也」（管子第六篇七法）。蓋「我能毋攻人可也，不能令人毋攻我。彼求地而予之，非吾所欲也；不予則與戰，必不勝也」（管子第六十五篇立政九敗解）。商鞅則用壹賞之法，使民樂於作戰。「所謂壹賞者，利祿官爵專出於兵……民之欲富貴也，共闔棺而後止，而富貴之門必出於兵，是故民聞戰而相賀也」（商君書第十七篇賞刑，參閱第五篇說民，第十八篇畫策）。韓非依「力多則人朝，力寡則朝於人」（韓非子第五十篇顯學），亦謂強兵之必要（參閱韓非子第四十九篇五蠹）。但強兵必須富國，所以上述三子均主張重農（參閱管子第四十八篇治國，商君書第三篇農戰，韓非子第四十九篇五蠹）。

8 賈誼說：「人主之行異布衣。布衣者飾小行，競小廉，以自託於鄉黨邑里。人主者唯天下安，社稷固不耳……故大人者不怵小廉，不牽小行，故立大便，以成大功」（新書卷一第十篇益壤）。班固說：「賈誼晁錯明申韓」（漢書卷六十二司馬遷傳），而且賈誼之見知於漢文帝，是由河南守吳公推薦。而「吳公則與李斯同邑，而嘗學事焉」（漢書卷四十八賈誼傳）。由此可以推測賈誼由吳公而知法家之學。

9 韓非說：「今有不才之子，父母怒之弗為改，鄉人譙之弗為動，師長教之弗為變。夫以父母之愛，鄉人之行，師長之智，三美加焉，而終不動。州郡之吏操官兵，推公法，而求索姦人，然後恐懼，變其節，

易其行矣。故父母之愛不足以教子，必待州郡之嚴刑者，民固驕於愛，聽於威矣」（韓非子第四十九篇五蠹）。

10 這就是法家之所謂勢。管子說：「凡人君之所以為君者，勢也。故人君失勢，則臣制之矣。勢在下，則君制於臣矣。勢在上，則臣制於君矣」（管子第十六篇法法，第六十七篇明法解亦云：「人主之所以制臣下者，威勢也」云云）。商鞅說：「先王不恃其強而恃其勢……今夫飛蓬遇飄風而行千里，乘風之勢也……故託其勢者雖遠必至」（商君書第二十四篇禁使）。何謂勢？管、商二子沒有解釋，由余觀之，當指權力。管子云：「生之，殺之，富之，貧之，貴之，賤之，此六柄者主之所操也」（管子第四十五篇任法）。商鞅則謂「權者君之所獨制也……獨斷於君則威」（商君書第十四篇修權）。韓非亦說：「彼民之所以為我用者，非以吾愛之為我用者也，以吾勢之為我用者也」（韓非子第三十五篇外儲說右下）。又云：「君執柄以處勢，故令行禁止。柄者殺生之制也，勢者勝眾之資也」（韓非子第四十八篇八經）。但韓非之師荀卿以為勢可以為善，亦可以為惡。「處勝人之勢，行勝人之道，天下莫忿，湯武是也。處勝人之勢，不用勝人之道，厚於有天下之勢，索為匹夫，不可得也，桀紂是也」（荀子第十六篇強國），韓非受到影響，一方有「難勢」一文，反駁慎子之說（韓非子第四十篇難勢，慎到之說勢，見慎子，威德）。同時又承認勢之重要（參閱韓非子第二十八篇功名，第四十九篇五蠹）。

11 布丹反對混合國體，以為混合國體是將主權分為數個部分，由數個機關分掌之，這是有反於主權不可分割的原理。此言與三權分立頗有關係。法國革命時代，西耶士 (Abbé Sieyès) 謂國家權力可分兩種：一是制定憲法的權力 (pouvoir constituant)，二是憲法所設置的權力 (pouvoir constitue)。制定憲法的權力就是憲法制定權 (verfassung-gebende Gewalt)，而必屬於國民。憲法所設置的權力就是立法、行政、司法各權，可由國民委任於議會及其他機關。兩種權力的位階不同，前者不受任何拘束，而得自由決定國家的根本組織，所

以可視為主權。因之主權還是未曾分割而屬於國民。至於立法、行政、司法三權只可視為主權的作用 (Funktion)，即不是權力 (Gewalt)，而是權限 (Zuständigkeit)。權限的分配與主權的分割不同。猶如行政權之作用有內政、外交、財政、國防等等，而可分配於各部會管理。各部會分別管理內政、外交、財政、國防，苟能適合於施政方針，固無害行政權之統一。同樣議會、政府、法院分別管理立法、行政、司法，苟能保持其調和與統一，也無害於主權之為唯一而不可分割的性質。在行政權，統一各種作用者為總統（總統制）或內閣（內閣制）。在主權，統一各種作用者為國民。權力的分立須待權力的調和，而後才能存在。三權之間沒有一種組織用以保持其調和，則三權分立之後，勢將破壞國家本身，猶如行政各部會之間沒有一個中樞機關，謀其調和，則一國行政將互相衝突，而破壞行政權。在主權方面，調和而統一三權的，就是國民。所以權力分立與主權之不可分割並不衝突。

12 法國的 Salic Law 規定王位繼承的程序以及國家領土的範圍，布丹均以之為基本法。

13 封建時代，三級會議對於君主徵收賦稅有同意的權。西洋學者縱令主張君主專制，亦謂君主應尊重人民財產。馬基維利說：「為人君者不可侵害人民的財產。人家父親死了，馬上便將忘記；財產失掉，永久不會忘」。布丹以私有財產為自然法之一，並謂徵收賦稅須得人民同意。此種言論乃有其歷史上的理由。西洋能夠由資本的蓄積而發生資本主義，這也許是原因之一。吾國先哲雖言仁政，而對於人民所有權卻沒有神聖不可侵犯之語。

14 西元十二世紀，法國南部亞爾比 (Albi) 之地發生一種運動，反抗羅馬教會。史家稱之為 Albigensians。這可視為宗教改革的先驅，後來為教皇英諾森第三所撲滅。宗教改革所以先發生於法國南部，因為法國商業最先是在是地萌芽；其所以半途而止，因為此時乃是教皇權力全盛時代。其後法國漸次建立民族國家，且將教皇俘囚於亞威農之地，

教皇成為法國的工具，所以在宗教改革時代，法國沒有反應。

15 吾國三武（魏太武帝、北周武帝、唐武宗）滅佛，原因也是一樣。佛寺占地甚廣，其所占田地且可免稅，人民皈依佛教，亦得逃避課役，國家財政發生困難，故有滅佛之事。參閱拙著中國社會政治史第二冊三民版三五五頁以下，第三冊三民版二五四頁。

16 吾國自元代以後，凡鄉試及會試第一場經問，皆由四書內出題，用朱子章句集註。韓性說：「今之貢舉悉本朱熹私議，為貢舉之文不知朱氏之學可乎」（元史卷一百九韓性傳）。即文章不在於窮理，而思想則受朱熹之註的拘束，士人必須記誦章句及朱註，而後方能下筆成文。對此，明代王陽明提出反對，他先要求學問解放於章句，尤其朱註之外，次對六經採懷疑態度，且斥詩經為長淫導姦之書，最後則不以孔、孟尤其朱子為偶像，說道：「夫道天下之公道也，學天下之公學也。非朱子可得而私也，非孔子可得而私也。天下之公也，公言之而已矣」（陽明全書卷二答羅整菴少宰書，參閱卷一傳習錄上徐愛記，卷七別湛甘泉序，重修山陰縣儒學記），其思想之急進乃在馬丁路德之上。

本章參考書

G. H. Sabine, *A History of Political Theory*, 3 ed., New York, 1937.

W. A. Dunning, *A History of Political Theories, Ancient and Mediaeval*, New York, 1923.

Ditto, *A History of Political Theories from Luther to Montesquieu*, New York, 1923.

F. W. Coker, *Readings in Political Philosophy*, rev. ed., New York, 1938.

T. I. Cook, *History of Political Philosophy from Plato to Burke*, New York, 1936.

E. A. Friedberg, *Die mittelalterlichen Lehren über das Verhältniss von Staat und*

Kirche, Leipzig, 1874.

J. G. Sheppord, *The Fall of Rome and the Rise of New Nationalities,* London and New York, 1861.

H. Cunow, *Die Marxsche Geschichts-Gesellschafts und Staatstheorie*, I Bd. 4 Aufl., 1923.

第四章　反抗暴君及國際法觀念的發生

古代國家是城市國家，羅馬帝國將城市國家改造為世界帝國。自茲以降，世界帝國的思想一直到中世社會末期依然存在。自商業隆盛之後，民族國家代替了世界帝國而出現，一方各國內部，君主極端專制，引起人士不滿，而發生了反抗暴君的思想；他方國際方面，彼爭我奪，強凌弱，眾暴寡，人士認為這是有反各民族和平共處的自然法，而發生了國際法的理論，茲試分別述之。

第一節　反抗暴君思想的發生

研究歷史的人必會知道商業資本與君主專制乃有密切的關係。但專制政治之於商業資本，只是一個手段，並不是它的本質。蓋商業資本為開拓國內外的市場，所以不惜抬高君權，以壓迫羅馬教會及封建領主。若再觀商業資本的活動，又可知道商業資本與專制主義實扞格難以相容。何以故呢？專制主義是以權威與服從為基礎，而商業資本初則破壞了基爾特組織，次又破壞了農奴制度，最後復推翻了羅馬教會。在基爾特組織中，在農奴制度中，在羅馬教會中，均有個人絕對服從權威的習慣，這個習慣當然可以妨害個性的自由發展。商業資本則打破這個習慣，而促成個性的解放。何況商業資本乃發生於都市之內，而都市又有市民會議代表市民階級。此種制度實接近於近代的民主政治。所以商業資本愈發達，常由擁護君權變為反對暴君。商業除意大利外，最先發達於法國南部，反對羅馬教會亦最先發生於法國南部 (Albigensians)，反抗暴君思想也最先發見於法國南部，絕不是偶然的事。

宗教改革乃是市民階級與日耳曼國王聯合，反抗羅馬教會的一種運

動，故在國王與羅馬教會利害一致的國家，不會發生宗教改革。但另一方面卻發生了市民階級與國王的衝突，而表現為政治鬥爭，法國就是一例。

法國自從一三〇九年將教皇由羅馬移居於亞威農之後，教皇已經變成法國國王的工具。即國王的利害已與羅馬教會一致，因此，宗教改革乃不蔓延於法國。但是法國人民要求信教自由並不弱於日耳曼各國，只因國情不同，所以日耳曼各國反抗羅馬教會的運動，在法國乃變成反抗暴君運動。代表這個思想的則為一五七九年用布魯吐斯 (S. J. Brutus) 假名發表的「論反抗暴君」(Vindiciae Contra Tyrannos) [1]。世人遂稱此派學說為「暴君放伐論派」(Monarchomachos)。但暴君放伐論尚未脫掉中世的神祕思想，而且只說到反抗暴君為止。至於採用民主制度以預防暴君的發生，卻無一言提及，故不能視為近代的民主思想。

作者由人性出發，以為「人類天性愛好自由，不願做別人奴隸，生來就想自主，不想受制於別人。如果沒有更大的利益引誘人類，人類絕不會拋棄自己權利，而去服從別人的統治」。人性既是這樣，何以人民又設置君主呢？照作者說，自私有財產制度成立之後，社會上不免發生紛爭。各人為保全自己的利益，乃公舉一位雄勇強有力之人，請他維持國內的和平並抵抗外敵的侵略。他說：

> 因為有了「我的物」和「你的物」兩個觀念，由是在私人之間就發生了貨財的爭奪，在國家之間亦發生了境界的紛爭。這個時候，依照過去習慣，常希望第三者出來公平審判兩造。如果爭奪或紛爭還是繼續下去，則人類必推舉一位雄武強有力的人，叫他維持國內的和平並抵抗外敵的侵略。由此可知國王是為人民的利益，由上帝指

定，而由人民擁立的[2]。國王所保護的人民利益分為兩種：一是使各人各守其分，各得其宜，以維持公道與正義。二是糾合人眾，抵禦外敵，使敵人不能侵入吾國的領土之內。

即依作者之意，「政府的唯一目的在謀人民的福利，君主的唯一義務在保護人民的利益。所以國王的地位不是名譽，只是責任；不是特權，只是職務；不是矜貴，只是奉公」。豈但如此，而且人民的地位還在君主之上[3]。何以呢？他說：

> 國王是由人民擁立的。大凡被擁立的人必劣於擁立的人，權力受自他人的人必劣於把權力授與他人的人。這是顯明的道理，所以我說人民是在君主之上。社會不是為少數人而組成，少數人應為社會全體利益而生存。凡人為別人利益而存在的，其地位必在於別人之下。比方船長為航行的安全，常雇用引港人，引港人在航行的時候，不但可以指揮水手，甚至船長亦須服從其命令。然而引港人乃是船長為行船安全而雇用的，其地位與水手相去無幾。這個例子若應用於國家，則國王可視為引港人，人民可視為船長。人民惟於國王肯謀公共利益時，才有服從的義務。

試問人民擁立君主，其程序如何？照作者說，此時須用兩種契約，一是人民和上帝訂立契約，二是人民和君主訂立契約。第一契約是神人契約 (Gottesvertrag)，即君主約束敬事上帝，服從上帝的命令，上帝就將統治權授與君主。但上帝授與統治權之時，不是直接授與君主，而是先授與人民，而後再由人民委託於君主。換言之，「人民用其選舉權選出君主之後，才將上帝授與自己的權力交給君主」[4]。君主若不遵守第一契

約，必遭上帝譴責。第二契約是統治契約 (Herrschaftsvertrag)，規定君民的關係，在此種契約，人民處於「主約人」(stipulator)，君主處於「受約人」(promisor) 的地位。人民先問君主是否遵守法律，秉公為政，君主答應這個要求，人民就將統治權交與君主，並約束對他效忠。君主不履行第二契約，人民可取消效忠的義務，而處罰君主。所以「君主的義務是絕對的，人民的義務是有條件的，即唯君主履行契約，人民才有服從的義務」。學者稱此種契約說為統治契約說 (governmental contract theory) 以與社會契約說 (social contract theory) 區別。

但是君主若用武力破壞契約，則將如何對付？作者以為：凡不遵守契約的國王都是暴君，人民對於暴君有反抗的權。作者分暴君為兩種：一是用不法的手段篡取君位，二是用合法的手段登上君位，但即位之後，乃施行虐政的人。前者叫做「無尊號的暴君」(Tyrant without title)，後者叫做「業務上的暴君」(Tyrant by practice)。人民對斯二者均有反抗的權利。何以呢？「自然法告訴我們，對於一切暴力及不義的行為，我們有防衛自己的生命財產及自由的權利。這個自己保全的慾望，不但人類有之，一切動物均有。如果有人以防衛自己為不當，則此人可視為反抗自然法」。

吾人觀上文所述，甚似作者思想接近於民主主義，其實作者雖然主張人民有反抗暴君的權利，但作者又謂人民自己不得反抗，反抗之權屬於人民的代表。他說：

> 反抗暴君有各種方式，但不可由人民自己為之，而須由代表人民的合法機關為之。人民代表於君主將行虐政之時應勸阻之，使其無犯過錯。君主不聽勸告，代表可用合法的手段，反抗暴君。

現在試問代表人民的合法機關是指哪一種機關。照作者之言，是指

貴族、教士及市民的代表所組織的三級會議 (Etats Generaux)。這三個階級
都是當時的特權階級（這又似孟子所說，貴戚之卿才有易君位之權）。一
般平民若不假手於三級會議，則雖儼然成為大眾，也沒有反抗暴君之權。
然而三級會議之中卻沒有平民的代表參加。是則作者還是代表特權階級
的利益，其言論之非近代民主主義，至為顯明[5]。

　　這個時期有不少學者主張反抗暴君，其中最有名的則為布加南及阿
徒秀斯二人。

　　布加南 (G. Buchanan, 1506–1582) 蘇格蘭人，著有《論蘇格蘭統治權
力》(Jure Regni spud Scotos) 一書，主張反抗暴君。他謂草昧之世，人類穴
居而野處，人互為戰，生活與禽獸相去無幾。固然趨利避害乃人獸所同
有，但人類尚有一種上帝特別賦與的社會本能 (instinct of association)。人類
依此本能，即組成社會，設立政府，奉戴一人為君主。君主行使職務在
於維持正義，使人人各守其分，各得其宜。但經驗告訴人類，由君主維
持正義，不如用法律維持正義，猶為安全。制定法律的權屬於人民。詳
細一點說，社會各階層分別選舉代表，組織議會，由議會制定法律。法
律制定之後，不但人民，就是君主也要受其拘束。法律若有瑕疵，亦由
議會修改，君主沒有修改或補充的權。明主與暴君的區別就在於君主肯
否遵守法律。

　　布加南亦分暴君為兩種：一是未經人民同意而擅自奪取職位的君主，
二是雖依合法程序得到權位，但其行為不合於正義的君主。第一種暴君
不受法律保護，人人可得而誅之。第二種暴君也由人民處罰，人民放伐
暴君，不為犯罪。

　　君主與人民的關係是一種契約關係：契約乃規定人民效忠於君主的
條件，凡君主能依正義行使權力，而又以法律為根據，人民才承認其為

君主，而有效忠之義務，君主違約，換言之，君主的行為違犯法律，則為暴君，這個時候契約失效，人民可對暴君作戰而處罰之。

但是君主的行為有否違背契約，由誰判定呢？布加南以為判定之權屬於人民全體。因為君主的權力是由人民承認，法律也是由人民制定，只唯人民全體才在法律之上。也只唯人民全體纔得解釋法律，而判定其有無違背契約。倘若全體人民意見參差，則將如何是可？布加南以為此際應以多數人意見為標準。多數人若因怯弱，不敢反抗，或受金錢所惑，不肯反抗，又將如何是可？布加南以為可由賢明之士決定。他把政治問題的最後決定放在賢明之士肩上，而什麼是賢明又沒有標準，於是布加南的理論便沒有實用的價值。

阿徒秀斯 (J. Althusius, 1557–1633) 德意志人，著有《政治學體系》(*Politica methodice digesta et exemplis sacris et profanis illustrata*)，他的言論也是主張反抗暴君。案十六世紀與十七世紀之交，德意志的政治思想完全抄襲法、英兩國的學說，即生吞活剝兩國學者所作的前提，唯將結論稍加修改，以適合德意志的需要。當時法、英的國家組織實比德意志進步，不但建立了民族國家，且又開始了君主、貴族及市民階級的憲法鬥爭。反之，德意志尚分裂為無數獨立的小邦。因此，德意志學者先則抄襲布丹的主權論，要求國家的獨立；到了各邦之中如普魯士及奧大利等，其君主已經得到專制的權力，又抄襲暴君放伐論的意見，主張人民有反抗暴君的權。阿徒秀斯的思想即誕生於這個時期。

阿徒秀斯也以共同利益為國家成立的目的，以明示的或默認的契約為國家誕生的形式。他不承認國家是直接由個人結合而成，而謂在國家尚未誕生以前，已經有了許多社會，由簡單而漸至複雜，自最簡單的家族開始，經集團 (Korperschaft)、自治區 (Gemeinde)、州郡區 (Provinz)，而後

才進步為國家。所以國家是許多自治區及州郡區互相約束，結合為一個團體，保障主權的完整，而後誕生出來的。由此可知國家的分子乃是自治區及州郡區，不是住在境內的個個人民。

國家的分子固然不是個個人民，但國家成立之後，主權乃屬於整個人民。人民是主權者，君主只是主權者的代理人。君主就職之時，與人民訂有契約，君主對人民約束：「我行使統治權必依法律」。人民對君主約束：「只要你肯遵守法律，我就有盡忠的義務」。此後人民違約，君主可加以刑罰；君主違約，則他只是暴君。阿徒秀斯亦分暴君為「無尊號的暴君」及「業務上的暴君」兩種。人民對這兩種暴君，均可以解除盡忠的義務，而行使反抗的權利。

阿徒秀斯雖然主張主權屬於整個人民，但他又謂整個人民無法行使主權。所以除君主外，又設置許多監察人 (Ephor)。監察人包括諸侯 (Fürst)、貴族 (Optimät)、市議員 (Magisträt)、市政府官長 (Behörde) 等。他們組成一個委員會，代表人民，監督君主。只唯這個委員會才有反抗暴君的權。至於一般民眾唯於生命財產受到直接的侵害，才得依據自然法，出來作正當防衛。

由此可知阿徒秀斯是代表當時諸侯及市民階級的利益，所以他所著《政治學體系》發表後一年，即由赫爾菠倫 (Herborn) 的中學教員一躍而為恩登市 (Emden) 的理事會理事 (Syndikus)，一直到他死時為止。

第二節　國際法觀念的建立

歐洲在十七世紀之初，許多地方已經建立民族國家，由地方分權趨向於中央集權，由寡頭政治趨向於一人政治。而又加之以主權之說，以為主權是最高的，不受任何限制；這個主權應屬於君主，於是專制思想

便成為民族國家思想的主流。固然此時已有反抗暴君的學說，但擁護君權的理論還甚流行。案布丹關於主權一語固曾舉出許多性質，而可歸納為「最高」二字。所謂最高是謂沒有一個更高的組織站在其上。但是國家對於國內一切的人及一切團體固然最高，居於上位 (übergeordnet)；而對於國外尤其對於別個國家則不能居於上位， 只能消極的不居下位 (nicht untergeordnet)，或居於同位 (gleich geordnet)，各自獨立，彼此不相干涉。所以主權的最高 (höchste, supreme) 是對內言之，對外不得謂為最高，只可謂為獨立 (unabhängige, independent)。不過國家猶如個人一樣，權力一大，就欲擺脫任何拘束，由同位改為上位，由平等改為優越。因此，一切國家若均有獨立的主權，則這一國的主權與別一國的主權不免發生衝突。十六世紀以來，各國戰爭不絕於史，黎民塗炭，已夠可憐了，尤其弱小國家如荷蘭者，看到外敵虎視眈眈，希望國際也有一種規約，拘束各國，以維持和平，這樣，便發生了國際法的思想。創造此種思想的則為格老秀斯。

任何學者均不能單用自己的腦力，發明一種新的學說；必定受了現實資料的暗示，以現實資料為自己立論的根據。中世的基爾特不是訂立章程，約束會員麼？學者看到此種現象，便謂人民組織國家也是由於章程——契約之訂立；這是契約說的來源。但人民何以知用契約組織國家，國家成立之後，人民何以必須服從，如果無辭以對，則不能自圓其說。因此，契約說有的以神意為前提，有的以自然法為前提。其以神意為前提的，可以暴君放伐論為例，此派所主張的契約說，後人稱之為統治契約說。其以自然法為前提的，學者有謂創始於格老秀斯，此派所主張的契約說，後人稱之為社會契約說[6]。自然法的觀念固已脫離中世的神權思想，其實不過用不能說明的觀念（自然法）以代替中世學者不能說明

的觀念（神意）而已。

格老秀斯 (Hugo Grotius, 1583–1645) 荷蘭人，幼有神童之稱，年十四，畢業於萊頓 (Leyden) 大學，精通數學、哲學及法律學，在鹿特丹 (Rotterdam) 執行律師業務，後改入政界，任荷蘭政府的要職。一六一九年荷蘭發生商人黨與農民黨的衝突，引起內亂。格氏加入商人黨，事敗，亡命巴黎，仕於法王路易十三，後復仕於瑞典，任瑞典駐法公使。一六四五年歸荷，卒於途中。著有《戰爭與和平的法律》(*The Law of War and Peace*) 一書，說明國家的起源尤注重國際法原理的闡明，故後人稱之為國際法的開創人。

格老秀斯的國家論是以自然法及社會契約說為基礎。何謂自然法？「自然法是理性的命令，而為決定一切行為善惡的標準」。行為合於這個標準，就是對的；不然，就是錯的。對的行為都是理性所許的，錯的行為都是理性所禁的。自然法永久不變，縱是上帝也不能變更之。格氏說：

> 自然法永久不會變，就是上帝也不能加以變更。因為上帝的力雖然偉大，但世上尚有上帝所不能變更的事物。如果上帝的力能夠變更那永久不變的事物，則世上將沒有固定的事物了。上帝不能使二加二不為四，同樣也不能把理性認為惡的變之為善。故上帝自己也要受自然法的規制。

自然法何以有此力量，格氏以為人類生來就有理性，理性之中就有自然法存在。凡是有理性的人類都願受自然法的拘束，所以自然法的力量乃發生人類的天性。他說：

> 人類雖是動物之一，但人類與其他動物的區別比之其他動物相互之

間的區別要大得多。人類有理性，又有社會性，如他人財產不得侵
害、借貸的權利義務、契約的履行、不當行為的損害賠償以及犯罪
的處罰，都是以人類的理性及社會性為基礎。人類由於理性的作用，
又能判斷現在及將來的苦樂，預測善惡的結果。人類對於各種事物，
若違反理性，只為一時的苦樂，做出輕率的判斷，則與自然法背馳，
終至喪失了人類的本性。

　　格氏說明自然法之後，又進而討論國家。照他說，人類由於自然法
的啟示，知道個人獨立，不能抵禦外界的威脅，乃訂立契約，組織國家，
以保全共同利益。即組織國家的目的在於保全共同利益，組織國家的方
法是用契約，而鞭撻人類組織國家的則為自然法。

　　格氏說明國家的起源之後，又繼承布丹主權說，以為「凡行使權力
不受別人意志或法律拘束的，這個權力叫做主權」。主權應屬於誰人？格
氏的見解比之前人，似勝一籌，即他已經知道主權可分別為對外與對內，
「比方視力，就廣義言，屬於身體，就狹義言，屬於眼睛。主權的所有
人亦有廣狹二義，就廣義言，主權屬於社會全體，即屬於國家；就狹義
言，則要看各國的法律和習慣，主權或屬於一人，或屬於多數人」。蓋國
家行使主權，不能不假手於自然人，這個自然人或為一人，或為多數人。
推格氏之意，主權之屬於國家者為對外主權，其屬於一人或少數人者為
對內主權。格氏又謂「依希伯來及羅馬的法律，個人可由自己的意志，
將自己賣為奴隸，同樣，全體人民亦可由自己的意志，把統治自己的權
力，用契約讓給一人或多數人」。人民既將統治權讓給一人或多數人了，
此後就要永久服從其命令，不得半途收回權力。他說：

　　君民關係最初雖由任意的契約而發生。但既發生之後，人民就要永

久服從君主的命令。猶如男與女最初雖由任意的契約而結成夫妻關係。但契約一經成立，妻對於夫便須永久的服從。

是則人民訂立契約，只在國家最初成立之時實行一次，過此以後，便不得廢除或修改契約。換言之，人民對於政府的形式最初雖有選擇之權，而既已選定了君主政體或貴族政體，便須永久服從，沒有革命的權利。何以如此？格氏沒有說明，只云人民服從君主是依據契約的，「人類遵守契約，是自然法的命令，所以君主縱有不正當的行為，人民亦不得革命」。由此可知格氏實和布丹一樣，都盡力於君權的擁護。

格氏既謂主權對外而言，乃屬於國家；而主權又有不受任何限制的性質，如是，每個國家若均藉口於主權而不相讓，不會引起戰爭，而見流血之慘麼？於是格氏又進一步，說明國際法的起源。他先分法律為自然法及制定法兩種，自然法是人類理性的產物，制定法是人類意志的產物。在制定法之中，又分兩種，一是國內法，一是國際法，前者是個人和個人謀共同利益而制定的；後者則為國家和國家謀世界和平而制定的。此兩者所以能夠拘束人類，因為它們都是由契約而產生。遵守契約是自然法的命令，所以制定法的效力也是淵源於自然法。格氏說：

> 人類遵守契約是自然法所要求的。國內法由契約而產生，契約的效力源出於自然法，所以自然法可視為國內法的基礎。世上既有國內法以一國利益為目的，則一切國家或多數國家自亦可用契約，制定法律，以拘束各國。此種法律非以一國利益為目的，乃以世上全體國家的利益為目的，故稱為國際法。

格氏以國際法為各國的契約，遵守契約乃自然法所要求，而自然法

又發生於人類的理性及社會性，所以國際法的基礎也築在人性之上。契約國應和人民遵守國內法一樣，遵守國際法；如不遵守，那便是破壞和平，而有反於人性。他說：

> 國際法以各國共同利益為目的，國家遵守國際法，絕不是愚蠢的事。個人只顧眼前的私人利益，而不尊重國內法，那便是破壞後代子孫的利益。整個國民若不尊重國際法，那便是毀滅世界和平。遵守法律雖然得不到絲毫利益，吾人也應該遵守。何以呢？遵守法律乃人性的表現。

總而言之，據格氏之意，國際法乃國家與國家的契約，而為管束各國關係的法律。在格氏時代，商業已甚發達，列國為爭奪市場起見，為爭奪殖民地起見，往往發生戰爭，而見許多殘暴行為。不但兵士受到酷刑，就是無辜平民也橫遭殘殺。婦女被姦淫，房屋被焚毀，田園被破壞，諸凡野蠻行為已可令仁人君子發生不忍之心。何況戰端一開，又常禍及中立國，妨害其海外貿易。如是，市民階級希望有一種國際法律能夠管束各國而保障國際和平，實是時代的要求。格氏就是代表這個思想，他說：「試看現在信奉基督教的國家吧！關於微末的事，它們竟然不惜一戰，此種行為縱是野蠻的人也認為可恥。一旦開戰，它們便將各種法律一齊丟開，肆行一切罪惡的行為」。格氏著作《戰爭與和平的法律》，提倡國際社會應有一種法律管束各國，即欲減少戰爭之禍，進一步而消弭戰爭。

■1 本書的作者是誰，許多人都謂為法國人蘭格 (H. Languet, 1518–1581)，但至今尚無定說。

■2 此即孟子所說：「天與之，人與之」（孟子注疏卷九下萬章上），詳本節一六〇頁之「註五」。

■3 此即孟子所謂：「民為貴，社稷次之，君為輕」（孟子注疏卷十四上盡心下）。但吾人不宜因孟子此言，而即斷定孟子為民主主義者。何以見之？孟子曾言：「左右皆曰賢，未可也。諸大夫皆曰賢，未可也。國人皆曰賢，然後察之，見賢焉，然後用之。左右皆曰不可，勿聽。諸大夫皆曰不可，勿聽。國人皆曰不可，然後察之，見不可焉，然後去之」（孟子注疏卷二下梁惠王下）。左右皆曰賢，而即用之；左右皆曰不可，而即去之，這是宮廷政治。諸大夫皆曰可，而即用之；諸大夫皆曰不可，而即去之，這是官僚政治。國人皆曰可，而即用之；國人皆曰不可，而即去之，這是民主政治。但孟子的結論並不如此，而乃說，國人皆曰賢，然後察之，見賢焉，然後用之。國人皆曰不可，然後察之，見不可焉，然後去之。現在試問由誰去察，由誰決定用之或去之。推孟子之意，也許以為詳察與決定之權應屬於賢人。但是誰是賢人，又由誰決定？湯武以自己為賢，桀紂亦何曾自居為不賢，這樣，只有訴諸武力。這是孟子學說的缺點，也就是吾國古代學說的缺點。案吾國過去沒有「多數」的觀念，而只有「賢明」的觀念。豈但吾國，歐洲中世，三級會議雖然漸次發生「少數服從多數」(minor pars sequator majorem) 的慣例。其實，最初所謂多數不但指投票在數的方面是優越的，同時還指在質的方面也是優越的。多數同時包括數多而又質良，就是多數之外，尚加以「賢明」的要素，這稱為「多數而又賢明的原理」 (the doctrine of the major et sanior pars)。不過「賢明」並沒有一個公認的方法來證明，所以不久之後，這個原理又被另一個原理修改了。就是數的方面苟占絕對優勢，例如三分之二的人數，那麼「賢明」如何，可以不談。後來，連這個絕對優勢的多數都不顧了，縱在選舉之時，也只要求一個大多數 (a greater number)。例

如一二一五年英王約翰所發布的大憲章（第六一條）規定：國內男爵 (Barons) 互選二十五名為代表，代表會議之決議以出席人過半數之同意行之。這樣，多數決主義到了十四世紀，歐洲各國就漸次用之以作議決及選舉的方法。參閱拙著政治學第四版二十四刷一七五頁以下。

4 暴君放伐論與君權神授說都謂君主的權力授之於上帝。但後者主張君主的權力直接受自上帝，前者則主張上帝先把權力授與人民，而後再由人民交給君主。

5 孟子的政治思想不是民主主義，而卻與暴君放伐論相去無幾。暴君放伐論有三個基本觀念：一是王權神授，二是放伐暴君。三是只唯當時統治階級方有革命權。孟子亦然，先就王權神授言之。

萬章曰堯以天下與舜，有諸？孟子曰否，天子不能以天下與人。然則舜有天下也，孰與之？曰天與之。天與之者，諄諄然命之乎？曰否，天不言，以行與事示之而已矣。曰以行與事示之者如之何。曰……昔堯薦舜於天，而天受之，暴之於民，而民受之，故曰天不言，以行與事示之而已矣。曰敢問薦之於天，而天受之，暴之於民，而民受之，如何。曰使之主祭，而百神享之，是天受之。使之主事，而事治，百姓安之，是民受之也。天與之，人與之，故曰天子不能以天下與人（孟子注疏卷九下萬章上）。

孟子曾言：「天與賢，則與賢，天與子，則與子」（孟子注疏卷九下萬章上）。天不能言，孟子只有用詭辯方法說道：「使之主祭，而百神享之，是天受之」。然而百神享之，誰能看到？僥倖下文尚有：「使之主事，而事治，百姓安之，是民受之也。」否則孟子學說直與奧古斯丁 (A. Augustinus) 的神權說相同，連暴君放伐論都談不上。

其次，暴君放伐論主張放伐暴君。孟子則贊成湯伐桀，武王伐紂。孟子之言如次：

齊宣王問曰湯放桀，武王伐紂，有諸。孟子對曰於傳有之。曰臣弑其君，可乎。曰賊仁者謂之賊，賊義者謂之殘。殘賊之人謂之一夫，聞誅一夫紂矣，未聞弑君也（孟子卷二下梁惠王下）。

孟子曾說：「諸侯危社會，則變置」。又區別貴戚之卿與異姓之卿，以為貴戚之卿有廢舊君而立新君之權。

齊宣王問卿，孟子曰王何卿之問也。王曰卿不同乎。曰不同，有貴戚之卿，有異姓之卿。王曰請問貴戚之卿。曰君有大過則諫，反覆之而不聽，則易位。王勃然變乎色。曰王勿異也，王問臣，臣不敢不以正對。王色定，然後請問異姓之卿。曰君有過則諫，反覆之而不聽，則去（孟子注疏卷十下萬章下）。

貴戚之卿就是貴族，這又與暴君放伐論所說：反抗暴君不宜由人民直接執行，而須由代表人民的合法機關執行，所謂代表人民的合法機關就是當時的三級會議，也就是當時的特權階級，而與孟子所說的「貴戚之卿」，性質相似。這種「貴戚之卿」——三級會議可以稱為「天吏」，天吏才有伐暴之權（參閱孟子注疏卷四下公孫丑下）。孟子曾言：「為政不難，不得罪於巨室」（孟子卷七上離婁上）。這更可以證明孟子的思想有似於「暴君放伐論」。

6 統治契約說與社會契約說有四點不同：一是前提不同，前說以神意為前提，後說以自然法為前提。二是契約當事人不同，前說以為人民與君主訂約，後說則謂人民訂約之後，才產生統治者。三是人民的反抗權不同，前說主張放伐暴君，後說或主張人民須絕對服從君主，如格老秀斯及霍布斯等是，或主張人民可出來革命，如洛克、盧梭等是。四是他們所理想的政體不同，前說主張君主政體，後說或主張專制政治，如霍布斯是，或主張立憲政體（洛克主張君主立憲，盧梭主張民主共和）。

本章參考書

G. H. Sabine, *A History of Political Theory*, 3 ed., New York, 1937.

W. A. Dunning, *A History of Political Theories, Ancient and Mediaeval*, New

York, 1923.

Ditto, *A History of Political Theories from Luther to Montesquieu*, New York, 1923.

F. W. Coker, *Readings in Political Philosophy*, rev. ed., New York, 1938.

T. I. Cook, *History of Political Philosophy from Plato to Burke*, New York, 1936.

H. Cunow, *Die Marxsche Geschichts-Gesellschafts und Staatstheorie*, I Bd. 4 Aufl., 1923.

第三篇
近代政治思想

第一章　近代社會的一般情況

第一節　工業革命的經過

　　何謂近代？學者之間解釋不同，或謂始於哥倫布之發見新大陸。但美洲之發見是在一四九二年，此時文藝尚未復興，宗教更未改革，整個政治學說，縱是一五七九年發表的「暴君放伐論」亦未脫掉中世的神權思想。故在政治思想史上，所謂近世不能由新大陸之發見開始，而須由英國清教徒革命前後開始。

　　近代社會亦稱為資本主義社會。資本主義社會固然開始於工業革命 (industrial revolution)，然其遠因不能不追溯於光榮革命，再上又宜追溯於清教徒革命。英國由於這兩次革命，造成自由的社會，而令工業革命得以自由發展。但工業革命是由機器的發明而發生。所以我們要知道資本主義社會的特徵，須先說明工業革命的經過；而要說明工業革命的經過，又不可不先說明機器發明的經過。

　　工業革命先發生於紡織業，次又發生於鐵工業；紡織機器的發明經過，舉其重要的，可列表如次：

　　一七三〇年 John Wyatt 發明 roller spinning

　　一七三九年 John Kay 發明 flying shuttle

　　一七四八年 Lewis Paul 發明 carding machine

　　一七六四年 James Hargreaves 發明 spinning-Jenny

　　一七六八年 Richard Arkwright 發明 waterframe

　　一七七九年 Samuel Crompton 發明 spinning mule

　　一七八五年 Edmund Cartwright 發明 power loom

一七九二年 Eli Whitney 發明 saw-gin

一八一三年 John Horrocks 發明 dressing machine

一八三二年 Richard Roberts 發明 relfacting mule

以上發明的機器都是紡織機器。紡織機器既已發明，則轉動機器的動力，便有發明的必要。一七六九年瓦特 (James Watt, 1736–1819) 發明蒸汽機，一七八五年應用於紡織工業之上，由是一切大規模的機器都用蒸汽去轉動，而開始了蒸汽時代，所以賴麥爾 (C. P. Remer) 說：「自一七八五年英人瓦特知道利用蒸汽以作機器的動力之後，才開始近代資本主義的時代。瓦特的發明比之其他一切事件，最迅速的引起社會上的變革。於是新時代誕生了，巨額的財富集中了，各大陸結在一起了」。

由於機器及蒸汽機的發明，又令鐵及煤炭的需要大量增加，從而在鐵工業方面亦有許多重要的發明，其經過如次：

一八五五年 Henry Bessemer 發明 converter

一八六四年 William Siemens 及 Pierre Martin 發明 open hearth process

一八七五年 Sidney G. Thomas 及 Percy C. Gilchrist 發明 basic process

學者所謂鋼鐵時代，其開始可歸功於柏塞麥 (Henry Bessemer, 1818–1897) 的發明。多布 (Manrice Dobb) 將工業革命分為二期：第一期開始於紡織機器的發明，第二期開始於煉鋼機器的發明，即開始於柏塞麥發明迴轉爐 (converter) 之後。此言甚為正確。

最初發生於紡織工業及鋼鐵工業的生產方法的革命，不久即蔓延於一切產業部門，即在農業方面，其生產方法亦漸次機器化。一切產業的生產方法既已革新，則為運輸貨物方便起見，通知消息方便起見，一切交通設備亦有革新的必要，於是輪船、鐵路、電報、電話等皆次第發明。

工業革命的發生是由於各種機器的發明，現在試問機器何以不發明

於古代及中世，而必發明於近代，我們以為任何發明都是由於需要■；沒有需要，就沒有發明；縱有發明，亦必不會見用於世。一五二九年繆勒 (Anton Mürler) 已經發明一種紡織機，只因當時交通工具尚甚幼稚，商業未達隆盛之域，手工紡織的布疋已可供給社會的需要，所以世人都斥繆勒為異端，繆勒竟因此受到刑罰。由此可知發明是由於社會的需要，只唯社會有迫切的需要，而後發明才會存在。發明除迫切的需要之外，學者還謂尚須有兩個條件：一是社會上有巨額的資本，因為沒有巨資，則高價的機器無力製造及購買。二是社會上有多數求職的自由勞工即所謂「過剩勞動力」。因為沒有過剩勞動力，則機器買了，亦必無處雇用工人以轉動機器。但過剩勞動力太多，又可阻礙機器的採用■，因為工資低落，資本家與其購買高價的機器，不如雇用廉價的勞工，尤為有利；除非市場擴大，人工製造的貨物供不應求之外。

　　工業革命的結果如何？最顯著的是工廠制度的發生，而開始了工業資本主義的時代。工廠制度是建設工廠，利用機器而經營生產的制度。即如霍布桑 (John A. Hobson) 所說：「生產單位已經不是一家族，不是一群少數人，也不是以二三低廉簡單的工具，用些許原料而作生產；乃是數千百人轉動複雜高價的機器，協力工作，不斷的使用巨額的原料，經營生產，精製商品，以分配於社會全體消費者的制度」。由於工廠制度的發生，又引起社會上一種變化。在機器尚未發明以前，一切貨物都是用手工生產，這個時候工人須有一定技藝，而生產力亦有一定限度。機器發明之後，情形便不同了。因為在機器轉動之下，工作比較單純，而機器生產力又大過人工數百倍。機器生產力既然遠駕於人工之上，則機器生產打垮人工生產已甚明瞭。何況機器生產不但物美而價廉，不是手工業所能比較；而資本家購買原料等物又比手藝匠站在有利的地位，所以手

工生產與機器生產競爭，未有不敗北而至於滅亡。抑有進者，機器生產不但打倒手工生產，就是在同一機器生產者之中，也可由資本的大小而呈出大魚吞小魚的現象。因為彼此競爭，毫無統制。資本家要賺錢，不能不擴大市場；他們要擴大市場，不能不常常改良生產；他們要常常改良生產，不能不常常採用新機器，而擴充生產規模。但此不是小資本家能夠辦到；縱令能夠辦到，而擴充數次之後，大小兩個資本的差額也必一天一天的增加起來。這猶如運轉大小兩個雪球於積雪之中，兩個雪球每經過一次運轉，固然容積都會增加，然大雪球所增加的容積必比小雪球為大。所以競爭好幾次之後，大資本家往往打倒小資本家，而發生資本集中的現象。

第二節　近代經濟的特質

近代經濟結構乃發生於工業革命之後，多數學者均稱近代經濟為資本主義經濟。近代經濟的特質可分析為下列四種。

第一是商品生產。近代社會發達到某程度之後，一切生產物都是商品生產。商品不是單純的貨物，凡貨物運到市場，再由市場賣給消費者的，才是商品。生產者為自己的需要而生產的貨物不是商品。農民耕種、收穫，如果他將所收穫的麥，研成粉末，製造麵包，供給自己一家的食用，這塊麵包絕不能稱為商品；只唯他把麵包賣給別人，換句話說，只唯他為了市場而生產麵包，而後才成為商品。在近代資本主義社會，一切生產物都是為市場而生產，所以一切生產物都是商品。任何工廠的生產物都不是供給廠主自己一家之用，這是誰都知道的。商品生產必以私有財產制度為前提。因為商品生產既以賣給別人為目的，則生產者對其生產的貨物，從而對於生產貨物的生產工具如機器、工廠、燃料、原料

等等，便非私有不可。今日一切生產工具均屬於個人或團體私有，而以個人為最普遍。這種制度稱為私有財產制度。私有財產制度以所有權及繼承權為基礎。所有權是謂所有人對其所有物有自由使用、收益、處分的權，除法律有限制外，任誰都不得干涉。繼承權是謂所有人死亡時，其親屬尤其直系血親卑親屬有繼承遺產的權；所有人又得用遺囑將其財產贈與別人或團體。總之，私有財產制度是將財產的支配權委於個人自由處分。案人類對其所生產的貨物若沒有所有權，絕不會努力生產，有了私有財產制度，人類對於財貨就發生興趣，而願努力求之。

第二是自由競爭。近代社會除觸犯法律之外，各人為營利之故，有行動的自由，這稱為自由競爭。分析之，一是擇業自由，即不論何種職業，各人均得依法自由選擇。二是營業自由，即各人得依法在任何地區，創辦任何企業而自由經營之。三是契約自由，即各人為營利之故，得與任何人訂立任何契約，除法律有禁止之外。各人在經濟上均有行動的自由，就免不了競爭。因為有了競爭，於是技術進步了，物價低廉了，社會也進步了，但是流弊也逐漸發生了。自由競爭可使大部分人破產，小部分人大獲其利。破產的人不能不賣去生產工具，淪為貧民階級。獲利的人則可擴充其工廠，裝置新機器，雇用更多的自由勞工，而成為豪富。如斯進行下去，一切生產工具遂為少數豪富所獨占，少數豪富壟斷生產，大多數人民除赤手空拳之外，別無長物。於是各種社會問題如貧窮問題、失業問題，尤其勞資紛爭問題就發生了。

第三是自由勞工。大多數人民如何維持生活？他們迫不得已，只有在工廠做工，得些工資以維持生活。但是他們又與古代的奴隸及中世的農奴不同，奴隸及農奴乃是所有人的所有物，所有人對於奴隸及農奴有生殺與奪之權，奴隸及農奴無異於所有人的動產。工資勞工有獨立的人

格而為自由的人。他們只賣其勞動力，未曾賣其身體。他們於法律上是
與資本家站在平等的地位，依自由意志，訂立雇傭契約，而後到工廠做
工，所以工資勞工亦稱為自由勞工。但是勞動力不能離開身體而存在，
賣出勞動力，就要賣出身體。勞資雙方勢力不同，在資方，若不同意勞
方提出的條件，尚可雇用別人。在勞方，若不同意資方提出的條件，就
無工可做，而得不到生活資料。在如斯生活壓迫之下，他們除簽字於契
約之上，尚有什麼方法。所以自由勞工的自由也不過虛有其名而已。

　　第四是貨幣經濟。分工愈細密，交換愈複雜，而貨幣則為其媒介。
倘令沒有貨幣，則米麥要與布疋交換，皮球要與鉛筆交換，殆不可能。
因為有布疋的人未必需要米麥，有鉛筆的人未必需要皮球。有了貨幣，
而後米麥、布疋、皮球、鉛筆就可由貨幣表示其價格，彼此之間可先換
得貨幣，而後再用貨幣換取別的物品。所以現今經濟是以貨幣為基礎，
這稱為貨幣經濟。在貨幣經濟之下，人們所要求的不是財貨數量的增加，
而是貨幣數量的增加。但是財貨數量與貨幣數量又往往不能一致。例如
紡織工廠出品太多，則布價下跌，下跌過甚，且有虧本之虞，由是廠主
常限制生產以維持價格。由社會福利觀之，生產務求其多，由貨幣經濟
觀之，生產有時乃不厭其少。社會福利與貨幣經濟不能一致，這又是近
代社會的缺點。

第三節　民主政治的誕生及其發展

　　歐洲各地到了西元十六世紀，商業已甚發達，重商主義成為此後約
二百年間經濟思想的主流。前已說過商業促成國家的統一和獨立，而結
果竟發生君主專制政治。極端的專制引起反抗暴君的理論，於是又需要
一個學說來辯護君權，因而產生了君權神授說 (divine theory)。這個學說與

中世的神權說不同，不是說明神聖羅馬皇帝與羅馬教會的關係，而是說明各國君主與該國人民的關係；即不是主張俗權 (temporal power) 對於教權 (spiritual power) 之應獨立或應服從，而是主張君權對其臣民之為萬能。隨著君權的膨大，反動思想又發生了。

　　宗教改革是用自由平等的口號，對羅馬教會宣戰。當時所謂自由是指個人信教自由，當時所謂平等是指信徒一律平等。到了市民階級從事反抗君權，這兩個口號又變成他們鬥爭的武器，而成為民主主義的基本觀念。民主主義應用於政治之上，乃開始於工業革命之後；工業革命使市民階級蓄積了巨大的財富。他們最初為開拓國內外的市場，不能不協助君主。及至統一的民族國家成立之後，他們又感覺君主的苛斂誅求及重商主義的管制干涉之不能忍受。於是對於前者則欲限制君主的權力，對於後者則主張自由放任 (laisrez faire)。此時也，工業資本家已經成為經濟上最高階級，遂要求政治上的權利，藉以保護財產的安全及經濟活動的自由。經過種種鬥爭之後，他們於政治上亦成為最高階級。

　　但是近代的資本家又與古代的奴主及中世的領主不同，他們不是有閒階級 (leisure class)。現代的產業界是很複雜的，職工要雇用多少，工資要發給多少，貨物要生產多少，價格要決定多少，販路要如何開拓，公司要如何擴張，技術要如何改良，原料要如何供給……這些一切，都可以奪取資本家的有閒時間；而自由競爭的現象，更可驅使資本家時時刻刻埋首於產業的經營。資本家對於產業，若不留心，產業一定失敗，而自己亦歸於破滅。資本家既然忙於產業，自然沒有時間兼顧到政治。同時，在政治方面，亦受了經濟技術革命的影響，而變更各種行政的技術，並發達各種行政的分工，研究財政的人，未必知道作戰如何計劃，研究軍事的人，未必知道犯人如何審判，研究法律的人，未必知道公債如何

整理，而在經濟、軍事、法律之中，又有無數小分工。在這樣情形之下，資本家自然沒有能力，兼顧到政治。

資本家一方面因為自己忙於產業，沒有時間兼顧政治，同時因為政治發生分化，沒有能力參與政治，由是遂把政權委託於專門人才——官僚，使他們處理政治上的事務。但是一切政權若均委託於官僚，是最危險不過的。資本家在經濟方面，已經有了許多經驗，自然知道把全權交給別人，每可釀成「喧賓奪主」的現象，所以他們於官僚組織之外更要求三個制度。第一是立憲制度，即制定一部憲法，將人民的基本權利尤其是財產權與自由權規定於憲法之中，受了憲法的保障。此後議會制定法律，不得與憲法條文相牴觸，而政府的行政又須局限於法律範圍之內。第二是代議制度，即設置議會，以作代表民意的機關，議會的地位站在政府之上，國家一切重要問題均由議會詳細審議，而後才交給政府執行。這樣，資本家當然可以議會為工具，干涉政府的行政。第三是分權制度，即把國家權力分做立法、行政、司法三種，分屬於三個機關，使其互相牽制，以預防專制政治的發生。總之，他們奪取政權的目的，不在於仰藉國家的保護，而在於限制國家之干涉，所以一方縮小國家權力到最小限度，他方伸張個人自由到最大限度，俾他們在社會上有各種活動的自由，以發展他們的營業。

固然反對民主的人常斥民主政治為資產階級的政治，不錯，這只是民主政治成立之初的現象，並不是民主政治的本質。資本主義愈發達，勞動階級也復覺醒，出來進行勞工運動。勞工運動的目的在於改造經濟生活，而其手段則為取得政權。經過種種鬥爭之後，各國無不廢除限制選舉而施行普通選舉。普通選舉既已施行，全國人民在政治上一律平等，均有參政之權，於是民主政治遂達完成之域。

第四節　帝國主義的發生及民主政治的危機

　　近代經濟以自由競爭為其特質之一，自由競爭固有其優點，同時卻
發生了資本集中的缺點。這個時候人士要創辦新企業，非有大資本不可，
於是股份公司便應運而生。股份公司是指企業家要增加資本，乃將資本
分為許多小股，任誰都得購買股票而分享利潤。股份公司發生之後，企
業日益隆盛，社會經濟亦隨之日益進步，這是股份公司的優點。但股份
公司彼此之間還未停止競爭，而競爭的程度還比過去激烈。如斯競爭下
去，勢必兩敗俱傷，於是企業家妥協了，協定價格，限制生產，分配市
場，而發生喀特兒 (cartell) 及托拉斯 (trust) 等的企業結合。由這結合，競
爭變成獨占，而資本更見集中。

　　但是促成企業結合的，尚有一種重要機關，那就是金融機關——銀
行。在工業資本之下，企業家要增建新工廠，購買新機器，而擴充生產
規模，不能不投下巨額的資金。此種資金必須一時支付；企業家所生產
的商品雖可賣給別人，以換取貨幣。然其所收入的貨幣是零碎的，非貯
蓄到一定額數之後，不能用以擴充生產。所以企業家常將時時收到的零
碎金錢存於銀行；銀行則集合這無數零碎金錢，成為一筆巨款，借給需
要資金的企業家，而取一定利息。這樣進行下去，銀行存款愈多，其投
資於產業方面亦愈多。產業依靠於銀行，銀行為投資安全起見，必須控
制產業，二者合為一體，這就是經濟學者所謂金融資本。在金融資本主
義之下，可以發生如何結果？銀行絕不是只把資金借給一個產業，而是
把資金借給許多產業。這許多產業能夠維持良好的關係，而不互相衝突，
當然是銀行的利益。所以銀行常用各種方法，將一切產業結合起來，並
派監察人在各種產業的經理部，監督它們的業務。由是一切產業都合併

於銀行，而受銀行的控制。

　　現今經濟是國際經濟。一國之內，金融資本雖能控制一切企業，使自由競爭隨之停止。但各國為要奪取原料及燃料，為要擴大自己的市場，競爭越發激烈，終至發生了帝國主義的現象。

　　我們要研究帝國主義的發生，不能不注意到關稅政策。關稅政策是各國用海關作武器，來預防外國商品的輸入，而保護本國產業的發達。因此之故，在關稅政策之下，產業發達的程度乃視關稅領域的大小而定。因為關稅領域愈大，市場也愈大，從而產業可以充分發達。反之，關稅領域愈小，市場也愈小，從而產業就沒有發達的機會。所以各國為著發展自己的產業起見，常努力擴大關稅領域。但是關稅領域是和國家領土一致。因此，各國就不能不設法侵略弱小民族的領土，而發生了帝國主義的現象。

　　又者，生產愈進步，利潤愈增加，這個利潤固不是企業家所能消費得盡。投於產業麼？國內市場已經狹隘，若再增加資本，勢必發生生產過剩，而引起恐慌的現象。所以企業家只有輸出資本於別國，求利潤較大的地方，即所謂「未開發的國家」來投資。然輸出大宗資本於外國，其危險性又比輸出商品為大。所以投資國的企業家為確保自己的資本，不能不奪取被投資國的政治權力，使其變成自己的殖民地。由此可知帝國主義是金融資本要奪取原料、市場、投資地而實行的侵略政策。

　　在帝國主義時代，政治會發生如何變化？民主政治是二元主義的政治，把社會與國家分開。議會代表社會，政府代表國家。社會是經濟的團體，國家是政治的團體。最初經濟方面需要自由，人們不希望國家保護，只要求國家不來干涉，於是遂為擴張個人自由到最大限度，不能不縮小國家權力到最小限度。而為縮小國家權力，乃使代表社會的議會出來監督代表國家的政府。結果，行政緩慢，效率減低。但是到了帝國主

義時代，形勢變化了。經濟後進國因受經濟先進國商品的壓迫，必須利用保護政策，以國家的權力，促進產業的發達，而後纔能保全自己的生存。經濟先進國因為經濟後進國已經開始工業革命的過程，自己商品不能暢銷，所以前此國旗隨商品飄揚於各地者，現在商品則須以國旗為先鋒，利用國家的權力，協助市場的開拓。總而言之，這個時候，不問經濟後進國或經濟先進國，凡要發展其本國的產業，均須依靠國家協助。這樣，國家權力當然不能同從前一樣，縮小到最小限度，而須擴張到最大限度了。何況國際關係日益險惡，社會問題日益複雜，天天須制定無數新法律，天天須決定無數新政策。民主政治既使權力分散而不集中，又使行政緩慢而不敏速，當然不能應付時勢的要求。唯一的方法只有把一切權力集中於少數人，使他們自由發揮手腕，自由決定政策，從種種危機之中，殺出一條康莊大路，以維持國家的安全。這樣，民主政治又變為集權政治，集權到了極端，則為獨裁。

　　民主政治轉變為獨裁政治，不但因為受了社會環境的影響，同時民主政治本身也發生了破綻。何以言之？民主政治能夠圓滑進行，必須國內只有兩個大政黨，而大政黨之能成立，又須國內多數人民在正反雙方，有了共同一致的目標。在十九世紀上半期以前，一方進步分子以自由主義為口號，組織自由黨，他方保守分子則以反自由相號召，組織保守黨。到了十九世紀後半期，情況就不同了。一方有資產階級，他方有勞動階級，而勞資雙方並不同馬克思所說的一樣，成為兩個對立的營壘，而是分裂為許多小集團。在資本家與勞動者之間，又有無數中間階級。這中間階級因為沒有共同的利害關係，不能發生共同的階級意識，各自分立，自相排擠。階級的分裂可以破壞國民的統一，階級意識的發生可以破壞國民意思的統一，其結果，遂影響於政治之上，而使政黨之數日益加多。

任何政黨在議會內既然不能得到絕對多數的議席，而每個政黨又各有各的主義，各有各的政綱，不能聯合起來，控制議會。每次發生問題之際，議會意見參差，不能隨時決定政策以應付時局的要求。議會失去立法之力，立法權遂由議會歸屬於政府。政府在時局緊急之際，常常發布緊急命令，以代替議會制定的法律。人民司空見慣，寖假便承認之為正當的立法程序。代議機關失去權力，分權制度發生動搖，於是民主政治便失去存在的基礎。這便是德、意兩國所以發生獨裁政治的一個原因。

民主與集權各有其優點，也各有其劣點。民主的優點是政治以民意為基礎，而其劣點則為行政效率減低。集權的優點是行政效率提高，而其劣點則為政治未必合於民意。大凡政治要關顧民意者，行動不免遲緩，因之效率減低，可以說是必然的結果。由此可知在民主國，人民固然有「權」，而政府又往往無「能」。反之，要提高行政效率者，其政府不免獨斷獨行，因之，政治不能顧到民意，又可以說是當然的趨勢。由此可知在集權國，政府固然有「能」，而人民乃往往無「權」。民主麼？人民有權而政府無能。集權麼？政府有能而人民無權。怎樣把兩者結合起來，成為一種特殊制度，值得吾人研究。現在試引盧梭之言以供讀者參考。他說：「政權若為一人所掌握，則個人意志 (particular will) 與團體意志 (corporate will)（即政府意志）能夠一致。於是團體意志（政府意志）便更見集中了。力之大小乃依意志集中之強弱而不同，所以政府的權力縱是一樣，而一人所組織的政府比之其他政府，必更有能。反之，主權者的人民若均是君主，一切公民若均是秉權的人，則團體意志（政府意志）將與公意 (general will) 混淆。公意的活動不甚靈敏，因之個人意志便代之發生作用。這種政府縱有同一權力，而在活動方面最為無能……我們這裡乃說明政府能力之大小，而與政府是否公正，沒有關係。何以說呢？

由另一方面看來，秉權的人愈多，則團體意志（政府意志）愈與公意接近。秉權的人少到只有一人，則團體意志（政府意志）不過個人意志而已。各有利弊，各有得失，為政者必須知道：要增進國家的最大利益，應於如何程度之下，使政府的意志與政府的能力能夠調和」。

1 發明必由於需要。諸葛亮發明木牛走馬，如果確有其事，實因蜀國人口只有九十餘萬，而由成都附近運糧到岐山，有高山峻嶺為阻，實在不易，故不能不發明木牛走馬以代替人力。

2 禮云：「作奇技奇器以疑眾殺」（禮記注疏卷十三王制三）。何以要殺？吾國勞動力自古就已過剩，東面及南面臨海，交通不便；北面及西面又有高山峻嶺為阻，而且北方及西方的住民多係遊牧民族，不甚需要中國製造品，中國沒有大量生產之必要。這個時候如果發明奇技奇器以代替人力，失業的人數必將增加，而致引起社會混亂。歐洲自發現印度新航線、美洲新大陸之後，英國布匹源源輸出於海外，尤以輸出於印度、中國及亞洲一帶者居多。於是就感覺人工生產太過遲緩，供不應求。故自一七三〇年以後，各種紡織機器陸續發明，終而有工業革命之事。歐洲大陸國家受到影響，也採用機器以代人工，而發生工業革命。然而機器奪取人工，都曾引起手工業者及工資勞動者的反對。一七七〇年英國工人因為 Hargreaves 發明 spinning-Jenny，而襲擊其住宅。一七七九年英國手藝匠因為 Crompton 發明 spinning mule，而毆傷其身體。他如瓦特發明蒸汽機，一七八一年亦曾受到勞動者的攻擊。然此還是小規模的破壞運動而已。及入十八世紀之末，機器破壞運動竟成為資本主義社會的普遍現象。一七九三年發生於德國 Schlesien 的織匠暴動，一八一一年至一八一五年發生於英國 Nottingham 的拉底黨暴動 (Luddites disturbances)，一八三一年發生於法國里昂的織工暴動，都是其例。但是機器破壞運動乃與歷史潮流相反，其終歸失敗，是理之必然。

本章參考書

J. A. Hobson, *The Evolution of Modern Capitalism*, 4 ed., London and New York, 1926.

Ditto, *Imperialism*, 3 ed., London, 1938.

K. Kautsky, *Parlamentarismus und Demokratie*, 4 Aufl., Berlin, 1922.

N. Lenin, *Imperialism*, Eng. trans., 1918.

W. Sombart, *Socialism and Social Movement*, trans. by M. Epstein, London and New York, 1909.

張漢裕：經濟發展與經濟思想（第二部）。

第二章　民主思想的誕生

第一節　由英王約翰至光榮革命的英國社會情況

近代民主政治發祥於英國。世人多謂英國憲政啟端於英王約翰 (John, 1199–1216) 發布《大憲章》(Magna Charta)。其實此時英國尚是封建社會，封建領主勢力甚大，而代表封建領主與教會主教的則為大會議 (Magnum Concilium)。約翰屢與外國攻戰，賦稅不足供給戰費之用，一二一三年約翰為增稅問題，與大會議發生衝突，迫不得已，乃於一二一五年發布《大憲章》。《大憲章》可以說是貴族與國王所訂的契約，其要旨為國王要增加賦稅，須得大會議同意，國王要受法律的拘束，國王不肯守法，人民得強制之。約翰崩殂，繼嗣的為亨利第三 (Henry III, 1216–1272)，他也為籌劃戰費，於一二五四年召集大會議，令各縣 (County) 各選騎士 (Knight) 二人參加，而改稱之為國會 (Parliament)。斯時市民階級由於經營商業，積有財產，所以一二六五年，又令各市選舉代表二人參加國會。

案英國貴族是向大陸各地掠奪財富，過其驕奢的生活，最初是侵掠聖地（西元十一至十三世紀的十字軍時代），次則侵掠法國（西元一三二八年至一四五三年的百年戰爭）。到了十字軍消滅、法國成立中央集權的國家之後，英國貴族遂蝟集於國內，專門以本國為侵掠的對象。侵掠的對象既然狹隘，侵掠者就感覺人口過剩，而發生生存競爭。於是英國貴族分為兩派，其一擁護約克家 (York)，其他擁護蘭加斯德家 (Lancaster)——此兩家都是當時不蘭他日奈 (Plantagenet) 王朝的子孫，爭奪王位——而發生薔薇戰爭 (War of Roses, 1455–1485)，自相殘殺。三十年的殘殺自可減少

貴族的人數，而使貴族的封地成為無主的土地，繼統的都鐸爾王朝 (Tudor, 1485–1603) 的國王則將無主的土地賜給新貴。此批新貴族就其性質說、就其權力說，都與從前封建貴族不同，稍帶近代市民階級的氣氛。他們不但不妨害商工業的經營，且因經濟上的理由，願與市民階級合作，對抗君主。這是後話，而為英國憲政能夠成功的關鍵。在都鐸爾王朝時代，市民階級的勢力逐漸增大，終與土地貴族儼然成為敵體。在同一社會，既有兩個平衡的勢力，遂由互相牽制，使都鐸爾王朝尤其伊利莎柏女王 (Elizabeth, 1533–1603) 的絕對王權能夠存在。

在絕對王權之下，國王為謀國力的強大，乃獎勵對外貿易。市民階級受到國家的保護，勢力更見增大，終而壓倒了土地貴族，由是勢力均衡遂至破壞，而影響於絕對主權之上。這個時期，英國財政大半倚靠關稅，市民階級以關稅之低為有利，國王以關稅之高為有利，一方的利就是他方的害，所以一到斯圖亞特王朝 (Stuart, 1603–1714)，就發生了國會與國王的衝突。一六四二年爆發為清教徒革命 (Puritanic Revolution)。

在敘述清教徒革命之前，不能不說明伊利莎柏女王時代的改革。英國君主對於羅馬教皇是很忠誠的。然在百年戰爭之時，教皇竟然協助法國（因為此時教皇已成為法國的工具），而與英國為敵，由是英國就謀脫離教皇的束縛。降至宗教改革時代，英國已與德意志各國不同，不受教皇的侵削，教皇要向英國徵取金錢，須先徵求英王同意，且須將若干成金錢送給英王。英王與羅馬教會既然沒有利害衝突，故其宗教改革與德國之欲反抗羅馬教會者完全不同，而有其自己特殊的原因。第一、英國因為外戰不已，王室財政極端窮匱，而一般賦稅又甚繁重，不能再行提高，遂注目於教會的財產（當時教會的土地約占全國土地三分之一），以救財政之急。第二、英國以商立國，須向世界各地經營貿易。當時西班

牙已經掌握海上的霸權，英國商業所欲發展的地方盡為西班牙占領。西班牙乃是英國民族的敵人，而羅馬教會又是西班牙的工具，因此，英國民族要反抗西班牙，不能不反抗羅馬教會。英國由於上述兩種原因，遂令伊利莎柏女王贊成宗教改革。然其改革並不徹底。教會雖採取新教的精神，但尚保留舊教的制度。每一教會均置有主教 (Bishop) 以監督信徒。此種教會稱為國教會 (Anglican Church) 或聖公會 (Episcopal Church)，其監督太過嚴酷，卒引起清教徒的反抗。

　　一六〇三年伊利莎柏女王崩殂，蘇格蘭王詹姆士第六入承大統，改稱詹姆士第一 (James I, 1603–1625)，是為斯圖亞特王朝 (Stuart, 1603–1714)。他信奉王權神授說，以為君主的權力受之於上帝，人民不得反抗。即位之後，即厲行國教會制度，禁止信徒的自由言動。一方壓迫清教徒，同時又屢與國會衝突。其子查理第一 (Charles I, 1625–1649) 更變本加厲，在他即位最初五年之間，解散國會竟達三次。一六二八年王因財政困難，召集國會，國會迫王承認「權利請願書」(Petition of Rights)。但是不久之後，雙方又發生衝突，查理第一不召集國會，竟達十一年之久。一六四〇年王欲討伐蘇格蘭，不得不召集國會，籌備軍費。那知國會開會之後，即列舉王之失政。一六四二年王親率軍隊侵入國會。倫敦市民——倫敦在當時乃商業最發達的都市，它的富力可以左右全英，而倫敦的權力則操在市民階級手上——大譁，謂王破壞憲政，群起暴動，王逃於約克 (York)，由是遂發生了內亂。

　　當時國會之內清教徒分為兩派，一是長老教派 (Presbyterians)，一是獨立教派 (Independents)。兩派雖然都是反對國教會，但前者比較溫和，願與國王妥協，實行君主立憲政治。後者頗見急進，宗教上主張信仰自由，政治上主張改變政體，為其領袖的是克倫威爾 (Oliver Cromwell, 1599–

1658)。一六四九年克氏引兵侵入國會,捕去反對派(長老教派)議員,使殘餘的六十一名議員(獨立教派)組織蘭布國會 (Rump Parliament)。蘭布國會改國體為共和,處查理第一以死刑。一六五三年克倫威爾解散蘭布國會,使其將校組織巴勒逢國會 (Barebone's Parliament)。巴勒逢國會舉克倫威爾為護國官 (Lord Protector),而自行宣告解散。這樣,克氏便成為英國的獨裁者。在克氏當國之時,曾於一六五一年公布航海律令 (Navigation Act) 保護海外貿易,他於外交方面成就甚大,而內政卻不合於英國的傳統及國情,所以不受人民的支持,結果共和制度也隨他的死亡而消滅。

一六六〇年國會迎立查理第一之子查理第二 (1660–1685) 復辟,及崩,其弟繼統為詹姆士第二 (1685–1688)。他們兩人仍信王權神授說,尤其詹姆士第二常與國會衝突,大失民心。一六八八年國會廢詹姆士第二,於全國一致之下,迎立威廉第三 (William III, 1689–1702) 及其后瑪莉 (Mary, 1689–1694) 回國即位(兩人同即王位,後人謂為 joint sovereigns),英人稱此次革命為光榮革命 (Glorious Revolution)。迄一六八九年國會制定權利典章 (The Bill of Rights),由是英國便步步踏上民主憲政之域。

在清教徒革命而至光榮革命時期,英國發生了許多政治論,或者袒護國王,或則袒護革命黨,其中最有名的為密爾頓、哈林頓、霍布斯、洛克等人。

第二節　密爾頓及哈林頓的政治思想

密爾頓 (John Milton, 1608–1671),倫敦人,出生於清教徒家庭,學於劍橋大學,共和政體成立,他任國會秘書。先是一六四四年《印刷條例》(Printing Ordinance) 發布之時,密爾頓有一篇文章叫做《論出版自由》

(*Areopagitica*)，主張著作出版應有自由，政府不應設檢查制度。一六四九年克倫威爾處國王以死刑，密氏著《國王與執政官的地位論》(*The Tenure of Kings and Magistrates*)，說明誅戮暴君的合理。一六六〇年復辟運動發生，又著《自由的共和國論》(*The Ready and Easy Way to Establish a Free Commonwealth*)，大肆反對。

照密爾頓說，人類均有理性，能夠選擇這個或那個，即有選擇的自由。人類的自由乃天賦的權利，今若限制人類的選擇自由，那便是破壞人類的理性。法律固然可以懲罰罪惡，但法律所規定的未必正確。如果有人問我，在法律與自由二者之中，將選擇那一個？我一定選擇自由。上帝固然喜歡懲惡，但更喜歡獎勵人類道德的進步。人類求知之時，必發表許多意見，意見愈多，知識愈進步。政府壓制人民言論出版的自由，那就是斷絕新知識的來源，所以國家須許各人有宣吐自己意見，貢獻於社會的機會。

由此可知，密氏乃以自由為人類天賦的權利，然則人類何以設置政府？照密爾頓說，人類生來雖然就有自由，不必服從別人的特權。但自亞當犯罪之後，人類就墮落下去，敢為邪惡之事。人類為避免彼此的危險，乃定下相互防禦的契約。有人破壞契約，大家可群起而攻之，這是都市及國家的起源。既而人類知道只有契約，尚不安全，乃設置一個權力，而委託於才德兼優的一個人或一群人行使，前者是君主，後者是執政官。君主或執政官不過行使人民所委託的權力而維持正義。不久，人民又知道權力委託別人行使，是很危險的。於是人民又制定法律，限制統治者的權力。統治者就職之時，須宣誓遵守法律。由此可知統治者的權力是人民為謀公共安全而委託於他們，並不是他們所固有；而權力則用以維持正義，至於人民的天賦人權，絕對不能讓給別人。統治者違背

誓言，破壞法律，濫用權力，施行虐政，那便是暴君，人民可迫他辭職。辭職的君主等於一介獨夫，人民可審判而處罰之。

最後密爾頓又進一步，說明那一種政府最能保障人民的自由。他謂人民的自由唯在「無君主無貴族院的共和政府」，才得完全保障。共和政府當由人民選舉代表組織之。這個代表會議（即議會）有一切政治上的權力，但為執行政策方便起見，代表會議可互選行政委員會。健全的自由國家不但依靠中央政府的組織，且又依靠各地人民的自由。所以各地應設置地方會議（即地方議會），依各地人民的能力，使人民參加。凡關係地方的立法、行政、司法的權力均一任地方行使，使地方各成為一個小共和國。如是，不但可以培養地方人民的政治能力，使共和國家有鞏固的基礎，而中央權力又可隨之縮小，不至發生權力集中的流弊。

密爾頓雖然主張共和政府應由人民選舉代表組織之，但他所謂人民非指一般民眾，乃指市民階級，故其結論遂謂當時英國國會為「一個真正的人民議會」。沙爾馬秀斯 (Claudius Salmasius) 曾嘲笑人民為「多頭的、無能力的群眾」。密爾頓反駁說：「你以人民為盲目的、愚蠢的集團，不知治人，也不知治於人，而只是無定見的、虛空的、搖移不定的群眾。沙爾馬秀斯先生！這種話只能適用於貴族及老百姓，斷不能適用於包括賢智之士於其中的中產階級，即一般市民階級」。由此可知密氏雖謂主權在民，而對於「人民」的定義卻甚狹隘，只指中產階級即一般市民。因此，他在《自由的共和國論》中又反對普通選舉。

密爾頓的思想尤其天賦人權說、社會契約說、人民主權說對於後世均有極大的影響，這是吾人所應知道的。

哈林頓 (James Harrington, 1611-1677) 生於英國貴族家庭，十八歲入了牛津大學讀書；未畢業即赴荷蘭、法國、德國、意國遊歷，留心觀察各

國的政制。回英後，查理第一任命之為一員官吏。王崩，他便致力於政治方面的著作，其名著《大洋國》(*The Commonwealth of Occana*) 就是在此時起草，而於一六五七年出版。

　　哈林頓分國家為兩種：一是法治國家 (the empire of laws)，一是人治國家 (the empire of men)。前者以公共利益為國家的目的，後者以私人利益為國家的目的。法治國家固比人治國家為優，但法治國家之能實現須以財產的平均分配為前提。因為「權力是跟隨財產的」(power follows property)。「財產是人類生活必不可缺的條件，誰需要麵包，誰就變成給予麵包的人的卑隸。故凡某人能夠養活全國人民，其人必成為該國之王」。在許多財產之中，土地最為重要。「土地分配的比率就是統治權分配的比率，從而國體的區別也由此發生。一人占領全部土地，或其領有的土地乃占全國土地三分之一，他就是大地主，其國就成為專制君主國。少數的貴族及教士占領全部土地，或他們領有的土地乃占全國土地二分之一，其國就成為貴族國。全部人民均是地主，或土地的分配比較平均，則該國可以不用武力革命，即可成為共和國。但像荷蘭或熱那亞 (Genoa) 那樣的國家，沒有土地，全國人民以經商謀生，則動產又和土地一樣，有同一的力量」。所以「要謀共和政體的穩固，須防土地再由人民集中於貴族，即須用土地均分法 (equal agrarian)，不許任何一人所有的土地超過一定數量以上」。

　　但是只謀財產的平均分配，法治國家亦難實現，此外尚須有良好的法制。人類都有利己之心，制定法律之權若專委於一部分的人，則他們將制定有利於他們自己的法律。然則法律應該如何制定？「今試取喻於剖分水果。今取一個水果給少女兩人，她們兩人若欲公平分配，其中一人必說，由我剖分，由你選擇。此時其他一人若肯同意，則操刀的人剖分

水果若不平均，則選擇的人可取其大的以為已有，這對於操刀的人當然不利。所以操刀的人必須細心的公平剖分，使雙方所得能夠平等。同樣，制定法律之時，提案的人與議決的人亦應分開。換句話說，立法機關須採兩院制，一司提案，一司議決，提案機關為元老院，遴選才德兼優的人組織之。議決機關為代議院，由全國人民選舉代表組織之，即依哈林頓之意，元老院沒有議決權，而只有提案權；代議院沒有提案權，只能對於元老院的提案，作可否的議決。

　　法律制定之後，尚須有人執行，所以更當選舉老成持重的執政官 (Magistracy)。執政官由人民選舉，一切行政必須根據法律，不得越出法律的範圍外；其任期不可太長，使人人得輪流為執政官，以防權力的集中，哈林頓稱之為「平等輪流法」(Equal rotation)。

　　總而言之，哈林頓以為「平等的國家當以土地的平均分配為基礎；更須有提案機關的元老院、議決機關的代議院以及由人民選舉、於短時期內輪流就職的執政官」。

第三節　霍布斯的政治思想

　　霍布斯 (Thomas Hobbes, 1588–1677) 為英國牧師之子，入牛津大學學習哲學及數學，畢業後，為得文什爾伯爵 (Earl of Devonshire) 之家庭教師。及至英國發生內亂，他亡命於法國；當他居留法國之時，曾為英國皇太子（即查理第二，時亦逃在法國）的數學教師。一六五三年他回英國，專心研究學問。一六六〇年查理第二即位，他得到養老金，定居於謝次衛司 (Chatsworth)，過其餘生。他著作不少，其關於政治思想的以《巨靈》(*Leviathan*) 為最重要。

　　霍布斯的政治學說由人性出發，他先說明自然世界，以為人類生來

就是一個自私自利的動物，一切行為都是出於保護自己，快樂自己。凡
事能夠保護自己，快樂自己，人類都視之為好；反是，人類都視之為壞。
人類常以這個好壞為標準而追求自己的幸福。但人類追求幸福的慾望沒
有止境，今天得到這個，明天又要求那個，所以人類是個貪心不足的動
物。人類既然是個貪心不足的動物，而在自然世界，一方因為人類的體
力和智力比較平等，同時又因為沒有任何公權力能夠拘束人類，故常現
出你爭我奪的世界。當時人類的鬥爭約有三種原因：一是彼此爭求利益，
二是彼此畏懼別人侵害自己，三是彼此均欲別人欽佩自己。即爭利、猜
忌、虛榮乃是鬥爭的原因。在鬥爭之時，成功失敗完全依靠自己的手腕；
兼以當時沒有法律，因之也沒有是非善惡的標準。武力和詐欺乃是當時
常用的方法，而視為道德的行為。總而言之，自然世界乃是一個「各人
反抗各人的世界」(Bellum omnius contra omnes) **1** **2** 。

　　自然世界是彼爭我奪的世界，殺人劫貨視為日常便飯，在此種狀態
之下，人類彼此都有危險，既然感覺危險，就發生死的恐怖；既然發生
死的恐怖，就打算保障和平的方法，由是人類的理性就表現為自然法。
霍布斯先區別自然法與自然權。「自然權是人類為保存自己的生命，使用
自己的力量，依自己的判斷，自由採取自己認為最妥當的方法」、「自然
法是發生於人類的理性，禁止傷害別人的生命或禁止剝奪別人保全生命
的方法」。簡單言之，「自然權是指人類有行動的自由，自然法則限制人
類行動的自由」。在那戰爭不息的自然世界，人類對於一切事物均有權
利，縱對於別人身體也有權利。即各人的自然權沒有任何限制。無論何
人，為保全自己的生命，雖傷害別人身體，亦無不可。當此之時，縱令
最勇最智的人亦難保其天年，由是人類的理性遂表現為自然法。自然法
的第一個法則是要求和平，使人類離開自然世界的鬥爭狀態，各能安居

樂業而保其天年。第二個法則是要求人類互相拋棄自然權的一部，因為
別人不肯拋棄，試問誰願拋棄以加速自己的滅亡？各人均不拋棄，結果
必出現鬥爭狀態，這對於各人均有危險。於是各人就訂立契約，禁止每
一個人行使自然權的一部；換言之，即命令每一個人拋棄自然權的一部。
第三個法則是要求契約的實行。只有契約，而不實行，則契約等於具文，
而各人的自然權仍舊無限，人類一切行為均不能視為不正。有了契約，
凡破壞契約的，才視為不正。不正就是不履行契約之謂，反之，履行契
約則可視為正義。

　　由此可知和平能不能保障，最後是看契約能不能履行了。倘若有人
不肯履行契約，則將如何？照霍布斯說，人類天性無不喜歡行動自由，
人類往往為要求行動自由，而欲破壞契約，所以須有一個公權力監督人
眾遵守契約，使人眾知道破壞契約所得的利益小而所受刑罰的損害大，
兩相比較，人眾自肯遵守契約[3]。

　　這個公權力如何發生出來？關此，霍布斯亦用社會契約說以說明
之[4]。他謂人類在自然世界只是群眾，各有各的意志，各有各的權力，
既而人類知道權力的分散有百害而無一利，於是彼此訂立契約，將權力
委託於一個人或一個議會，使群眾的意志變成單一的意志，無數的人格
變成單一的人格。即於各人之外，創造一個巨靈，付與以無限的權力，
統一全體人民的意志，對內維持正義及和平，對外防禦敵人的侵略，這
個巨靈就是國家。

　　在這裡，我們應該知道的，霍布斯的契約說和從前的契約說有一個
大不相同的地方。就是從前契約說是君主和臣民定約，君主由於契約，
才有統治權。霍布斯的契約說是人民相互之間訂立契約，由這契約，才
產生君主，君主才有統治權。即依從前契約說，君主是契約當事人之一；

依霍氏的契約說，君主不是契約當事人。前一種契約稱為統治契約 (governmental contract)，後一種契約稱為社會契約 (social contract)。君主既然不是契約當事人，所以他不受契約的拘束。詳言之，⑴人民既已設立國家而約束服從某人之後，若非得到該人同意，不得重新訂立新約，去服從別人。故凡依契約而為君主國的臣民，若非得到君主同意，不得推翻君主國體。⑵契約是人民相互之間訂立下來的，君主不是契約當事人，所以不受契約的拘束。他的行為縱有不公道的地方，然亦不能視為不正義的行為。因為不正義是專指違反契約。君主不受契約的拘束，故不問如何，均不負破壞契約的責任，從而他的行為不能斥之為不正義。同時人民也不能以君主破壞契約為理由而欲脫離君主的統治。⑶多數人一旦決定主權者之後，少數人亦須絕對服從。因為人眾聚居一地，目的在於建設國家。少數人既然願意與多數人同住，則無異於默認多數人所作的決議。此後少數人若有反對的言動，那便是違反契約的精神，而為不正當的事。

觀上所言，可知霍布斯是以主權者的權力不受限制，而對於臣民則不負任何責任。主權者得制定任何法律，使人民知道何者當為，何者不當為。過去學者均以法律為理性的命令，霍氏則以法律為主權者的命令。本來只唯國家才有制定法律的權，但國家不是自然人，非用代表，自己不能行事，所以國家的代表——主權者乃是唯一的立法者。法律一經制定，除主權者外，任誰都不得變更之。主權者本身因為不受法律的拘束，故得制定新法律或廢除舊法律⑤。習慣要成為法律，須經主權者默認。自然法只是道德，自然法要改為法律，亦須得到主權者承認。

主權者的權力既然如斯的大，人民的自由又何能保障？霍氏以為自由不是天賦的權利，只是國家給予人民的權利。人民在國家生活之下，

只有兩種自由，一是法律沒有禁止的，二是當初契約沒有拋棄的。第一種自由不過虛有其名，霍氏雖謂「任何國家總不能詳細規定人民一切行為於法律之上；凡國家所不規定的事，人民可為自己的利益，自由行動」。但是法律既由主權者制定，則主權者隨時都得將法律未曾規定的事，重新規定。何況主權者不受法律的拘束，則他更可不顧法律，剝奪人民的自由。第二種自由，內容亦是空虛。蓋依霍氏之言，各人訂立契約，組織國家，目的在於保全各人生命的安全。這個保全生命的權是當初契約所不拋棄的權利，縱是主權者也莫如之何。然則主權者須尊重人民的生命了。那知霍氏只謂主權者雖然可以殺死犯人，但要令犯人自供罪狀，或令犯人自殺，犯人不必服從。此外主權者若因外亂或內亂，失掉保護人民生存的權力，人民亦得拒絕服從，而去服從新的主權者。

最後霍氏關於國家的區別亦有所說明。他謂國家的區別乃包括於主權者的區別之中。主權或歸屬於一人，或歸屬於議會，而議會或為全民所組織，或為一部分階級所組織。主權在一人的，就是君主國家；在全民的議會的，就是民主國家；在一部分階級的議會的，就是貴族國家。國家的區別只有此三種，所謂暴君政治、寡頭政治或無政府不過上述三種國家的別名。「人士不喜歡君主國，則稱之為暴君政體；不喜歡貴族國，則稱之為寡頭政體；不喜歡民主國，則稱之為無政府」。

在這三種政體之中，權力的範圍沒有區別，因為不問那一種政體，主權者的權力都是一樣。我們應該討論的，乃是那一種政體最能保障和平。霍布斯以為君主政體比之其他政體有四種要點：⑴君主的富強榮譽是由人民的富強榮譽而來，人民貧窮卑賤，君主絕不會有富強榮譽之理，故在君主政體，主權者的私益常和公益一致。⑵政策由一人決定，既能自由考慮，又能穩固安定，斷不致今日反對的，明日變為贊成。⑶一人

決定政策，不會由於利害衝突，而致意見不能一致。議會便不能如此。
⑷君主對其寵臣雖有不公平的賞賜，但其寵臣必不及一群人的寵臣那樣
多，故賞賜亦必有限。即霍氏贊成君主政體尤其君主專制政體。

　　霍氏的政治思想大約如上所言，在當時可以稱為反動的思想。但其
反動與忠君主義不同，而是提倡超階級的國家，用國家的獨裁，以壓服
一部分階級的專擅。他主張君權，雖和布丹、格老秀斯同樣極端，但同
時又有一點與布丹、格老秀斯不同。布格二氏以私有財產為自然法之一，
霍氏不認財產受到自然法的保障，反而主張主權者對於財產可加以各種
限制。此無他，霍氏反對市民階級的財閥政治，故乃有此主張。那知市
民階級得到政權，乃是歷史的必然；而由社會進化觀之，已是一種不可
避免的階段。霍氏不知此中道理，故結果徒受後人斥為反動派。

第四節　洛克的政治思想

　　洛克 (John Locke, 1632–1704) 生於英國小康之家，父業律師，清教徒
革命時任革命軍騎兵隊隊長。洛克肄業於牛津大學，研究哲學醫學及自
然科學。一六五七年得到學位，擔任夏夫茨伯里伯爵 (Earl of Shaftesbury)
的祕書。伯爵是輝格黨 (Whigs) 的領袖，洛克受其影響甚大。一六七五年
國內發生反動，伯爵偕洛克逃至法國及荷蘭。一六八八年光榮革命成功，
洛克即於一六八九年回國（伯爵已於一六八五年逝世）。洛克著作甚多，
其與政治思想有關係的以《政府論》(Two Treatises on Government) 為最著名。

　　洛克的政治思想也是築在社會契約說及自然法之上，但洛克的解釋
與霍布斯不同。霍氏以人類為貪心不足的動物，由此出發，遂謂自然世
界是個戰爭的世界；洛克以人類為理性的動物，由此出發，則謂自然世
界是個和平的世界。照洛克說，人類在自然世界，有充分的自由，有平

等的權利，誰都不能支配誰。自然世界雖是自由平等的世界，而卻不是放縱自恣的世界。因為自然世界是一個受自然法規制的世界，自然法對平等獨立的個人常教他不要侵害別人的生命、自由和財產，假令有人違反這個禁令，各人可群起而懲罰之。不過懲罰也要受自然法的規制，不為感情所惑而流於殘酷。因此各人均能節制自己，使自然世界表現為和平的世界。

自然世界既是和平的世界，何以人類又放棄這個世界而去建設國家？照洛克說，人類在自然世界，雖然都是平等，都有自由，但各人的權利並不安全，往往受人侵害。蓋自然世界有三種缺點：一是當時只有自然法而無制定法，人類關於自然法，或因愚昧無知，或因利己偏見，任意曲解。二是當時沒有公認的法官，各人均自為法官，執行自然法，所以每為感情所惑，不能公平裁判糾紛。三是當時缺少執行判決的強制力。無法無天的犯人若有力量，可以橫行無忌，甚至執行刑罰的人反為犯人所壓服。由這三種缺點，遂令人類的生命、自由、財產沒有充分保障。因是，人眾乃進一步，訂立契約，組織國家。

國家的成立由於契約，即由於各人的同意。所謂同意非指全體人同意，是指多數人同意。所以「組織國家的契約，事實上只由多數人訂立，從而國家亦可視為由多數人組織之」。國家組織成功，此後一切政治設施亦不必徵求全體人同意，只要有多數人贊成，就可舉辦。即「國內多數人可用國家的名義，辦理一切；少數人有服從多數人決議的義務」。否則組織國家的契約毫無效用，國內人民將與自然世界的人沒有區別。何以說呢？「人民之中，有身體衰弱的，有因為忙於經營產業，不能出席會議的。何況徵之實際，又如伽圖 (Marcus Porcius Cato) 所說：會議中的人民無異公園中的遊客，只知喧譁。國家如果制定一部憲法，主張政治問題須

得每一個人同意，則這個國家必難永久存在。這就是說，國內多數人若不能用全體人民的名義，執行國家政務，則國家必將瓦解」。

國家成立之後，各人的權利可以受到如何影響？「人類在自然世界，除自由平等之外，尚有兩個權利：一是各人在自然法的範圍內，得任意採用自己認為適當的方法以保護自己及別人。二是各人得處罰侵犯自然法的人。國家成立之後，各人須將這兩種權利委託於國家」。因為關於前者，已經有國法保障各人的安全了，不須各人自己費心；關於後者，又有公權力執行了，不須各人越俎代庖。

各人在國家生活之下所以拋棄上述兩種權利，「乃是希望自己的生命自由和財產能夠得到更美滿的保障」。因是，國家的權力絕不可越出公共利益的範圍外，政府當局且須利用各種設施，以補救自然世界的缺點。即根據法律，對內保障社會的治安，對外防止敵人的侵略。總之，依洛克之意，國家權力的行使只可限於保障和平及增進公共利益。由此可知洛克與霍布斯不同，並且與布丹及格老秀斯不同，不以國家權力為絕對無限的，而以國家權力為有限的。其所以然者，因為霍布斯要用國家權力以壓制市民階級的專橫；布丹、格老秀斯欲用國家權力，造成統一的局面；洛克則代表近代初期的市民階級，要求社會上有自由活動的機會。他欲限制國權的行使，原因在此。

然則如何而能限制國家的權力？關此，洛克主張分權制度，著孟德斯鳩的三權分立的先鞭。洛克分國家權力為三：一是立法權 (legislative power)，二是執行權 (executive power)，三是外交權 (federative power)。立法權是指制定法律的權，屬於人民自己[6]。但人民人數太多，不能躬自行使，乃選舉代表，組織議會，託其行使。執行權是指執行法律的權。外交權包括宣戰、媾和、締結條約及辦理國內一切事務的權。茲應告知讀

者的，洛克的執行權實與今日的司法權相去無幾。外交權則等於今日的行政權。洛克又謂：「執行權與外交權可委託於同一機關，即委託於行政機關。」因為「這兩種權力行使之時，也許要假藉國家的武力；若使國內有兩種機關俱能指揮武力，則國家必至漫無秩序」。立法權則非分立不可，「因為立法權與執行權若歸屬於一個機關，則該機關將為自己的利益，任意修改法律或制定法律而執行之，於是人民的自由權利就不能保障了」。由此可知洛克主張三權，其實只是兩權。

兩權的關係不是平等的，而是有高低之別。立法權居於優越的地位，執行權則處於立法權之下[7]。「因為將法律授與別人的人比之由別人受到法律的人，地位一定高些」。立法部對於社會全般事項，有權制定各種行為的準則，行政部須在法律範圍內，執行法律，不得越出法律範圍之外，自由行動。但立法部的權力也不是無限的高，它對於人民的生命、自由、財產，不得無限制的加以拘束，而徵收賦稅尤須得到人民同意。洛克最注意財產的安全。「因為保障財產乃是人民設置政府及人民加入國家的原因。財產不能保障，則人民加入國家，反要失掉財產的安全，雖有財產，亦與沒有財產無別。故凡主張國家最高權力——立法部可以自由處分人民的財產，乃是錯誤的見解」。「但國家的維持須用巨額的經費，人民既受國家的保護，當然須犧牲一部分的財產[8]。惟徵收賦稅之時，須得各人同意，即須得國內多數人同意。」

倘或立法部的行為違反上述原則，則將如何對付。照洛克說，立法部的立法權是受人民委託的，不是它所固有的。「立法權最後還是屬於人民自己。立法部的行為有反於人民的信託，人民可收回立法權或改組立法部。因為受任人為某種目的而得到權力之時，若蔑視該目的或違反該目的，委任人自可收回權力，再選擇一位可以信任的人，令其行使權

力」。行政部違反法律，人民不必服從。這個時候立法權可剝奪行政部的權力，又得懲罰行政部的人員。行政部利用武力破壞立法部的決議，人民亦可訴諸武力以反抗之，「對於不正當的武力，利用武力對抗，乃是合理合法的原則」。

　　總之，洛克是以人民為最高權力者，一方用立法權監督行政部，同時人民又躬自監督立法部，藉此以保護人民的生命、自由及財產。萬一立法部或行政部蹂躪人民的權利，人民可出來革命。洛克說：

> 多數人民都不信任政府，這是誰人的罪？人民是有理性的，而竟不信任政府，這果是人民不智不明麼？政府受到人民誤解，試問發生誤解之罪不是在於政府麼？我固然知道國家的混亂常由於野心家的煽動，但我更相信革命由於政府的暴政而引起的，一定更多。一切革命到底是由人民厭故喜新而發生麼，抑因人民受到暴政的壓迫，淪於奴隸境遇之中而發生麼？公平的歷史可代我們判斷，不問哪一種人，凡用暴力侵害人民權利的，他對於別人無異將他自己放在自然世界之中，所以這個時候一切權利均歸消滅，各人回歸到自然世界，得講求自衛的方法。現在試問君主或立法部的行為有否違反人民信託，由誰判斷？依我之意，判斷的權在於人民。凡君主或立法部不服從人民的判斷，人民可脫離國家生活，回到自然世界，採取一種妥善的方法，反抗他們。

　　洛克主張國家成立的原因在於保護人民的財產；政府徵收賦稅須得人民同意，政府侵害人民財產，人民可出來革命。觀此，我們已可知道他是代表當時市民階級的利益。抑有進者，洛克以為在自然世界，各人已經有了所有權，所有權的不可侵犯，乃是自然法的命令。上帝要維持

人類的生命，雖將土地給與人類公有，但各人對其身體若有所有權，則各人對其勞力的成果當然也有所有權。「因此，不問什麼天然物，只要加上某人的勞力，該物就成為該人的財產。換言之，人類對於天然的公有物加上勞力之後，該物便離開別人的共有權。因為勞力是勞力人私有的，凡是加上勞力的東西，除勞力人外，別人再也不能以之為私有。只有多下來的東西才好與別人共有」。所以人們得到一塊土地，若肯加上勞力，該塊土地就不是公有財產，而成為私有財產[9]。即洛克要說明土地私有的合理，乃主張：凡人肯耕耘土地，那塊土地就是耕耘人的財產。但土地所有權只用「耕耘」的事實來說明，理由尚不能令人信服，所以洛克又謂土地公有常使土地不能充分墾拓，只唯土地私有，而後方能發展地力。

　　洛克雖說：「只有多下來的東西才好與別人共有」，我們不要由此而謂洛克主張各人的私有土地不得超過各人需要以上。他謂這種限制只可應用於原始時代，不能應用於貨幣發達、商品流通頻繁的現代。何以故呢？有了貨幣，人士可用貨幣換取別人的土地，同時又可賣出土地生產物，將其變為不會腐朽的金銀。

　　英國光榮革命乃是市民階級的革命，洛克的政治思想如何傾向於市民階級利益的保護，吾人觀以上所述，大約可知其端倪。

> **1** 馬基維利的思想有似韓非。霍布斯的思想有似荀子。荀子說：「人之性惡，其善者偽也。今人之性，生而有好利焉，順是，故爭奪生而辭讓亡焉」云云（荀子第二十三篇性惡）。又說：「人之生固小人，無師無法，則唯利之見耳」（荀子第四篇榮辱）。人人爭利，所以原始社會乃是鬥爭社會。如何使鬥爭社會變為和平社會，霍布斯以為這是由於自然法之作用，荀子則謂由於先王之制禮義，使人「各得其宜」（榮

辱篇）。「禮者法之大分」（第一篇勸學），而「義者所以限禁人之為惡與姦者也」（第十六篇強國）。荀子說：「先王之道……禮義是也。道者非天之道，非地之道，人之所以道也，君子之所道也」（第八篇儒效）。案荀子反對「天」，他謂「惟聖人為不求知天」（第十八篇天論）。因之，在他思想之中，不但沒有君權神授說，且亦沒有自然法說。霍布斯主張人民要絕對服從君主，其理由則為君主不是契約當事人。荀子亦謂「事暴君者有補削，無撟拂」（第十三篇臣道）。理由何在，荀子未曾說明。但他反對偷合苟容，故說：「從命而利君謂之順，從命而不利君謂之諂。逆命而利君謂之忠，逆命而不利君謂之篡。不卹君之榮辱，不卹國之臧否，偷合苟容以持祿養交而已耳，謂之國賊」（臣道）。

2 希臘時代有詭辯派，近代有霍布斯均以原始社會為鬥爭世界。吾國儒家之觀察原始社會，至少亦和孟子一樣，認為人與獸爭。孟子說：「當堯之時，天下猶未平……禽獸偪人……益烈山澤而焚之，禽獸逃匿……然後中國可得而食也」（孟子注疏卷五下滕文公上）。荀子則直認原始社會是人與人爭。他謂原始社會「勢同而知異，行私而無禍，縱欲而不窮，則民心奮（奮謂起而爭競）而不可說也（民心奮起爭競而不可悅服也）……天下害生縱欲，欲惡同物，欲多而物寡，寡則必爭矣」（荀子第十篇富國）。又說：「人生而有欲，欲而不得，則不能無求；求而無度量分界，則不能不爭云云」（荀子第十九篇禮論）。法家思想例如管子，亦以原始社會為鬥爭世界。管子說：「古者……獸處群居，以力相征，於是智者詐愚，強者凌弱云云」（管子第三十一篇君臣下）。韓非的思想似謂原始社會是人與獸爭，到了有巢氏構木為巢，燧人氏鑽燧取火，人與獸爭就停止了。最初物多而人寡，故民不爭，後來人多而物寡，便發生了人與人爭的現象。堯舜之後，人與人爭稍見減少。他說：「上古之世，人民少而禽獸眾，人民不勝禽獸蟲蛇，有聖人作，構木為巢」云云。「古者丈夫不耕，草木之實足食也，婦人不織，禽獸之皮足衣也，不事力而養足，人民少而財有餘，

故民不爭……今人有五子不為多，子又有五子，大父未死而有二十五孫，是以人民眾而貨財寡，事力勞而供養薄，故民爭。堯之王天下也云云」（韓非子第四十九篇五蠹）。只唯道家，才以為原始社會是和平世界。老子說：「小國寡民，使民有什佰之器而不用，使民重死而不遠徙。雖有舟輿，無所乘之，雖有甲兵，無所陳之。使人復結繩而用之，甘其食，美其服，安其居，樂其俗。鄰國相望，雞犬之聲相聞，民至老死，不相往來」（老子第八十篇）。莊子亦說：「子獨不知至德之世乎。昔者容成氏、大庭氏、伯皇氏、中央氏、栗陸氏、驪畜氏、軒轅氏、赫胥氏、尊盧氏、祝融氏、伏羲氏、神農氏，當是時也，民結繩而用之，甘其食，美其服，樂其俗，安其居，鄰國相望，雞狗之音相聞，民至老死而不相往來。若此之時，則至治已」（莊子第七篇胠篋）。莊子之言不過抄襲老子。其所謂容成氏、大庭氏等等也許是隨意杜撰。而其主張原始社會是和平世界，則極顯明。但是「鄰國相望，雞犬之聲相聞」，何能「民至老死，不相往來」？

3 人類關於利害方面，均知權其輕重。荀子說：「欲惡取舍之權，見其可欲也，則必前後慮其可惡也者；見其可利也，則必前後慮其可害也者，而兼權之，孰計之，然後定其欲惡取舍。如是，則常不失陷矣。凡人之患，偏傷之也（偏謂見其一隅），見其可欲也，則不慮其可惡也者，見其可利也，則不顧其可害也者，是以動則必陷，為則必辱，是偏傷之患也」（荀子第三篇不苟）。墨子亦說：「利之中取大，害之中取小也。害之中取小者，非取害也，取利也……利之中取大，非不得已也；害之中取小，不得已也。所未有而取焉，是利之中取大也。於所既有而棄焉，是害之中取小也」（墨子第四十四篇大取）。荀墨之言，初學的人也許不易瞭解，總之，均如淮南子所說：「人之情，於害之中爭取小焉，於利之中爭取大焉」（淮南子卷十繆稱訓）

4 吾國古人所謂天理、天道，實即自然法。至於契約說則古書中似乎沒有。西洋學者所以有契約說的觀念，乃有兩種原因。一為封建時代國君常和貴族訂立契約，規定雙方的權利義務關係，如英國的《大憲

章》就是一例。二為城市的基爾特也訂立契約，約束會員。人士看了
此兩種現象，便自然而然的，發生契約說的思想。由於前一種現象，
便產生統治契約說，由於後一種現象，又產生社會契約說。前者以神
意為前提，結論則為反抗暴君。後者以自然法為前提，結論或主張人
民須服從君主，如霍布斯是，或主張人民有革命的權利，如洛克是。
關此，下文當詳述之。

5 韓非說：「韓者，晉之別國也。晉之故法未息，而韓之新法又生。先
君之令未收，而後君之令又下。……故利在故法前令則道之，利在新
法後令則道之」（韓非子第四十三篇定法）。漢時杜周說：「三尺安出
哉，前主所是著為律，後主所是疏為令，當時為是，何古之法乎」（漢
書卷六十杜周傳）。此皆言立法之權屬於天子。

6 吾國自古，事實上及理論上均沒有立法權獨立之說，更沒有立法權應
由人民或人民代表行使之論。管子說：「有生法，有守法，有法於法。
夫生法者君也，守法者臣也，法於法者民也」（管子第四十五篇任
法）。生法就是制定法令，守法就是執行法令，法於法就是服從法令。
商鞅韓非亦謂立法之權屬於人主。荀子說：「禮者法之大分」（荀子第
一篇勸學），「非禮是無法也」（荀子第二篇修身）。即儒家之禮即法家
之法；而制禮的權則屬於天子。禮云：「非天子不議禮，不制度，不
考文……雖有其位，苟無其德，不敢作禮樂焉。雖有其德，苟無其
位，亦不敢作禮樂焉」。即主張制禮之權應屬於聖天子。宋時，王安
石變法，謂「祖宗不足法」（宋史卷三百二十七王安石傳）。又謂「人
主制法，而不當制於法」（宋史卷三百六十三李光傳）。對此，司馬光
則說：「使三代之君常守禹湯文武之法，雖至今存可也。……由此言
之，祖宗之法不可變也」（宋史卷三百三十六司馬光傳）。何以不可
變？因為雖有其位，苟無其德，不敢作禮樂焉。

吾國古代有「謀及卜筮」、「謀及庶人」之言（尚書注疏卷十二洪範）。
謀及卜筮乃神權思想，茲可不談。謀及庶人，非指一般一人，而是指
百官。周禮述卿大夫之職，有「大詢於眾庶」之言。鄭玄注，「大詢

者詢國危，詢國遷，詢立君。鄭司農云，大詢於眾庶，洪範所謂謀及庶人」（周禮注疏卷十二。案詢國危，詢國遷，詢立君，見周禮卷三十五小司寇之職）。左傳定公八年衛侯欲叛晉，朝國人，使王孫賈問焉。是時衛國領土不小，孔子又稱其民眾之庶（論語第十三篇子路），何能集合國人於一地。依吾人之意，當時所謂大詢於眾庶，最多不過詢及公卿百官，如後代之廷議者。左傳定公元年，魯子家曰「若立君，則有卿士大夫與守龜在」。稱卿士大夫即「謀及庶人」，稱守龜即「謀及卜筮」。總之，吾國古代絕沒有立法權應由人直接或間接行使之言。歐洲古代，立法權乃屬於公民大會，中世立法權尤其賦稅的立法須經三級會議同意。故其學者有此思想。

7 吾國古代既未將立法權與行政權分開，當然沒有立法權比行政權為高的說法。其或近此者，唐立三省，「中書出令，門下審駁，而尚書受成，頒之有司」（文獻通考卷五十門下省）。明代王鏊亦說：「中書主出令，門下主封駁，尚書主奉行」（震澤長語上官制）。然而三省長官均由天子任命，所以出令的中書並不獨立。

8 吾國古代以納稅為人民的義務，不視為人民對於國家保護的代償。韓愈說：「君者出令者也。臣者行君之令而致之民者也。民者出粟米麻絲，作器皿，通貨財，以事其上者也。君不出令，則失其所以為君。臣不行君之令而致之民；民不出粟米麻絲，作器皿，通貨財，以事其上，則誅」（韓昌黎文集卷一原道）。觀韓愈之言，可知古人對於人民納稅，只認為「以事其上」，並不認為對於國家——天子所給與的保護的代償。

9 西洋思想多尊重個人的所有權，所以法國革命，發布人權宣言，其第十七條規定：「所有權為神聖不可侵犯的權利，非經法律認為公共必要，並給予以事前決定的賠償，不得剝奪之」。吾國先哲不問那一學派，多缺乏此種觀念。不但動產，即以不動產的土地言，亦受了「率天之下，莫非王土」（詩經，小雅，北山）之言的影響，以為人民對於土地縱加以許多勞力，其最高所有權還是屬於天子，天子要如何，

就可以如何，人民不得以自己之有所有權而反對之。西漢武帝時代，
董仲舒倡限田之說，師丹孔光欲試之於哀帝之時，卒因貴戚寵臣以為
不便，遂寢不行（參閱拙著中國社會政治史第一冊三民版二一三頁以
下）。厥後，西晉的占田、北朝及隋代唐初的均田，都是於天下大亂，
土業無主之時，將無主的土地分給人民耕種，目的非謀地權的平均，
而是謀稅收的增加，然而無一不歸失敗。其失敗非因百姓為保護所有
權，起而反抗，乃是由於豪強兼併，國家束手無策。黃梨洲云：「古
者井田養民，其田皆上之田也。自秦而後，民所自有之田也」（明夷
待訪錄田制一）。「其田皆上之田」即遵從「率天之下，莫非王土」之
言。秦廢井田，民得買賣，久假不歸，土地便成為人民的私有財產，
所以梨洲繼著又說：「古之聖君方授田以養民，今民所自有之田乃復
以法奪之。授田之政未成，而奪田之事先見，所謂行一不義而不可為
也」（明夷待訪錄田制二）。對此，王船山說：「天無可分，地無可割，
王者雖為天之子，天地豈得而私之，而敢貪天地固然之博厚，以割裂
為己土乎」（讀通鑑論卷十四晉武帝）。又說：「天地之間，有土而人
生其上，因資以養焉。有其力者治其地，故改姓受命，而民自有其恒
疇，不待王者之受之」（船山全集，子部，噩夢）。即船山不認「率天
之下，莫非王土」之言之為真理。因而承認人民對其土地應有所有權。

本章參考書

G. H. Sabine, *A History of Political Theory*, 3 ed., New York, 1937.

W. A. Dunning, *A History of Political Theories from Luther to Montesquieu*, New York, 1923.

H. J. Laski, *Political Thought in England from Locke to Bentham*, London, 1920.

F. W. Coker, *Readings in Political Philosophy*, rev. ed., New York, 1938.

T. I. Cook, *History of Political Philosophy from Plato to Burke*, New York, 1936.

H. Cunow, *Die Marxsche Geschichts-Gesellschafts und Staatstheorie*, I Bd. 4 Aufl., 1923.

第三章　民主思想的發展

第一節　法國大革命以前的社會情況

中世紀的法國也同歐洲其他各國一樣，內有封建諸侯的割據，外有羅馬教會的壓迫，但法國自十三世紀至十六世紀，漸次沒收諸侯的領地，而從十四世紀 (1309–1376) 監禁羅馬教皇於亞威農之後，羅馬教會亦不敢壓迫法國。到了十七世紀，商工業日益發達，全國經濟逐漸集中於幾個城市，又由幾個城市集中於一個大都會（巴黎）。隨著經濟集中而來的則為政權的集中。國家成為國王的領土，國家愈富強，國王愈有權力，就是國王的利益和國家的利益一致。牧羊人要從羊群身上，剪取羊毛，不能不關心羊群的肥瘠。同樣，國王要從人民身上徵收賦稅，也不能不關心人民的福利。因此，國王遂熱心保護產業，一切可以妨害產業發達的障礙均設法排除之，而對於特權階級的束縛壓迫，亦設法減少之。到了十八世紀發生重農主義 (physiocraticism)，反對國家依重商主義，以種種法律，干涉個人的經濟活動，而主張自由放任。這樣，產業更發達了，市民階級亦隨之更有勢力。

但是國王乃是最大的地主，國王的土地約占全國土地五分之一。國王站在元首的地位，當然須保護市民階級，而站在地主的地位，則因封建的剝削有利於自己，而反對一切改革。當時法國貴族雖然不能割地稱雄，但國王為剝奪他們之政治的權利，卻許其保留許多封建的特權。他們窮奢極侈，入不敷出，要從農民身上搾出較多金錢，卻不可能，他們迫不得已，只有借債。然而借債只能挽救一時之急，接著而來的則為更切迫的貧窮。他們要解決貧窮，唯一的方法只有剝削國家。由是(1)在宮

廷中增加了許多閒官冗職，用以安插貴族，人數達一萬五千人，每年薪俸在四千萬利布爾 (livre) 以上。⑵在政府中，凡地位稍高，薪俸稍豐的職官均為貴族所獨占。一般平民只得為下級官吏，職務既繁，薪俸又薄，且永久不能升遷。⑶在軍隊中，上級將校均出身於貴族，下級軍官才由平民任之。將校年俸共四千六百萬利布爾，一切國防費用及下級軍官年俸合計不過四千四百萬利布爾。⑷在教會中，上級教職亦為貴族所壟斷。當時法國土地約有五分之一屬於教會，教會財產共計四十億利布爾，每年又得徵收什一稅一億二千三百萬利布爾，所以貴族爭取教士之職。貴族雖然壟斷宮廷、政府、軍隊、教會的要職，而國王每年尚與以許多賞金，自一七七四年至一七八九年，其金額共二億二千八百萬利布爾。

國家每年浪費無數金錢以供貴族揮霍，結果國家亦至貧窮，每年均須借債，到了一七八九年國債竟達四十四億六千七百萬利布爾。這個巨額國債從何處借來，用何法償還？貴族已經破產，且有免稅的特權，而財產又為不動產的土地，土地又不許買賣，則負擔國債的當然只有市民階級了。市民階級本來安分，對於政治沒有興趣；而自成為國家的債權者之後，情形就不同了。他們知道國家將次破產，當然要以債權者的資格出來干涉國家的政治。他們知道貴族階級橫領國家巨額的稅收，而對於國家的經費乃絲毫不負責任。國家破產，貴族要負其責。在此種情況之下，他們對於特權階級便要求自由與平等。

市民階級不但以債權者的資格，且又以商工業者的資格，非干涉國家的政治不可。法國自貴族壟斷將校的職位之後，國家軍備漸次廢弛。十八世紀以後，外戰屢次失敗，殖民地失去不少，而條約又不利於對外貿易，如一七一八年的烏特勒支 (Utrecht) 條約，一七四八年的亞亨 (Aachen) 條約，一七六三年的巴黎條約，一七八三年的凡爾賽 (Versailles)

條約都足以妨害市民階級的國外通商。並且貴族雖然不能割地稱雄，而在其領地之內尚有許多封建的特權。市場稅、橋梁稅、公路稅等，都可以束縛國內通商，而使工業不能充分發達，在此種情形之下，市民階級要謀產業的興隆，就須推翻貴族的特權，改革國家軍備，廢除國王及地主的苛捐雜稅。總而言之，工商業者的利益是要求自由平等的。

市民階級既然感覺革命的必要，其他民眾對於革命的態度如何？當時工人均係無知之輩，尚未形成為一個階級，全國人民以農民為最多，其嫉恨貴族之心竟令他們願意與市民提攜。因為土地多屬於貴族，除少數自耕農之外，絕大多數的農民均是貴族的佃農。他們對於國家須納田賦，對於貴族須納佃租，此外尚有許多徭役及雜稅。據歷史家滕因 (H. A. Taine) 計算，農民每收入一百法郎，當繳納各種賦稅八十一法郎七十一先丁，其能留作自己家計之用的不過十八法郎二十九先丁。農民的收入不能維持一家的生計，故常拋棄土地，流浪各處。於是法國的耕地在一七五○年竟有四分之一無人耕種，聽其荒蕪。此批流浪的農民又因為都市內的工業不能充分發達，而不能充分雇用他們。他們遂變成流民而為革命的主力軍。至於尚未沒落，僅保殘喘的農民也想奪取貴族的土地，所以革命之時，他們無不協助市民階級；革命之後，又為保全自己奪來的土地，願意從軍，出來擁護自由與平等。

這是法國社會在一七八九年大革命以前的情形。

第二節　孟德斯鳩的政治思想

孟德斯鳩 (Baron de Montesquieu, 1689–1755) 為法國的貴族，早年在波爾多 (Bordeaux) 大學學習法律，後又研究哲學及文學，他伯父本是波爾多議會議長，一七一六年死而無子，乃以孟氏繼承議長之職。孟氏對此職務

不感興趣，在職十年，專心研究學問。一七二六年賣去議長之職，遷居巴黎，又環遊各國，研究各國的地理習慣風俗及政治制度，最後到了英國，逗留兩年，所得知識極多，回國後，努力著作。一七四八年出版《法意》(De l'esprit des lois) 一書。此書乃孟氏費了二十年的光陰，觀察各國實際政治得來的結晶。

　　孟氏的學說是研究政治制度的實際問題，不是討論天賦人權的空虛理論。他希望保存君主政體，但為保障自由起見，主張立法、行政、司法三權應該分立，使它們互相制衡，所以他的思想是改良的，不是革命的。對於法國革命沒有很大的影響，而對於美國制定憲法，卻有極大的影響。十九世紀以後，孟氏的三權分立說又普及於各國，成為立憲政治的根本原理。他在法意中，先對法律作一定義，「法律是順事物的本性，自然發生的必然關係」■。宇宙之內任何事物均有其自然的法則，神有神法，人有人法，禽獸有禽獸法，物質有物質法。一個事物能夠存在於世，必有其因果關係。在這因果關係之中就含有事物的法則。人類的智力縱能制定法律，但是必先有法則，而後才會創造法律出來。換句話說，在制定法尚未成立以前，人類已經有正義觀念，將這正義觀念所發生的關係，用成文規定，則成為制定法。故在制定法以前，人類已經有了一個法律，這個法律就是自然法。

　　自然法是適應於自然世界中人類本性及人類生活需要而發生的。人類在自然世界，彼此不感覺平等，反而自覺劣等，互相畏懼，不敢進攻別人，而呈出和平現象。所以自然法第一原則是和平。人類均欲求生，而有食慾，食物的探求是自然法的第二原則。人類互相畏懼，尤其畏懼毒蛇猛獸的侵襲。由這畏懼，人類就感覺有互相協力的必要。協力之時，不免發生男女交媾，而感覺快樂，由是同類相愛又成為自然法的第三原

則。人類除感情本能之外，又有其他動物所沒有的智力；由智力的作用，人類便由群居而發生社會生活的慾望[2]，這是自然法的第四原則。

　　人類在自然世界，最初是離群索居，彼此沒有交涉，當然沒有競爭，而現出和平的狀況。「人類一旦從離群索居的自然世界進入社會生活的境界，比較彼此的能力，就不覺得自己是劣等的，也不認為彼此是平等的，於是戰爭狀況因之發生。每個社會均感覺自己實力之大，就發生國家與國家的戰爭。同一社會的人都自信自己能力之強，就發生個人與個人的戰爭」。為要預防戰爭，遂有制定法的必要。制定法可分三種：一是國際法，規定國家與國家的關係，而預防國際戰爭。二是政治法，規定治者與被治者的關係，而預防君主與人民的戰爭。三是民法，規定個人與個人的關係，而預防個人相互之間的戰爭。

　　國際法的根本原則在使各國平時互謀彼此的利益，戰時減少戰禍到最小限度。政治法與民法必須適合國家的特殊情形。法律本來是人類理性的產物，人類均有理性，法律原是支配世界上一切人類的法則。但把人類的理性適用於實際世界，又不能不觀察各國情形，如人情風俗以及氣候的寒暖、土壤的肥瘠、人口的眾寡、財富的分配等等，都有極大的關係，世上絕沒有一個行於萬邦而皆妥的法律。

　　孟氏討論法律之後，進而討論政體。他不認世上有絕對優或絕對劣的政體，政體的優劣乃以其能否適合國民性情為標準。所以我們「與其研究何種政體最優，不如研究何種最適合於國民性格」。他分別政體的本質 (nature) 與政體的精神 (principle)，「前者是指政治組織，後者是指政治作用；前者是就各種政體的結構方面言之，後者是就那促動政治作用的人類感情方面言之」。政治組織即政體可分別為四種：最高主權在全體人民的，叫做民主政體；最高主權在一部分人民的，叫做貴族政體，以上

兩種政體可總稱為共和政體。一位治者依法律規定，統治人民的，叫做君主政體；一位治者獨斷獨行，不受任何限制的，叫做專制政體。四種政體各有各的精神，民主政體的精神為道德 (virtue)，因為「在民主政體，秉政的人只有人民付託的權力，他們不是德高望重，不能得到人民信任」。道德消滅，則人民流於放縱，不受法律拘束，反而誤認犯法為自由，弄到結果，全國人民將陷入混亂之中，而釀成少數人的專制。這裡所謂道德非指倫理的或宗教的道德，是指愛國家愛平等的政治道德。貴族政體的精神為節制 (moderation)，貴族政體也需要道德，道德之中節制為貴。貴族每恃其特權，放縱專擅，壓迫人民，故宜自己節制，溫良恭敬，自視為與人民平等，設法與人民接近，使上下感情不致衝突。君主政體的精神為榮譽 (honour)，名位爵祿各有等級，人民希求榮譽，必能奮發勇敢，建赫赫之功。所以雖無道德，亦沒有什麼妨害。專制政體的精神為恐怖 (fear)。因為專制本來不受人民歡迎，人民若有自覺，必生混亂，故須用嚴刑峻法，威嚇人民，使人民不敢反抗❸。孟氏注重政體的精神，以為各種政體的敗壞，常從它的精神敗壞開始。要使政體鞏固，須使它的精神永久存在。精神敗壞，革命必跟著發生。詳言之，道德衰亡，民主政體便難存在；節制喪失，貴族政體便生動搖；榮譽消滅，君主政體便有危險。至於專制政體本來不是優良的政體，敗壞是當然，不敗壞反是例外。

在上述四種政體之中，哪一種政體最能保障人民的自由？孟氏分自由為兩種：一是政治上的自由 (political liberty)，二是民事上的自由 (civil liberty)，前者發生於人民與國家的關係，後者發生於人民與人民的關係。自由不是放縱，當受法律的拘束，即自由只是各人得依法律為其所當為，而不為其所不當為。自由的定義如此，孟氏以為民主國及貴族國，人民

未必就有自由，自由只能存在於中庸的君主國，君主國也未必都有自由，
只惟不濫用權力的君主國才有自由。然則如何而使君主不濫用權力？關
此，孟氏由研究英國制度，而創造三權分立的學說。照他說：國家權力
可分為立法、行政、司法三種，立法權是制定法律、修改法律、廢止法
律的權。行政權是宣戰媾和、授受使節、締結條約、保障國內治安、防
禦外國侵略的權。司法權是審判人民爭訟而處罰犯人的權。此三種權力
必須分開，而不集中於一個機關，而後人民的自由才有保障。何以說呢？
「人民之政治的自由 (liberte politique) 是謂各人都相信自己安全，而得到
一種心理上的安謐之意。要得到這種心理上的安謐，必其政治組織能夠
使國內一切的人都沒有恐怖別人之心而後可。比方有一個人或一個團體
兼握行政立法二權，則自由不會存在。因為君主或議會得制定暴虐的法
律，而用暴虐的方法執行之。又如司法權苟不獨立於立法權與行政權之
外，人民也沒有自由。因為司法權若和立法權結合，則司法官同時就是
立法者，人民的生命和自由將給武斷的法律所蹂躪。司法權若和行政權
結合，則司法官同時就是行政官，更容易利用暴力，迫壓人民。要是一
個人或一個團體兼握三種權力，則自由更掃地無存，不論握這權力的人
是出身於貴族或是出身於平民」。

　　國家權力分為三種，三種權力必須分立，則掌握這三種權力的機關
如何組織，實有說明的必要。照孟氏說：「立法權當屬於人民全體，但人
民全體行使立法權，在大國既不可能，在小國亦不方便，所以人民可選
舉代表，託代表行使」。「各地人民均有選舉代表的權，只唯低賤而無能
力的沒有選舉權」。即孟氏反對普通選舉。一國之內必有貴族及豪富，如
果他們的投票權與一般平民相同，則平民必以多數之力壓迫貴族，貴族
亦倚其特殊的勢力反對平民的自由，所以貴族與平民在立法部的地位應

比例其在社會上的地位。貴族可組織一個貴族院，與平民的眾議院對立。但貴族有世襲的權力，他們常為自己的特殊利益，不顧公共利益，故對於貴族院只可給與以拒絕權，不可給與以議決權。「行政權以委託於一人的君主為最妥，因為行政須臨機應變，一人的行政，目標單純，決定敏捷，動作迅速，且可保守祕密，比之多數人的行政，常能收到良好的結果」。「若由立法部之中選出一部分人員，掌握行政權，則自由將掃地無存。因為這個時候立法權與行政權乃合併歸屬於一個機關，很容易變成專制政治」。由此可知孟氏是反對責任內閣制的。司法權必須委託於特別設置的法院，法官由人民選舉，有一定任期，其審判案件必須依據法律。

　　總之，三權分立是將國家的權力分為立法、行政、司法三種，分屬於三個機關，使它們互相制衡 (checks and balances)，以保護人民的自由權利。所以三權分立有三個意義，一是把國家的權力分為立法、行政、司法三種，這叫做權力的區別 (Unterscheidung der Gewalten)；二是把三種權力分屬於三個機關，這叫做權力的分離 (Trennung der Gewalten)；三是使三個機關互相牽制，它們勢均力敵，誰都不能壓迫他方，這叫做權力的均衡 (Balancierung der Gewalten)。由此可知三權分立不但使各權力互相分離，且又使各權力互相牽制，而保持均衡。

　　三權之中，司法權最弱，這是孟氏自己說的。所以關於權力的均衡，司法權不會成為問題；成為問題的乃是立法權與行政權。立法權制定法律，行政權不過執行立法權所制定的法律。因是，立法權常可壓服行政權而居於優越的地位。故要保持權力的均衡，必須抑制立法權。抑制的方法如上所言。議會分為兩院，使兩院互相牽制，以減少議會的權力。但是只此又未必能夠保障立法權與行政權的均衡，必須行政權有牽制立法權之力，政府若以議會所制定的法律有不妥之點，可以不予批准而拒

絕執行。同時議會也得檢查政府如何執行法律，倘若發見其有違法之處，可由眾議院彈劾，貴族院審判。總之，孟氏以為「議會設置兩院，各以否決權牽制別院。同時兩院又受政府的牽制，政府也受兩院的牽制」，由它們互相牽制，便沒有一個機關獨攬大政，而人民之政治的自由就得到了保障。

現在試進一步，比較洛克與孟德斯鳩的分權學說有何不同之點。

一是洛氏主張兩權分立，孟氏主張三權分立，此蓋英法兩國的政治組織有所不同。洛氏之書《政府論》發表於一六九〇年，英國於一七〇一年發布《王位繼承法》(Act of Settlement) 之時，才保障司法官地位的獨立（第三條第七款）。在此以前，司法與行政無甚差別，立法權以制定司法方面的法律尤其是刑法為主，執行權大率屬於適用刑法而作判決之類。即在當時，行政作用尚未發達，洛氏所謂「執行」乃包括今日的行政與司法，而司法尤占最大部分，因之洛氏遂不能認識司法之應獨立。到了十八世紀中葉以後，布拉克斯頓 (W. Blackstone, 1723–1780) 之書《英國法釋意》 (*Commentaries on the Laws of England*) 出版，才分權力為立法 (legislative)、行政 (administrative or executive)、司法 (judicial) 三種。反之，孟氏之書《法意》發表於一七四八年。當時法國的行政與司法已有區別，固然法國自中央集權的國家成立以來，一切權力均集中於君主一身，封建時代的三級會議 (Etats Generaux) 自一六一四年始，就停止開會。但是法國卻有一種特別的司法制度，就是巴黎法院 (Parlement de Paris)。不但管理審判，且有特別的權限，凡君主發布的法令有否與現行國法牴觸，巴黎法院有審查的權。審查的結果，認為沒有牴觸，又須在巴黎法院登記，而後才發生效力。倘使巴黎法院以政府發布的法令有反於現行國法，則可提出抗議，而拒絕登記。孟氏受了英法兩國制度的暗示，遂提倡三權

分立的原理，而為此後立憲國的圭臬。

二是洛氏主張立法權的優越，孟氏主張權力均衡。此蓋英法兩國的社會情況有所不同。英國本來是個統一的國家，其封建制度是威廉第一 (William I, 1066–1087) 征服英國之時，於中央集權之下，模倣大陸各國，建立起來的。封建貴族不能成為國家統一的障礙，反而常受君權專制的壓迫，一二一五年英王約翰發布大憲章，就是貴族與國王鬥爭所得的結果。中經薔薇戰爭而至光榮革命，國會得到最後勝利。陸氏之書發表於光榮革命之後，市民階級的勢力已由國會及於政府。陸氏為了說明英國政制之合理，為了辯護國會迎立威廉第三回國即位之合法，故謂國會有優越的地位，立法權為優越的權力。反之，法國的封建制度是於羅馬帝國的廢墟之上建立起來的。封建領主割據各地，一方反抗國王，他方壓迫平民，所以最初是平民協助國王，而與封建領主鬥爭。到了國王勝利，而建設中央集權的國家之後，封建領主雖然變為宮廷貴族，不能割地稱雄。但是國王為了奪取他們之政治的權利，卻又允許他們保留土地，而承認其有封建的特權。他們常常利用這種特權，壓迫平民。同時國王又是最大的地主，其利益與貴族一致，遂和貴族聯合，反對一切革新運動。孟氏之書發表於大革命以前，封建殘滓尚未完全掃除，一般平民最多只能以國會為堡壘，與國王及貴族所組織的政府抗鬥，苟能妥協下去，社會可不經流血之慘，而能漸次進步。孟氏看到了法國社會的實際情況，又有鑒於英國清教徒時代國會的專擅，故乃主張制衡之說。國王代表行政權，第二院代表貴族，第一院代表平民，三者互相牽制，以保障人民的自由權利。

總之，洛孟兩氏因社會環境之不同，其根本觀念也復有別。洛氏由民主主義出發，以為主權在民，議會是代表人民的機關，因之議會應有

優越的地位，立法權應為優越的權力。權力之間既有高低之別，則在邏輯上制衡作用不能存在。換句話說，政治制度若以民主主義為其根本原則，制衡作用在某程度內必須犧牲。孟氏由自由主義出發，以為要保護人民的自由，必須限制國家的權力；而要限制國家的權力，須使國家權力互相牽制而保持均衡。權力既然均衡，則議會不能有優越的地位。議會是代表人民的，議會的地位既與政府平等，則在邏輯上主權在民的觀念似宜修正。何以故呢？主權在民，則一切權力應統一於國民或代表國民的議會而後可。這是和制衡原理牴觸的。由此可知政治制度若以自由主義為其基本原則，主權在民的思想必不能徹底實現。

　　孟氏的學說對於法國革命，影響不大。人權宣言第十六條雖云：「一個社會沒有保護人民權利，沒有採用分權制度，可以說沒有憲法」。而察之實際，革命初期，即在制憲會議尚未開會以前，人士所重視的乃是人民權利的保護，而非國家權力的分立，至於權利的保護須以權力的分立為前提，他們多不注意。案分權之說乃對於任何個人或任何機關都不信任，即非以人性為善，而以人性為惡。孟德斯鳩曾說：「凡有權力的人必濫用其權」，他主張分權就是不信任人性，而不欲權力集中於一個人或一個機關。此種思想對於美國獨立革命尤其是制定憲法的人，影響甚大。傑佛遜 (T. Jefferson) 說：「信任我們的代表，忘記了我們的權利安全問題，這是危險的事。信任 (confidence) 是專制之母。自由政府不是建築於信任之上，而是建築於猜疑 (jealousy) 之上。我們用限制政體 (limited constitution) 以拘束我們託其行使權力的人；這不是由於信任，而是由於猜疑。我們憲法不過確定我們信任的限界。是故關於權力之行使，我們對人不要表示信任。我們須用憲法之鎖拘束人士，使其不能做違法的事」。麥迪遜 (J. Madison) 亦說：「人類若是天使，不需要政府。天使若統

治人類，沒有控制政府的必要。組織政府是令人類統治人類，一方需要政府能夠統治人民，他們需要政府能夠控制自己，困難就在這裡。政府隸屬於人民，這是控制政府的初步方法。但經驗告訴吾人，除此之外，尚有再加警戒的必要。吾人分配權力之時，須使各種機關互相牽制」。馬的遜又說：「立法、行政、司法三權集中於一人之手，這簡直可以定義為暴政 (tyranny)，固不問權力集中於一人，集中於少數人，或集中於多數人；也不問其人取得權力是由於世襲，由於任命，或由於選舉」。維基尼阿州 (Virginia) 一七七六年六月十二日的權利宣言 (Declaration of Rights) 第五條說：「三種權力必須分離而分屬於三個機關。任何權力均不得行使別個權力的職務，任誰均不得同時行使一個權力以上的權力」。這個規定又成為該州同年六月二十九日憲法條文的一部。馬薩諸塞州 (Massachusetts) 一七八〇年六月十六日憲法第一篇「權利宣言」第三〇條云：「本國政府乃法治政府，不是人治政府 (a government of laws and not of men)，故立法部絕不行使行政權與司法權或二者之一；行政部絕不行使立法權與司法權或二者之一；司法部絕不行使立法權與行政權或二者之一」。美國聯邦憲法也本此宗旨，採用三權分立之制。立法權屬於國會（憲法第一條第一項），行政權屬於總統（第二條第一項第一目），司法權屬於法院（第三條第一項）。由此可知孟氏三權分立學說對於美國有極大的影響。

第三節　盧梭的政治思想

　　英國學者到了十八世紀已經進步而不相信社會契約說了。例如休謨 (David Hume, 1711–1776)，他謂人類天性愛好群居，故在原始時代，就已組成社會。社會之中發生國家，絕不是由於契約。原始人類沒有契約的觀念，更沒有訂約的能力。人類呱呱墜地，就受父母管束，稍長又受政府

統治。政府統治我們，不是由於我們承認，而是由於政府之有強力。如
果國家的成立是由契約，則祖宗訂下的契約，到了我們時代，應該失去
效力。照歷史所示，統治是偶然發生的，一群人與另一群人交戰，常有
一人露出頭角，表示其勇敢及才智，眾遂推之以為首長。而且戰時共同
一致是必要的，漫無秩序是有害的，戰爭不已，人類就漸次發生首長的
習慣。這位首長若能公平無私，則在平時，亦能解決內部的紛爭。如是，
首長的權力不斷的增加，他既有權力，便可利用權力，救濟人民，人民
對他更加欽佩。如果他的兒子也有此種品性，則首長一職將由一個家族
世襲，於是政府的基礎愈臻鞏固。後來首長可由人民方面得到一定稅收，
首長用此稅收雇用官吏，而對於反叛的人又得處以刑罰，這樣，政府的
組織更完備了。人民服從政府，絕不是由於契約，而是由於共同生活的
必要。因為人人不肯服從，社會便不能存在。

　　亞當斯密 (Adam Smith, 1723–1790) 也反對契約說，他謂我們服從政府，
並不是由於契約，而是由於畏懼刑罰。如果政府的成立由於契約，則訂
約的人雖有服從的義務，何以他們子孫亦受契約的拘束，一旦拒絕服從，
就要受到刑罰？其實，國家的發生是由於財產分配之不均，一方有豪富，
他方有赤貧，兩者對立而引起鬥爭，乃勢之必然。豪富之家為保護財產
的安全，為預防赤貧之人的作亂，必須設置公權力，這是國家發生的原
因。

　　弗格森 (Adam Ferguson, 1724–1816) 更反對契約說，他謂人類不能孤
立，縱在原始時代，人類也成群結陣，或流浪各方，或定住一地，過其
社會生活。孤立的人類只是一種想像，實際上絕對沒有。自有人類以來，
雖然就有社會，而未必就有國家，國家乃是特殊的社會，即政治社會。
這個政治社會非由契約而組成，是由經濟關係而發生，即為保護私有財

產制度，而後才發生國家。原始人群沒有私有財產，狩獵民雖有私有財產，亦只限於武器及衣服。到了定住時代，最初土地尚視為公共財產而共同耕作，只唯房屋及器具才為家族財產。經濟愈進步，財富愈增加，由是發生分工而不平等的生活狀態也萌芽了。這個時候若有對外戰爭，一方在同群之中，發生酋長武士與平民的對立，酋長武士可以多得擄獲品，因之又發生貧富不均的現象。他方對於戰敗的群，可以虜掠其人民為奴隸，於是又發生了征服者與被征服者的對立。酋長武士為了禁止同群人的紛爭，為了抑制被征服者反抗，感覺有設置統治組織的必要，由是國家就誕生了。

　　在英國學者攻擊社會契約說之時，法國除孟德斯鳩之外，許多學者還信人類的共同生活乃發源於太古的社會契約。這個時期法國經濟雖已發達為工業資本主義，但為排斥布丹的專制學說，不得不採用洛克的國家起源論，即將洛克的見解稍加修改，而應用於法國。案十八世紀法國的政治乃與十七世紀英國的政治不同。英國的革命雖然也曾波及於下層階級，而主角乃是市民與貴族，他們聯合戰線，對君主鬥爭。法國的革命則為市民階級聯合知識分子及一切農民，對君主及貴族鬥爭。換言之，英國革命乃市民階級要奪取政權，以實現他們的經濟的和政治的利益而作鬥爭。法國革命則為中產及下層階級要得到較好的生活條件，乃在市民階級的領導之下，對封建殘滓而作鬥爭。因是，法國的政治思想比之洛克的學說更見急進，更有民主的色彩，代表這個思想的就是盧梭。

　　盧梭 (J. J. Rousseau, 1712–1778) 生於瑞士的日內瓦 (Geneva)，其父是法國人，信奉新教。盧梭幼時未曾受過正式教育，亦無一定職業。十六歲出奔國外，二十年間，常在法國流浪。他利己而放縱，又富於感情，所以生活不受倫理的拘束。他靠筆耕為生，一七五○年因應第戎學院

(Academy of Dijon) 徵文，寫了一篇《科學及文藝論》 (*Discours sur les sciences et les arts*)，獲得首獎，名聲大噪。一七五五年發表《人類不平等起源論》(*Discours sur l'origine et les fondements de l'inégalité parmi les hommes*)，一七六二年又發表「民約論」(*Contract Social*)，他的名聲更大。但言詞激烈，受到保守派的迫害，乃逃往瑞士，更渡英國，晚年才回巴黎，而著「懺悔錄」。

照盧梭說，人類在自然世界是自由的，是平等的。但人類孤立，不能生存，所以太古之世人類也結成家族。家族之內除夫婦外，尚有未成年的子女。子女長大，不需要其父保護，就可脫離家族。子女不必服從其父，父亦沒有撫養子女的義務。此後若有結合的事，也不是自然發生的，而是訂立契約而後發生的。即依盧梭之意，縱令小小的家族，它的成立也是由於契約。

由家族這個小集團擴大為社會那個大集團，是用什麼方法？強有力的家長征服別個家族，可以視為社會發生的原因麼？盧梭固然謂為可能，但不承認其為合法的社會。因為人類天性愛好自由，任誰都沒有權利壓制別人。人類受制於別人，乃是迫於威力，一旦受制的人有了力量，他必起而反抗，是故以威服人不能發生合理的社會。

個人由其自由意志，將自己的權利讓給別人，願意服從別人的統治，可以不可以呢？盧梭以為這是絕對不會有的事。因為人類願將自己權利讓給別人，乃是要從別人那裡得到利益。君主不但不能養活人民，且又徵取人民的財產以維持生計。君主有時雖能保護社會的治安，然社會因君主的專制而受到的災害，與君主保障和平而發生的利益，兩相比較，似害多而利少，既是這樣，人民何苦放棄自己的權利而去服從君主的統治。

如是，人類何以要建設國家？照盧梭說：「人類在自然世界，是各保各的生命；如果遇到巨大障礙，則用各個的力，萬難安全。所以人類必須團結起來，用合群之力，共同防禦，以保全各自的生命」。由此可知盧梭是以國家的成立由於保護個人的安全。但是國家成立的形式是什麼？簡單言之，「人民結合為一個國家，必須由於他們一致的協約 (unanimous convention)」，即國家成立的形式必須採用社會契約。

國家成立之後，各人都把自己的權利讓給社會。各人既將自己權利讓給社會，則各人只隸屬於社會，而不隸屬於任何人，因此，各人還是平等的。各人除讓與自己的權利之外，又把自己的人格委託於社會，於是各人之外，乃發生了一個集合的人格。這個集合的人格就是國家。國家有偉大的權力，各人必須絕對服從。何以故呢？「人眾組成國家，目的在於保護個人的自由，而國家機關的活動也不過要保護這個自由。人眾若不服從國家，那便是不尊重自己的自由」。即盧梭以為國家不外為保護個人權利而由個人結成的團體。國家雖有超人的權力，又有超人的人格，然其人格不是國家固有的，而是個人人格集合而成的。因此，國家沒有自己固有的目的，也沒有自己固有的權利。國家的目的是在保護個人的利益；國家的權利是由個人讓與各自的權利而後有之。此種論法一方固可證明盧梭的個人主義國家論與國家主義國家論有所不同，同時卻使盧梭的思想邏輯上發生問題。何以說呢？盧梭在《民約論》第二篇第五章中，曾謂任誰都沒有處分自己生命的權利，所以個人不能將此自己所沒有的權利讓與國家。既是這樣，則國家對於罪人何能宣告其死刑。倘令國家有其特殊的目的，又有其特殊的權利，對此問題容易作答。即罪人的行為有害國家的生存，又有反國家的目的，所以國家不得不把罪人處死。然而盧梭的個人主義國家論乃不能如此說明，而須另求其他答辯的

理由。他謂國家對於罪人所以能夠宣告死刑，除為保護其他人民的安全之外，最重要的乃是罪人破壞契約。罪人雖居住於國家之內，自認為國家構成員之一，但由他的行為看來，他已失去國家構成員的資格，故國家可用流刑或死刑，驅逐其人於國家之外。

國家的人格只是個人人格集合而成，所以國家的意志也不過是個人意志的集合，盧梭稱之為公意 (volonte generale)。公意與個人的特殊意志不同，而又與個人的特殊意志綜合而成的眾意 (volonte de tous) 有別。何謂公意？盧梭的解釋極其曖昧，不得要領。照他說，社會契約的目的在謀增進共同幸福，所以人類的意志是欲增進共同幸福，同時由此增進自己的幸福。這個以社會共同幸福為目的的全體人民的意志稱為公意。公意與眾意不同，全體社會有時亦不知道什麼是真正的幸福，而眾人一致的意志有時又為個人的特殊意志的引誘，誤入歧途。盧梭說：

> 公意必以共同幸福為目的。但人民的決議未必均能合理，因為人民雖然都要求自己的幸福，而對幸福在哪裡，又缺乏觀察的能力，人民縱不腐化，亦常受到欺騙，做出不合理的行為。眾意與公意有明瞭的區別，後者以共同幸福為目的，前者以個人利益為目的，而為特殊意志的總計。由這特殊意志之中，除去太過或不及的意志，其殘餘的總計 (somme des differences) 則成為公意。

愈說愈不得要領了，試問公意如何作成？盧梭沒有明瞭的說明，只謂要實現公意，不可組織政黨等各種團體，個人在社會之中，必須個個孤立。不然，則個人判斷必至混亂，而不能造成以共同幸福為目的的意志。他說：

人民受到相當程度的教育，只要他們沒有組織政黨，則當他們議決
一種問題之時，可由意見相差不遠的意志之中，造成公意。反之，
社會若存在著許多黨派，則各黨派的意志由其黨員看來，雖是公意，
而由國家看來，則為特殊意志。這個時候，投票的數目必不與人數
相等，而只與黨數相等。投票的數目既然減少，公意便無從產生。
倘若在許多黨派之中有一個大黨派可以壓倒其他黨派，則投票的結
果，必惟最大黨派得到勝利。此時公意更不存在，只惟大黨派的意
志控制了社會全體。故要實現公意，應禁止人民組織黨派，使每個
人均能自由發表自己的意見。

這樣一說，公意不是空虛沒有內容麼？如前所述，盧梭乃以公意為
增進共同幸福的意志，不是眾人由其特殊利害偶然一致的意志。由這個
解釋觀之，公意須有「客觀的妥當性」，由「客觀的純粹自我」作成判
斷；不但不宜委於多數公決，縱令全體一致贊成，也只可視為偶然同意，
不能視為公意的本體。既是這樣，則盧梭所謂公意將無從決定了。於是
盧梭乃退一步，主張公意可委於全體人民表決。即一種事件經過全體表
決，得全體同意之後，就可視為公意。但全體同意乃是不可能的事，因
此盧梭又退一步，主張公意可依多數決的方法決定之。即一種事件提交
全體表決，凡能得到大多數同意的，就可視為公意。多數人同意不宜謂
為公意，依盧梭之言，至為明顯。於是盧梭遂用詭辯的文字，而作不合
理的解釋。他說：

一種法案提交人民表決，目的不在於探問各人是否贊成這個法案，
而在於探問這個法案是否與各人所認為公意的相一致。各人用投票
的方法，表示自己的意見，則由票數之計算，可以決定公意是什麼。

這個時候，倘若有人發見自己的意見與多數人的意見相反，這不過
證明自己意見的錯誤。即自己認為公意的，其實不是公意。

公意可由人民多數決定，在這裡，我們應注意的是人民，不是人民
代表。蓋據盧梭之意，意志不能代表，故令人民選擇議員，由議員代表
人民的意志乃是不合理的事。即盧梭反對代議制度。他說：

> 意志不能代表。意志不是這個意志，必是那個相反的意志，絕對不
> 會有中間的意志。議員不是代表，且亦不得稱為代表。他們只是受
> 任人，沒有權限議決一切問題。凡法律非得到人民自己承認，不生
> 效力，即不能成為法律。英國人常常自謂他們是自由的，此實大誤
> 特誤。他們的真正自由只在選舉議員一瞬間，選舉告竣，他們即變
> 為奴隸。故我謂英國人乃是為享受瞬間的自由，而拋棄永久的自由。

所謂主權不外公意的表現，公意由人民自己決定，所以主權常屬於
人民本身，不得讓與，不得分割。人民服從主權，不過是服從自己的意
志。人民雖設置君主或執政官，但君主或執政官只是主權者人民的雇用
人，人民可限制君主或執政官的權力，必要時且可收回權力。過去學者
均謂主權或屬於人民，或屬於少數人，或屬於一人。盧梭以為主權永久
屬於人民。他依此見解，區別政體，不以主權的歸屬為標準，而以政府
的組織為標準。盧梭關於政治作用是將意志和能力分開，意志是指決定
行為的意志，能力是指執行行為的能力。決定行為的意志常表現為立法
權，立法權必屬於人民自己。執行行為的能力常表現為行政權，行政權
可委託於政府。政府如何組織，則為政體區別的標準。「凡主權者將管理
政府之事委託於全體人民或多數人民，使多數人民輪流為執政官，稱為

民主政體。主權者將管理政府之事委託於少數人，使少數人為執政官，稱為貴族政體。主權者將管理政府之事委託於一人，其餘的人則由這個人授予權力，稱為君主政體」。政體的優劣沒有絕對的標準，而當以領土的大小、人口的多寡為準繩。「民主政體適合於小國，貴族政體適合於中國，君主政體適合於大國」。蓋執政官人數愈多，政府的意志雖然愈與公意接近，但政府卻因之愈無能力。執政官人數愈少，政府的意志雖然愈離開公意，而與個人的特殊意志接近，但同時政府愈有能力。大國人口多而領土廣，本來不易統一，所以須用君主政體，建立強有力的政府以謀國家的統一。小國本來容易統一，所以可用民主政體，使政府的意志能與公意一致。

　　人民是主權者，政府濫用權力，人民若無方法對付，則主權在民的思想等於具文。盧梭對此問題，主張公民大會或議會應定期開會，無須待人召集。開會之時，可提出兩種議案，一是人民對於現存政體有無異議的議案，二是人民對於現存政府是否尚願委託以行政權的議案。這兩個議案既然定期提出，不但政府存有戒心，不敢做出無理的事；而且政府若有不正當的行為，人民又得隨時變更政體或改選執政官。

　　現在試問個人在國家生活之下，有哪一種權利？盧梭說：「由於社會契約，各人雖將自己的權利讓給國家。但他們所讓與的，只限於有關共同幸福的而已。其與共同幸福無關的權利仍歸屬於個人。至於哪一部分與共同幸福有關，則由主權者判斷」。由此解釋，是則共同幸福對於個人權利乃有最後決定權。換言之，個人權利當受社會共同幸福的限制，這是一種社會主義的思想；但盧梭的結論與此不同。照他說，存在於世上的，不是社會，而是個人，保護個人的安全，增進個人的幸福，乃是國家最重要的任務。國家不宜限制個人的自由，且須保障個人的自由，使

其不受任何侵害。而各人尚得利用自己的才智，要求國家不干涉個人的活動。於是在法國，遂和英國一樣，發生了自由主義的國家學說。

在盧梭思想之中，最可成為問題的是「公意」一語。盧梭以為主權不過公意的表現，公意不受任何拘束，但必由人民自己決定。人民事實上只能行使立法權，立法權必須屬於人民自己。所以制定法律乃是國民行使主權的唯一方法。說到這裡，就發生了一個問題。公意由人民決定，而公意又不受任何拘束，既是這樣，則公意假定一個非常時代，預先制定一種法律，於緊急危難發生之時，將最高權力委託於一人或少數人行使，似亦未必有反於民主主義。盧梭基於這個觀念，一方主張民主，他方又贊成羅馬的獨裁政治。且看他說：

> 法律的剛性往往不能適應社會環境的需要，而致引起危機。在國家危急存亡之秋，更可使國家陷入滅亡之境。凡事太過拘泥形式者，縱令環境不許吾人躊躇，而吾人亦常浪費時日。世上常常發生立法者所不能預料的事，所以預先想像不能預料的事，實屬必要……遵守法律而竟成為防止危險的障礙，似可停止法律之施行。即暫時停止主權的活動，把最高權力委託於一人……這便是羅馬於兩人執政官之中，任命一人為獨裁官的理由（《民約論》第四章第六節獨裁官）。

盧梭的學說對於法國革命，最有影響的，第一是自由權的思想。照盧梭說，人類生來就有自由，人類組織國家，其目的也不過保護個人的自由。這個思想在法國革命時代，幾乎全部為當時名流所接受。人權宣言第一條說：「人類生來就有自由平等的權利，且生存於自由平等之下」，第二條說：「一切政治組織的目的均在於保障人類的天賦人權。此種人權乃包括自由權、所有權、保護自己安全及反抗別人壓制的權利」。第四條

說：「自由是謂各人得為不妨害別人的一切行為。各人行使自由權之時，除其可以妨害別人行使同樣的權利之外，不受任何限制。其如何限制以法律定之」。在自由權之中，包括所有權。第十七條說：「所有權為神聖不可侵犯的權利，非因法律規定之公共需要，並給予以法律規定之適當賠償，不得徵收之」。當國民議會 (Assemblée Nationale) 討論人權宣言之時，西耶士為革命時代最有學問之人對於所有權，曾說明云：「自然既許人類有種種需要，則不能不給予人類以滿足需要的手段，這個手段的利用應受法律保護。人類所以有自由權，目的是在增長自己的利益。個人為增長自己的利益，可將自己的精神力和肉體力，作為手段。個人利用這個手段而獲得的一切結果，自應歸於個人所有」。然則當時人民所反對的封建的所有權又如何解決呢？於是革命名流由於法國的特殊情形，對於所有權的觀念又加以修正。他們以為財產權固然是所有權，也就是自由權的一部，但只唯用自己勞力而取得的財產才受國家保護。至於封建的土地所有權，因為它是由暴力或壓制而取得之，所以不受國家保護，人民可沒收之。於是封建貴族的土地均給農民瓜分了。農民為保全自己瓜分得到的土地，勢必只有擁護革命，跟著革命黨人走。法國革命能夠成功，這是最大原因。

　　第二是公意的解釋。盧梭對於公意，先則謂公意是增進共同幸福的意志，次又謂公意是全體人民同意的意志，三又謂公意是多數人民同意的意志。當國民議會討論選舉制度之意，公意即成為問題。公意若由人民決定，則一切人民須有表示意志的機會，即須施行普通選舉而後可。代表下層階級的雅各賓黨 (Jacobins) 主張普通選舉，代表上層階級的吉倫丁黨 (Girondins) 主張限制選舉。一七八九年八月十一日吉倫丁黨人巴那甫 (Barnave) 謂「選舉人需要三個條件，一是見解，凡有一定財產，納一

定租稅的，大率受過教育，其見解高超，不能否認。二是選舉人對於公共事務須有利害關係；這個利害關係是隨各人需要國家保護的資產分量而遞增的。三是個人沒有衣食之愁，而後才不會為了金錢而出賣其投票權」。其結果如何？人權宣言第六條第一項雖說：「法律是公意的表現」，第二項又說：「一切公民有由自己或由代表，參加制定法律的權利」，而十月二十二日國民會議不但採用間接選舉，且又採用極嚴厲的限制選舉，即法國人民年滿二十五歲以上，每年繳納普通一天工資三倍以上的直接稅，且未曾受雇於私人的，才有選舉權。十月二十八日又規定初選當選人除上述條件之外，須每年繳納普通一天工資十倍以上的直接稅，且有土地及一定價格的房屋；更規定議員當選人須有一定價格的不動產，每年至少須納直接稅二百四十公分的銀。由於此種選舉法，法國人民之有選舉權的，人數極少；而有被選舉權的，人數更少，最後只唯極少數的市民階級才有參加立法的權。

第三是主權與立法權的關係。盧梭以為意志不能代表，主權為公意的表現，而最能表示公意即最能表現主權的，則為立法權。所以法律非經人民自己承認，不生效力。故令人民選舉代議士，代表人民的意志，以行使立法權，乃是不合理的事。人權宣言第三條：「主權的淵源在於人民」。第六條第一項：「法律為公意的表現」。第二項：「一切公民有由自己或由代表，參加制定法律的權利」。既有「由代表」一語，人權宣言不是承認那表示公意的法律可由代議機關制定麼？這是一個問題。又者，我在說明孟德斯鳩的思想之時，曾謂分權制度是以性惡為基礎（參閱本書二一四頁）。盧梭不以人性為惡，而以人性為善。他謂人類都有一種意志，以增長共同幸福為目的。既是這樣，則權力何必分立。盧梭依此見解，並依布丹以來「主權不可分割」之說，反對三權分立。然而一七九

一年憲法（革命後第一部憲法）乃同時接受盧梭及孟德斯鳩的思想。該憲法第三篇 「公權力」 (Des pouvoirs publics) 第一條云 :「主權是唯一的 (une) 、 不可分割的 (indivisible) 、 不可讓與的 (inalienable) 、 不受時效的 (imprescriptible)，而屬於國民」。同時又將人權宣言載於憲法條文之前，視為憲法的一部。前已舉過人權宣言第十六條:「一個社會沒有保護人民權利，沒有採用分權制度，可以說沒有憲法」。基於這個原則，該憲法第三篇「公權力」第三、四、五條遂將國家權力分為立法權行政權及司法權三種， 而分屬於議會 (Assemblée Nationale) 、 國王 (Roi) 及法官 (Juges) 。 這樣，主權不可分割與權力分立的原理又如何調和？這又是一個問題。西耶士對此曾有解釋，關於第一個問題，他說:「人民自己無法行使的權力，而又不許委託別人行使，這是錯誤的思想。某甲要寄信到波爾多，不許他委託郵局代遞，而謂函件必親身送去，而後始能保障自由，這果是真理麼？」關於第二個問題，前已說過，西雅士分國家權力為兩種，一是制定憲法的權力 (pouvoir constituant)，二是憲法所設置的權力 (pouvoir constitue)。制定憲法的權力就是憲法制定權 (verfassung-gebende Gewalt)，而必屬於國民。憲法所設置的權力就是立法、行政、司法等權，可由國民委任於議會及其他機關。兩種權力的位階不同，前者不受任何拘束，而得自由決定國家的根本組織，所以可視為主權，因之主權還是未曾分割而屬於國民。至於立法、行政、司法三權只是主權的作用 (Funktion)，即不是權力 (Gewalt)，而是權限 (Zuständigkeit)。權限的分配與主權的分割不同，猶如行政權之作用有內政、外交、財務、國防等等，而可分配於各部會管理。各部會分別管理內政、外交、財務、國防，苟能適合於施政方針，固無害行政權之統一。同樣，議會政府法院分別管理立法、行政、司法，苟能保持其調和與統一，也無害於主權之為唯一而不可分割的性

質。在行政權，統一各種作用者為元首或內閣。在主權，統一各種作用者為國民。權力的分立須賴權力的調和而後方能存在。三權之間沒有一種機構藉以保持調和，則三權分立之後，勢將破壞國家本身，猶如行政各部會之間沒有一個首長謀其調和，則一國行政將互相衝突，而破壞行政權。在主權方面，統一而調和三權的就是國民。所以權力分立與主權不可分割並不衝突。簡單言之，依西耶士之意，憲法制定權就是主權，由國民自己行使之。立法權只是權限，可委託議會行使之。但西雅士並不能貫徹其主張，以為憲法制定權不但可由人民自己行使，而又可由人民特別選舉的代表，及所謂憲法修改會議 (Assemblée de Revision) 行使之。憲法修改會議既為人民代表所組織，則與議會無大區別，這與憲法制定權必須屬於人民之說就有矛盾了。

最後尚須一言的，世上學者均謂法國革命，發表人權宣言，乃是受到盧梭《民約論》的影響。若據德國學者耶林內克 (G. Jellinek) 研究，人權宣言完全與《民約論》不同。茲譯耶氏之言，以供讀者參考。

《民約論》所主張的只有一個意見，即個人一切權利全部讓給社會。盧梭說：「個人進入國家之時，依其個別獨立身分，沒有任何權利。其所有權利是由公意給予，又依公意決定權利的限界。公意不受法律的限制，也不許受到限制。縱是所有權也唯於國家允許之時，才屬於個人。社會契約使國家成為一切國民的一切財產的所有主，國民只是公產的受託人，而繼續其占有。國民除去義務之外，若有殘留部分，這個部分才是國民的自由。人民的義務只唯法律才得規定，但立法權卻受到一種限制，即法律對於一切國民必須以平等待之。這是對於主權的唯一限制。這是基於主權的性質而然，所以平等有

沒有保障，又由主權自己決定」。

人類之於社會必有其固有的權利，此種權利可用法律限制，這個思想盧梭是反對的。世上並沒有拘束公意的基本法，社會契約對於公意也沒有拘束力。

反之，人權宣言則於國家與個人之間，劃了一個界線，立法者必須遵守這個境界線。換言之，即用界線以保護人類之天賦的、不可讓與的、神聖不可侵犯的權利。

由此可知人權宣言與盧梭《民約論》的主張完全不同，依《民約論》，沒有個人的權利，而只有公意的萬能力 (Allmacht)。公意於法律上不受任何限制。

總之，人權宣言乃與盧梭的《民約論》相反。

（以上節譯 G. Jellinek, Die Erklärung der Menschen-und Bürgerrechte, 4 Aufl., S. 6f., 1927, München und Leipzig.）

　　觀耶林內克之言，盧梭贊成羅馬的獨裁官制度，是由「公意」這個觀念演繹出來的。盧梭謂「縱是所有權也唯於國家允許之時，才屬於個人。社會契約使國家成為一切國民的一切財產的所有主」，如是，則盧梭的言論又可解釋為社會主義了。

---

1 管子說：「法出於禮」（管子第十二篇樞言）。又云：「義者謂各處其宜也。禮者因人之情，緣義之理，而為之節文者也。故禮者謂有理也。理也者，明分以諭義之意也。故禮出乎義，義出乎理，理因乎宜者也。法者所以同出（有禮則有法，故曰同出也）不得不然者也」（管子第三十六篇心術上）。前曾引過荀子之言：「先王之道……禮義是也。道者非天之道，非地之道，人之所以道也」（荀子第八篇儒效）。

即他們兩人亦謂禮——法是順事物的本性，自然發生出來。慎子之言最為顯明，他說：「法非從天下，非從地出，發於人間，合乎人心而已」（慎子，逸文）。

2 這大約就是荀子之所謂辨。辨，辨別利害也，因能辨別利害，故能組織社會。荀子說：「人之所以為人者何以也？日以其有辨也……辨莫大於分，分莫大於禮」（詳荀子第五篇非相）。

3 吾國法家亦有此種思想。案法家思想常有自相矛盾之處，一方主張君主要垂拱而治，他方又主張君主必須獨斷。凡事由君主獨斷就是專制政體，故其結論便偏重於嚴刑，使民戰栗。管子說：「無為者帝」（管子第五篇乘馬），「人主所以制臣下者威勢也」（同上第六十七篇明法解）。「明主者兼聽獨斷，多其門戶」（同上），「上赦小過，則民多重罪」（同上第十六篇法法）。更明顯的，管子又說：「凡牧民者欲民之正也。欲民之正，則微邪不可不禁也」（同上第三篇權修）。

商鞅雖未明言君主無為於上，但他卻主張聖人明君之「治國也，察要而已矣」（商君書第三篇農戰）。同時他謂「權者君之所獨制也……獨斷於君則威」（同上第十四篇修權）。由此，他的結論更傾向於重刑。他說：「治國刑多而賞少。故王者刑九而賞一，削國賞九而刑一」（同上第七篇開塞）。

韓非說：「明主無為於上，群臣竦懼於下……人主之道，靜退以為寶，不自操事……不自計慮」（韓非子第五篇主道）。同時他又贊成申子所說：「能獨斷者，故可以為天下主」（同上第三十四篇外儲說右上）。他承認勢之必要（同上第二十八篇功名，第四十九篇五蠹）。又由勢而主張威（五蠹）。復由威勢而主張嚴刑。他說：「夫嚴刑重罰者民之所惡也，而國之所以治也」（同上第十四篇姦劫弒臣）。並假託孔子之言，證明嚴刑之必要。「殷之法，刑棄灰於街者。子貢以為重，問之仲尼。仲尼曰知治之道也……且夫重刑者人之所惡也；而無棄灰，人之所易也。使人行之所易，而無離所惡，此治之道」（同上第三十篇內儲說上七術）。

本章參考書

G. H. Sabine, *A History of Political Theory*, 3 ed., New York, 1937.

W. A. Dunning, *A History of Political Theories from Luther to Montesquieu*, New York, 1923.

Ditto, *A History of Political Theories from Rousseau to Spencer*, New York, 1926.

F. W. Coker, *Readings in Political Philosophy*, rev. ed., New York, 1938.

T. I. Cook, *History of Political Philosophy from Plato to Montesquieu*, New York, 1923.

H. Cunow, *Die Marxsche Geschichts-Gesellschafts und Staatstheorie*, I Bd. 4 Aufl., 1923.

第四章　民主思想的完成

第一節　自由放任主義

當法國受到盧梭學說的影響，而將發生革命之時，英國已經開始工業革命，向資本社會的路程前進。工業革命必以個人經濟上能夠自由活動為前提，由於這個必要，就產生自由放任主義 (Laissez faire)，代表此種思想的為亞當斯密。

亞當斯密 (Adam Smith, 1723–1790)，英國人，眾所熟知。著有《道德感情論》(*The Theory of Moral Sentiments*) 及《原富》(*The Wealth of Nations*) 等書。他的政治思想散見於此兩書之中。

在資本社會，各人的經濟生活是由各人自己解決，因此，利己主義不但視為當然的事，而社會的進步亦惟各人都肯追求自己利益是視。亞當斯密的學說就是由利己主義出發[1]。他說：

> 無論何時，人類總要依賴別人的協助。要想得到別人的協助，而只希望別人的惠愛，絕難成功；若能訴諸別人的利己心，使別人知道我有求於他，他肯代我盡力，就是他的利益，則我求助的目的必能達到。我們同別人交換物品無不如是。就是說，你能給我所愛好的物，我亦將給你所愛好的物，這是人類提議交易的捷徑。我們要求別人協助，亦常用這個方法。我們一日三餐不是由於肉店、酒店、麵包店的惠愛，而是由於他們各謀自己的利益。即我們不是依賴他們的仁慈，而是依賴他們的利己心。我們告訴他們，亦只有說，這不是由於我們有必要，而是對於你們為有利。

社會由個人集合而成，社會的幸福不外個人幸福的總和。人類均有利己心，什麼是幸福，什麼是苦痛，只唯個人自己才會知道。所以個人依其利己心的作用，追求幸福，社會全體亦必有了幸福。即於經濟方面，生產可以增加，分配亦可公平。亞當斯密說：

> 個人應該如何利用資本，纔能得到利益，他們必常深思遠謀，未曾須臾忘懷的。他們眼中只知自己的利益，未曾顧到社會的利益。然而他們顧慮自己利益之時，又常自然的而且必然的使他們選擇最有利於社會的用途。
>
> 豪富的天性都是利己的，都是貪心不足的，都是只謀自己利益的。他們雇用許多的人不過欲滿足一身的虛榮和無限的慾望而已。然其結果，常把自己的生產物分配給貧人。像這樣，豪富毫無計劃、毫無意識，竟然增進社會的利益，促成人類的進步。

觀上文所述，可知亞當斯密對於人類的利己活動乃抱樂觀態度，故其結論乃主張自由放任，而反對重商主義之保護干涉。他說：

> 各人應該投資於哪一種產業，哪一種事業最能產生最大的價值，此種問題與其委託政治家或立法者判斷，不如由各人自己判斷，尚可得到良好的結果。政治家指導各人如何利用資本，他須負起許多不必要的關心，也許他們由此將操縱巨大的權力。此種大權委託於別人或委託於任何代議機關，我們均不能安心。萬一這個大權交給自命不凡的人，則更危險。
>
> 法律禁止工業資本家兼營商賈，法律強制農民去開米店，這都是侵害人類的自由，而為不公正的事。不強制，不妨害，最有利於社會；

法律惟有放任個人自求自己的利益。

貧民的財產完全在其體力及其技巧。他們不害別人，而法律乃加以管制，使他們不能發揮體力和技巧，這是侵害神聖的權利；這是侵害雇用人及受傭人的自由；這是妨害一方的人不能從事其視為最適當的職業，又妨害他方的人不能雇用其視為最適當的人。在無數勞工之中，誰人可以雇用，盡可安心委於最有利害關係的雇主自己判斷。立法者閔閔焉代為焦慮，唯恐雇主採用不適當的人，實是多餘之至，又是壓制之極。

經濟生活占人類生活的大部分，人類一切生活差不多都是由經濟生活分化而來。經濟方面既然放任個人自由解決，則政府的活動就不能不加限制。亞當斯密說：「在自由制度之下，政府業務只有三種：一是國防，二是司法，三是興辦個人能力所不能經營的公共事業」。除此三者，政府不得染指[2]。我們須知國防與司法乃所以謀財產權的安定，而公共事業的興辦，如公路、港口、學校之類亦可以協助個人企業的發展。總之，亞當斯密的自由放任主義在工業革命時代確有必要。

資本主義經濟以自由競爭為其基本原則。自由競爭的結果可以發生如何現象？由亞當斯密觀之，生產可以增加，分配亦可平均，即全體社會都可得到幸福。但事實卻不能如斯樂觀，一方農村破壞，人口集中於都市，同時貧富懸殊，失業者的人數逐漸增加。此種現象是自然的結果麼？抑是因為資本主義有了缺點？當時資本主義已以燎原之勢蔓延各地，社會上一切文物制度均有進步，於是學者遂認上述現象為一種自然而然的結果。人力莫如之何，代表這個思想的則為馬爾薩斯。

馬爾薩斯 (Thomas Robert Malthus, 1766–1854)，英國人，學於劍橋大學，

一七九八年發表《人口論》(*Essay on Population*)。此外尚有其他著作，而以《人口論》最為出名。

馬爾薩斯的人口論由兩個前提出發，第一前提是食慾，人類欲保存其生命，必須覓取食物。第二前提是色慾，色慾乃人類之本能，將來亦和現在一樣，強弱沒有變更。第一前提沒有說明的必要。關於第二前提，其意以為色慾是人類最強烈的本能之一，不但過去與現在都甚強烈，就在將來文化極進步的時代，其強烈也是一樣。所以生育能力由過去到將來都是一樣，不會改變。

馬爾薩斯依這兩個前提比較人口及食物的增加力。他先觀察人口，謂以美洲為例言之，每二十五年，人口都增加一倍，例如新英格蘭四州，一六四三年人口僅二萬一千二百人，一七六〇年乃增加為五十萬。在此期間之內，由外部移住於是地的，乃比之由斯地移住於外部的為少。新佐治亞州每二十二年增加一倍。此外尚有每十五年增加一倍的。馬爾薩斯欲使立論正確，以最長的二十五年為標準，說道：「如果生育沒有限制，則每二十五年人口當增加一倍，即其增加率為幾何級數」。這是馬氏的第一法則。

其次，食物的增加如何？關於此點，馬爾薩斯的議論不像人口那樣有實證。他已知道「收穫遞減的法則」。說道：「改良不毛之地要用時間和勞力。關於農業問題，稍有常識的人當能知道，生產額雖隨耕種進步而增加，但增加額是逐漸減低的」。他以英國為例，因為英國研究農業最盛，而未墾的土地又多，在如斯良好的條件之下，英國的生產如何？假定每二十五年增加一倍，不能算少，但再二十五年之後，卻不能謂其再能增加到最初的四倍。最多亦只能比前次增加一倍。他由這個觀點出發，說道：「由普通情形觀之，生活資料雖在最優良的條件之下，其增加率亦

不能比算術級數為大」。這是馬氏的第二法則。

　　若將這兩個法則對照一下，其結果是可怕的。人口每二十五年以幾何級數增加，即由一而二，由二而四，由四而八，由八而十六。生活資料則以算術級數增加，即由一而二，由二而三，由三而四，由四而五。茲為容易瞭解起見，列表如次：

　　　　　人口　　　1——2——4——8——16
　　　　　生活資料 1——2——3——4——5

　　如斯進行下去，二世紀之後，人口與生活資料的比率當為二五六與九之比；三世紀之後，當為四○九六與一三之比。四世紀之後，其相差之遠更不堪設想。

　　然則人口果然如是增加麼？不，人類沒有食物，就不能生存，所以人口雖有不斷增加的傾向，而增加到食物所能養活的程度以上，就要停止。即人口的增加率乃受生活資料的增加率之限制。我們現在試研究上列的表。最初人口 1 若能利用生活資料 1 保其生存，則二十五年之後，人口 2 亦可利用生活資料 2 保其生存。再二十五年之後，人口又增加一倍而為 4，此時生活資料僅增加為 3，於是人口雖有增加為 4 的可能，卻因生活資料的缺乏，只能增加為 3，其餘的 1 必須受到限制。限制的方法，在動植物為病害及夭折，在人類為貧窮及罪惡。由此可知，人類的貧窮不是因為社會制度的缺陷，而是因為受到人口法則的作用。人類的貧窮既是由於人口法則的作用，則吾人只有聽其自然，沒有方法可以預防。由這個說明看來，馬氏的人口論對於豪富可解除他們救濟貧民的責任，對於政治家可代他們辯護勿須顧慮分配問題之理由。所以馬氏的學說亦可視為自由放任主義。

　　其後馬氏承認道德的節制可以減少人口的過剩。何謂道德的節制？

是謂：凡人若無能力養活妻子，就要停止結婚而自保貞操。否則貧窮的現象勢必發生，絕不是革命的或改良的方法能夠挽救。在馬氏發表《人口論》之時，英國的紡織工業由於蒸汽機的採用，大大進步，布疋輸到亞洲及美洲的甚多，工廠需要廉價的勞動力甚為迫切。馬氏的理論對於當時社會大有用處，其受到資本家歡迎，乃是理之當然。

　　道德的節制可以減少人口的過剩，然則政治家可以干涉人民結婚麼？勞動力的過剩有助於近代企業的甚大。在自由競爭的市場，市況或盛或衰，無法確定其何時發生。企業家須隨市況的盛衰，時而擴張生產，時而縮小生產，所以平時須有許多待雇的工人，使資本家擴張生產之時，得臨時增加工人，而不必提高工資；縮小生產之時，得臨時解雇工人，不必給與以生活費。由於這個理由，馬氏一方雖然承認道德的節制可以預防人口的過剩，他方又反對國家用其權力干涉個人結婚，馬氏說：

> 個人沒有能力養活妻子，而乃妄自結婚，這固然是他的自由。由我看來，此種結婚乃是不道德的行為。但社會也不必加以制止而處罰之。自然法則所定下的刑罰——貧窮已經加在他們身上，我們何必從自然手裡，奪取刑具。貧窮這個淒慘的刑罰天天擺在他們眼前，他們竟敢反抗，則他們備嘗苦痛，乃是他們自取其禍。對於此種的人，豈但公家不必救濟，就是私人由於仁慈之心而欲救濟他們，也宜顧到社會全體幸福，不可冒昧為之。
>
> 不問政府或社會如何想救濟貧民，如何設計方法減少貧窮，其實都無效力。勞動者的工資不能養活一家，這不過證明國家已不需要他們，至少亦可證明國家已不能養活他們了。這個時候他們尚想結婚，則他們對於社會可以說是不負責任，且把無意義的負荷加在社會身上。

　　由此可知馬氏對於自由勞工的貧窮，完全主張自由放任政策，而欲解除政府及富人賑救貧民的責任。所以羅利亞（A. Loria，意國學者）說：「馬氏的人口論極受時人歡迎，其理由是很簡單的。有了人口論，富人可以得到最有力的辯護，他們的奢侈與多數人的貧窮對比一下，他們不復有所忌憚。有了馬氏的學說，這個忌憚的感情可以消滅，富人有所藉口，不必致力於救貧工作。為什麼呢？依馬氏之說，貧窮對於社會是必要的，而且是依據自然法則而發生的」[3]。

第二節　進化論學派

　　資本社會以自由競爭為其根本原則。自由競爭的結果，一部分人致富，大部分人破產。破產的人由赤貧而沒落，致富的人則建築新工廠、裝置新機器、雇用多數的工人，而變成百萬富翁。此種貧富不均的現象，亞當斯密並不知道。馬爾薩斯雖然知道，而只認為是人口過剩的結果。至於在過剩的人口之中，哪一部分應該沒落，他們的沒落是根據哪一種法則，馬氏亦無令人滿意的說明。對此，能夠予以明晰的說明的則為達爾文。

　　達爾文 (Charles R. Darwin, 1809–1882)，英國人，學於牛津、劍橋諸大學。年二十二，從世界探險隊，航行世界，歷時六載，研究大陸及各島動植物的分布、特性以及各人種的生活狀態，一八五九年發表《原種》(The Origin of Species)，他著作不少，而以《原種》為最有名。

　　達爾文的《原種》是研究生物的生存競爭、自然淘汰、優勝劣敗的原理。至於他研究的動機似是受到馬爾薩斯的人口論的影響。他說：「一八三六年十月我開始研究十五個月了，偶然讀到馬氏的人口論，我平生喜歡觀察動植物的性癖，依人口論的啟示，遂能領會自然界之間亦有生

存競爭。我立刻想到，生物能隨環境而變化的容易存在，否則容易死亡，結果就產生了新種。這樣，我便得到一個原理」。是則達爾文的《原種》不過補充馬氏之不足，主張一切進化都是由於生存競爭。有了生存競爭，就可發生自然淘汰，而使適者生存。達爾文的學說固然是對自然界說的，但他深知人類不過自然界的一部，自然界既有一定法則，則這個法則當然可以適用於人類。

達爾文的學說發表之後，很受市民階級的歡迎。過去學者均以人類為萬物之靈，達爾文則謂人類只是下等動物的子孫，這個說法當然可把一切神話根本推翻。到了市民階級得到權力之後，這個學說又成為市民反抗貧民的武器。更成為強國侵略弱小民族的武器。茲試分別述之。

第一、自然界內有了生存競爭，可以造成自然淘汰，而產生良種；人類社會有了生存競爭，也可使優者生存，劣者滅亡，而促成社會的進化。近代經濟以自由競爭為其基本原則，人類在資本社會，有的成功，有的失敗；其成功與失敗也是由於競爭的結果，即優的成功，劣的失敗。反過來說，成功的都是優，失敗的都是劣。優勝劣敗乃天演的公理，而可使文化進步。所以資本社會由進化論觀之，不但是必要的制度，且又是最良的制度。斯賓塞 (H. Spencer, 1820–1903) 說：「在動物界，強壯的能夠生存，羸弱的必被淘汰，所以生存競爭可以預防種之退化，而助長種之進化，倘若禁止競爭，而保護老弱殘廢之徒，必將引起種之頹廢。動物曾經無數次的危險，一切劣的都已死滅，其倖存的大率強壯。人類及家畜因為弱懦殘廢的受到保護，故多疾病而不健康。社會主義者以廢除人類社會的生存競爭為目的，故其結果必使人類的精神及肉體日益墮落」。進化論學派的理論雖是言之成理，持之有故，但現今學者並不以為然。因為生存競爭固然可以發生優勝劣敗，惟在資本社會，企業家的成

功，由於個人才幹者少，由於資本雄厚者多。只有少許資本的人，不問才幹如何優秀，其與大企業家競爭，未必不至於失敗。即小企業家不是被社會所擯斥，而是為資本所擯斥。至於勞工，他們沒有資本，自無嘗試才幹的機會，更無與企業家競爭的機會。他們不是缺乏才幹，因競爭失敗而貧窮；乃是因為工資太低，不能糊其數口之家而貧窮。故在資本高度發達的社會，自由競爭已與亞當斯密時代不同。不，退一步說，且與十九世紀上半期的情形不同，不能依自然法則，發生優勝劣敗，反而使優者因貧窮而沒落，劣者因富厚而生存。

第二、市民階級與封建殘滓鬥爭之時，是主張革命的。革命成功，他們又怕其他階層起而效尤，故又反對革命。前此主張革命，現在反對革命，出爾反爾，何能自圓其說。恰好有達爾文的學說，市民階級便用之以作辯護的理由。據進化論所說，自然界的進化是由生存競爭，累積了無數極微極小的進步，漸漸成功。人類是自然界的一部，人類社會的進化，也只能積漸而成。這個思想我個人極其贊成。但一個領域的法則又不能原原本本應用於別個領域之上。動物的進化由於器官的發達，而器官的發達須與動物身體保持均衡。牛不能保持其現今軀幹而角長一丈，龜不能保持其現今肉體而殼厚五尺。故由生物學的法則觀之，動物器官的發達極其緩遲，數千萬年的光陰並不算長。反之，人類能夠利用器具，把外界的物製成身上的器官，所以不受生物學法則的拘束，而能急速的變更，急速的進化。更進一步觀之，社會的進化固然須積漸而成。但積漸而成的進化只是量的進化；欲由量的進化變為質的進化，又有恃突然的革命。比方嬰兒由受精而至出生，須在母體之內懷胎十個月，他的成熟是漸進的，當其尚未成熟以前，不能離開母體；若用人為的暴力，強迫離開，不但嬰兒死亡，即母體也必受到傷害。但既已成熟之後，又必

突然的用「出生」之法，離開母體而開始新生命。新生命雖已開始，而其完成還要漸次進行。簡單言之，嬰兒由受精而至出生，他的成熟是漸進的；成熟之後，他的出生是突然的；然由出生而至長大，又是漸進的。同樣，新社會的條件須在舊社會內漸次成熟，當其尚未成熟之時，絕不能用人為的暴力，促其產生；既已成熟之後，又必突然的破壞舊社會，而開始新社會的生命。不過新社會的生命雖已開始，而其完成又是積漸而來。此種論調自可說明市民階級由革命而反對革命的理由。

第三、達爾文的學說應用國際政治方面，可供為強大國家侵略弱小民族的口實。簡單言之，凡民族能夠征服別人的都是良種。而為別人所征服的都是劣種。良種統治劣種乃是天演的公理。當達爾文發表《原種》之時，英國勢力如日中天，有「太陽永照英國國旗」之語，謂英國領土乃遍布於地球各地也。英國領土比其殖民地小，英國人口比殖民地土民寡。以如斯小國寡民，而欲統治許多殖民地及半殖民地，需要一種理論，一方提高自己民族的自信心，他方打擊殖民地土民的反抗意志。恰好達爾文的學說出世了，最初英國學者，稍後大陸學者均應用優勝劣敗之說，以文飾侵略的合理。例如英人白芝浩 (W. Bagehot, 1826–1877) 在其所著《物理學與政治學》(*Physics and Politics*) 中，說道：「世界上最強的國家可以統治其他國家。在某種觀點上，最強的便是最優的」。「好戰的精神由任何情況觀之，都是可嘉的。面對敵人作不間斷的戰爭，可以磨鍊最良的性格而保存之。這種性格是文明所必需的」。德人特雷茨克 (H. Treitschke, 1834–1896) 在其所著《政治學》(*Die Politik*) 中亦說：「文明較優的民族應當握有統治的大權」，「武力征服或同化政策雖然殘酷，但對人類卻是有益。優秀民族吞併低劣民族，對於人類裨益甚大」。各國均以優秀民族自居，而欲侵略未開發的國家，於是爭相擴張軍備，終而釀成軍國主義的

現象。

　　但是這種形勢卻不能永久維持下去，殖民地的人民本來沒有民族意識，因之他們對於列強的侵略也沒有反抗的意志。案列強奪取殖民地的目的是要以之為市場，是要採購其原料，最後且欲輸出資本，以解決國內資本過剩的危機。然而推銷商品之時，不能不設法增加殖民地人民的購買力。採購原料之時，不能不設法增加殖民地人民的農業生產力；而輸出資本之時，更可以提高殖民地人民的工業生產力。這種情況皆有助於殖民地人民生活的改善。前此，殖民地人民天天受了生活的壓迫，須把全部精力貢獻於物質生產，不能解放一部分的精力致力於精神修養，因此，殖民地人民的知識本來低劣。現在呢？他們的生活改變了，他們的知識提高了。知識既然提高，當然感覺到外國的壓迫，而思有所反抗。於是殖民地人民出來要求民族自決。第一次大戰之後，許多殖民地已經脫離列強而實行自治了，第二次大戰之後，全世界的殖民地均紛紛獨立，而成為主權的國家。

第三節　功利主義學派

　　功利主義 (utilitarianism) 的思想早就有之[4]。其能成為一個體系完整的學說，不能不歸功於邊沁。

　　邊沁 (Jeremy Bentham, 1748–1832)，英國人，學於牛津大學，研究法學，一七八一年任倫敦大學教授，及法國大革命起，曾三次出遊巴黎，察其情狀，經驗愈多。歸國後，潛心著述。其所著書與政治思想有關的為　《政府片論》 (*Fragments on Government*)、《道德及立法之原理》 (*An Introduction to the Principles of Moral and Legislation*) 等。

　　照邊沁說，人生一切行為無非是趨利而避害，換言之，即追求幸福。

凡行為可以增長幸福的，謂之善；可以減障幸福的，謂之惡。行為的取捨乃以幸福為標準，幸福使人快樂，不幸使人苦痛，「什麼是快樂，各人皆知之；什麼是苦痛，各人亦知之，所以什麼是幸福，各人必會知道」。即各人最能認識什麼是自己的幸福，又最能努力追求自己的最大幸福。因此，准許各人追求幸福，各人必由利己心的作用，得到最大的幸福。社會是由個人組成，社會的幸福不外個人幸福的總計，但組成社會的每個人，「均只能作為一人計算，無論誰人均不能算在一人以上」 (every individual is to count as one and no one as more than one)。所以社會的幸福乃是最大多數的最大幸福 (the greatest happiness of the greatest number) [5]。不問個人，也不問政府，凡行為可以增加最大多數的最大幸福的，均合於功利主義的原則，這是邊沁的結論。

　　這個思想應用於政制方面，則為民主主義。蓋依功利主義，人類都是利己的，只唯自己利益是視。其判斷政治問題，常以自己的利害為標準。換句話說，各人對於政治問題如何判斷，其實只是各人要求這個問題如何解決，而後才有利於自己。所以什麼是多數人的幸福，似非由一切利害關係人決定不可；而作成公意之際，亦須令一切人參加。這樣，一種政策多數人認為妥善者，必定有利於多數人；既然有利於多數人，則實行之後，當然可以達到「最大多數的幸福」的目的。

　　邊沁的思想應用於政策方面，又表現為自由放任主義。照他說，政府是有害的，用權力以拘束人類的自由，對於被拘束的人必給與以苦痛。給與苦痛，依功利主義之說，是有害的，所以政府行使權力只可限於能夠除去大害之時，即宜限於最小範圍之內。何謂最小範圍？邊沁以為權力的行使當出於保障個人活動的自由及私有財產的安定，除此之外，國家不宜行使權力。「企業家所要求於政府的，猶如戴奧澤尼士 (Diogenes)

對於亞歷山大大王所說：『退去，勿遮蔽我的日光 (stand out of my sunshine)』一樣，並不苛求，而且合理。他們不希望政府給予恩澤，只希望政府給予安全而又開放的路」。

　　邊沁知道貨財的效用有遞減的法則，所以他說：「富的分配愈平等，則社會幸福的分量愈大」。既是這樣，邊沁的思想應趨向於社會主義。但他又謂「分配的平等與財產的安定發生衝突，政府應放棄平等，而維持安定」。這是邊沁思想的矛盾。既謂分配平等可以得到最大幸福，而談到政策，忽然提出財產安定的原理。財產安定就是維持私有財產制度。現今經濟學說已經主張限制私有財產，並干涉個人的經濟活動，使私人資本不致妨害國民生計。然在邊沁時代，社會經濟尚未充分發達，所以邊沁把安定放在平等之上。

　　繼邊沁之後主張功利主義的為彌爾父子，老彌爾 (James Mill, 1773–1834)，英國人，卒業於愛丁堡大學，研究史學、哲學、經濟學，一八一九年入東印度公司任要職。他與邊沁交誼甚厚，著有《經濟學原理》、《國際法》、《政府論》等書，其政治思想散見於各書之中。

　　老彌爾以為政治的目的固然是求最大多數的幸福，但要知道什麼是最大多數的幸福，須先知道個人幸福是什麼。個人的幸福不幸福是決定於苦樂，即個人的幸福乃與快樂多而苦痛少的程度相適應。「政府的工作當使快樂增加到最大限度，苦痛減少到最小限度」。惟在政府的工作之中，最重要的乃是提高勞動力的生產量。何以故呢？由自然法則看來，我們欲得幸福，須用貨財；取得貨財，須用勞動力。如果我們所需要的貨財能同空氣一樣，取之無盡，用之不竭，則人和人之間不會發生利害衝突，從而我們也沒有設置政府的必要。按之實際，我們所需要的貨財大部分都是供給有限。所以我們必須增產，增產的方法莫良於勞動生產

物歸於勞動者自己。因為各人均能取得各人勞動的成果，則各人有利可得，自可努力工作。此種言論不是主張勞動全收權麼？老彌爾說到這裡，忽然頓挫，而和邊沁一樣，提出財產安定的問題。他謂各人勞動的成果既歸各人所有，則財產安定實屬必要。財產不能安定，則今日勞動者所得的報酬，明日將會失掉，試問誰肯努力做工？

保護財產安定的責任在於政府，政府有保護的權力，不會濫用權力麼？依功利主義學說，人類都是利己的，在君主國，權力每為君主所利用，而謀君主的利益；在貴族國，權力每為貴族所利用，而謀貴族的利益，所以權力應由全體社會共同掌握。不過全體社會共同管理政府的事，事實上又不可能，因之，政務的執行只可委託於少數人。為預防少數人濫用權力，應設置議會，以作國民全體的代表，藉此監督政府當局。即由老彌爾看來，代議的民主政體是造成良好政府的方法。

但在代議制度之下，如何使議員的利害能和社會全體的利害一致？照老彌爾說，這個問題與選舉制度甚有關係。選舉制度得法，則一切人民的意見和利害可由議會代表之。他主張四十歲的男子都有選舉權；議員的任期應縮短；貴族院應該撤銷。一八三二年以後，英國選舉法累次修改，其受老彌爾思想的影響者甚大。

有了代表民意的議會固然可以監督政府的行政。但國民若不能正確判斷國民的利益是什麼，代議政治不會發生效用。因此，國民有沒有判斷力就成為重要的問題。依老彌爾之意，權力歸在少數人手裡，因為他們的利害與國民的利害不同，勢必引起弊害；權力若屬於國民全體，因為國民缺乏知識，勢又發生弊害。兩者比較一下，在前者必將發生弊政；在後者雖然有時亦可發生弊政，但弊政並不是必然的結果。何以呢？任誰都不會故意陷自己於不利的境遇，所以只要國民能夠判斷自己的利害，

必能認識何者是國民的利益。老彌爾在這種論調之下，遂謂欲設置良好
政府，不可不謀教育的普及。這是他的結論。

小彌爾 (John Stuart Mill, 1806–1873) 為老彌爾之子，十七歲入東印度公
司，屢擢要職。一八四二年出版《論理學大綱》，綜合演繹、歸納二法，
尤其注意歸納法，為他一生不朽的著作。一八六五年當選為眾議院議員，
他於倫理學，私淑邊沁，於經濟學則祖述亞當斯密、馬爾薩斯、李嘉圖
(David Ricardo, 1778–1822) 諸人之說，而完成正統學派的學說。晚年思想稍
帶社會主義色彩。他著作甚多，其與政治思想有關係的為《自由論》(*on
Liberty*)、《功利主義論》 (*Utilitarianism*)、《政治經濟學原理》 (*Principles of
Political Economy*) 等書。

功利主義到了十九世紀中葉以後，學者已經知道放任個人追求利益，
社會全體的幸福未必就能增加。小彌爾乃修正邊沁學說，而謂「功利主
義的道德承認人類可為別人的利益而犧牲自己的利益。但一種犧牲若不
能增加幸福的總量，則為浪費。我要反覆說的，幸福雖是功利主義用之
以作行為善惡的標準，而所謂幸福並不是指行為者自己的幸福，而是指
一切關係人的幸福。自己的幸福若與眾人幸福有密切的關係，而發生衝
突，功利主義應依正義原則，與其謀一己的利益，不如謀大眾的利益。
我們在拿查勒 (Nazareth) 的基督金律中，可以看出功利倫理學的精神，所
謂『以己所欲，施之於人』，所謂『愛汝鄰人如汝自己』，就是功利主義
道德的理想達到完成之域」。信斯言也，功利主義已經不是利己主義，而
是利他主義了。邊沁的功利主義是補充亞當斯密的學說，小彌爾的功利
主義則打開社會主義的前途，所以在思想史上，小彌爾可以視為過渡期
的學者。

依功利主義，社會的幸福不外最大多數的最大幸福。幸福可使人快

樂，故凡最大多數認為快樂的就是幸福。小彌爾以為快樂不但有量之多少，更重要的是質之優劣。質優而量少的快樂比之質劣而量多的快樂，對於社會全體更有利益，而能造成最大幸福。功利主義既然談到快樂之質，而質之優劣常隨各人的主觀而不同，如是則各人主觀所認的快樂，目標未必相同。世上固有許多美德善行使人苦多樂少，甚至犧牲快樂。仁人義士寧殺身以成仁，無求生以害義，為的是什麼呢？他們受到良好教育，能夠明辨是非，固以成仁取義為最大的快樂。於是如何使人明辨是非，小彌爾對此，則主張用教育培養人民有良好品性。至於教育之法，依小彌爾之意，以實行民主政治為最佳。在民主政治，人人有參政的機會，不但可使人人對其自己有利害關係的事能夠深思遠慮，求其最能得到最良的結果；而且由於人人參政，又可增進其智慧及政治道德。即他以「知」在「行」之中，而「行」之中又可培養道德。

　　人民在民主政治之下，有那一種自由？小彌爾固然是和其他功利主義者一樣，主張國家儘量減少干涉個人的自由，而後社會幸福才會增進。但他既謂幸福是指大眾的利益，所以不贊成無限制的放任，而承認國家在必要時，即在個人行為有害於別人之時，可以干涉。他說：「人類生活於社會之中，各人對於別人應遵守一種行為規則。所謂行為規則：第一是彼此利益不相侵害，此種利益或由法律規定，或由法律默認，成為權利。第二是各人為保護社會，須將必要的勞力和犧牲貢獻於社會，社會有強制各人實行這個義務的權。個人的行為雖不積極的侵害別人的權利，倘若消極的不利於別人，縱令此種行為不受法律的制裁，也要受社會的責難。至於個人行為若不侵害別人權益，則法律上及社會上均有完全的自由」。由此可知小彌爾所承認的個人自由，其範圍不如亞當斯密那樣的廣大。

　　小彌爾是過渡期的學者，我們看他對於土地所有權的解釋，更可知道。他謂土地是天然存在的，任誰都不能創造土地，而土地又有獨占的性質。所以土地的價格非由地主努力而高漲之時，國家對這漲價的部分可沒收之（即土地增價稅）。小彌爾主張土地增價稅，一因土地有獨占的性質，二是地價的提高非由地主努力。如是，則任何產業若有獨占的性質，而其資本的增值非由企業家努力的，實可應用土地增價稅的原理，把它放在國家統制之下。資本社會愈發達，每每現出獨占的現象，尤其是經濟先進國，資本與土地性質上並沒有很大區別，故小彌爾的學說推論下去，獨占的資本也應該放在國家統制之下。小彌爾討論土地問題，可以視為資本主義過渡為社會主義的一個轉機。

> **1** 人類行為固然不能謂為皆出於利己心之作用，而出於利己的確實不少。但是我由利己而作行為，別人亦必為利己而作行為，所以我的利己不可妨害別人之利己，亦不可讓別人的利己妨害我之利己。這樣，彼此的利己行為就有各的範圍，不得踰越。這就是古人所謂「各處其宜」。利己是出於自愛。「子路曰仁者使人愛己，子曰可謂士矣。子貢曰仁者愛人，子曰可謂士君子矣。顏淵曰仁者自愛，子曰可謂明君子矣」（引自荀子第二十九篇子道）。揚雄之言更見明顯。他說：「人必自愛也，然後人愛諸……自愛，仁之至也」（法言義疏十八君子篇）。自愛──利己之非罪惡，觀上文即可知之。但須行之有道，孔子說：「己所不欲，勿施於人」（論語注疏卷十五衛靈公）。孟子說：「可欲之謂善」，趙岐注云：「己之可欲，乃使人欲之，是為善人」（孟子注疏卷十四上盡心下）。這是利己主義的限界。「子貢曰我不欲人之加諸我也，吾亦欲無加諸人。子曰賜也，非爾所及也」（論語注疏卷五公冶長）。子貢之言用現代話來說，就是我不讓別人侵害我的權利，我也不願侵害別人的權利。這個主張就是今人所謂「羣己權界」，而如嚴復所說：

「人得自由，而必以他人之自由為界」（嚴譯群己權界論，譯凡例）。

2 吾國古代，政府對於人民經濟生活，多採取干涉政策。禮有「王制」一篇（禮記注疏卷十一至卷十三）。據孔穎達疏，「王制之作蓋在秦漢之制」。卷十三述司寇之職，中有「有圭璧金璋不粥於市，命服命車不粥於市，宗廟之器不粥於市，犧牲不粥於市，戎器不粥於市。用器不中度，不粥於市。兵車不中度，不粥於市。布帛精粗不中數、廣狹不中量，不粥於市。姦色亂正色，不粥於市。錦文珠玉成器，不粥於市。衣服飲食不粥於市。木不中伐，不粥於市。禽獸魚鱉不中殺，不粥於市」。此種市場統制的目的或防民僭偽，或禁止奢靡，或出於社會治安，或求器用合於國定標準，或求天然產品能夠蕃息滋育，足供人民養生之用。周禮一書不知誰人所作，或云「作於周初」，或云劉歆「贗託周公為此書」（周禮序）。其中關於統制經濟方面，如云：「凡宅不毛者（謂不樹桑麻也）有里布。凡田不耕者出屋粟。凡民無職事者出夫家之征」（周禮卷十三載師）。「凡庶民不畜者祭無牲，不耕者祭無盛（盛，黍稷也），不樹者無椁，不蠶者不帛，不績者不衰（不衰謂喪不得衣衰也）」（周禮卷十三閭師）。案吾國自古以農立國，土地為唯一的生產工具，故歷代政府對於土地的分配極甚注重。周行井田，秦廢之，於是土地遂得買賣。漢興，循而未改，而均造成富者田連阡陌，貧民無立錐之地的現象。武帝時，董仲舒已經提限田，哀帝時丞相孔光等曾擬了一個限田草案，而均無法實行。三國大亂，土業無主，多給政府沒收。政府為增加稅收起見，就將公田分配給人民耕種。在魏曰屯田（民屯），在晉曰占田，在北朝及隋唐曰均田。凡人口過少，政府常用分配方法，強迫人民耕種，而收其賦稅。人口增加，分配方法又復破壞，聽民自由買賣。參閱拙著中國社會政治史第一冊三民版三〇頁以下，五八頁以下，二一三頁以下，第二冊三民版七五頁以下，二一八頁以下，二八三頁以下，第三冊三民版二〇頁以下，一二九頁以下。

3 吾國古代學者均不欲人民有大富或大貧。前已引過孔子之言：「貧斯

約，富斯驕」云云（禮記卷五十一坊記），又已引過董仲舒之言：「大富則驕，大貧則憂」云云（春秋繁露第二十七篇度制）。法家的管子亦云：「甚富不可使，甚貧不知恥」（管子第三十五篇侈靡）。又云：「夫民富則不可以祿使也，貧則不可以刑威也。法令之不行，萬民之不治，貧富之不齊也」（管子第七十三篇國蓄）。孔子曾言：「不患寡而患不均」，今人多就此七字，以為孔子主張均富。其實孔子此言乃接在季氏將伐顓臾，冉有、季路為之辯護之下。所以孔安國之注、邢昺之疏均謂「諸侯卿大夫不患土地人民之寡少，但患政理之不均平」（論語注疏卷十六季氏），將「均」字解釋為「政理之均平」，未必有錯。「子貢曰如有博施於民，而能濟眾，何如，可謂仁乎？子曰何事於仁，必也聖乎，堯舜其猶病諸」（論語注疏卷六雍也）。即孔子以為民有貧富之別，乃社會上必然的現象。廣施恩惠於民，而能賑濟眾民於患難，此當看國家的財政如何。國家財政依靠於國有財產，若有餘力，當然可充為賑濟眾民之用。國家財政若依靠於人民所納的賦稅，則是奪一部分人民的財產，以救濟另一部分人民的貧苦。此所謂慷他人之慨，非有奇蹟出現，聖如堯舜，亦有不能。韓非說：「今夫與人相若也（猶曰均是人也），無豐年旁入之利，而獨以完給者，非力則儉也。與人相若也，無饑饉疾疚禍罪之殃，獨以貧窮者非侈則惰也。侈而惰者貧，而力而儉者富，今上徵斂於富人，以布施於貧家，是奪力儉而與侈惰也。而欲索民之疾作而節用，不可得也」（韓非子第五十篇顯學）。桑弘羊說：「共其地居是世也，非有災害疾疫，獨以貧窮非惰則奢也。無奇業傍入，而猶以富給，非儉則力也。今日施惠悅爾，行刑不樂，則是閔無行之人，而養惰奢之民也。故妄予不為患，惠惡者不為仁」（鹽鐵論第三十五篇授時）。此言，可為余之解釋作一註腳。蓋如王船山所說：「人則未有不自謀其生者也。上之謀之，不如其自謀。上為謀之，且弛其自謀之心，而後生計愈蹙」（讀通鑑論卷十九隋文帝）。船山之言與功利主義者的主張如合符節。

4 孔子說：「君子喻於義，小人喻於利」（論語注疏卷四里仁）。自是而

後，就有義利之辨。董仲舒說：「正其誼不謀其利，明其道不計其功」
（漢書卷五十六董仲舒傳，春秋繁露第三十二篇「對膠西王越大夫不
得為仁」，作「正其道不謀其利，修其理不急其功」）。功利二字從此
出矣。董氏說：「天之生人也，使之生義與利，利以養其體，義以養
其心。心不得義不能樂，體不得利不能安。義者心之養也，利者體之
養也。體莫貴於心，故養莫重於義。義之養生人，大於利矣」（春秋
繁露第三十一篇身之養重於義）。董氏此種思想，再加上孟子對梁惠
王所說：「王何必曰利，亦有仁義而已矣」（孟子注疏卷一上梁惠王
上），對於後世學者影響甚大。只唯北宋時，李覯曾說：「利可言乎，
曰人非利不生，曷為不可言。欲可言乎，曰欲者人之情，曷為不可
言。言而不以禮，是貪與淫罪矣。不貪不淫，而曰不可言，無乃賊人
之生，反人之情。世俗之不喜儒，以此。孟子謂何必曰利，激也，焉
有仁義而不利者乎」（李直講文集卷二十九原文）。蘇洵亦說：「利之
所在，天下趨之」（嘉祐集卷九上皇帝書），所以徒義必不能以動人。
「武王以天命誅獨夫紂，揭大義而行，夫何卹天下之人，而其發粟散
財何如此之汲汲也。意者，雖武王亦不能以徒義加天下也……君子之
恥言利，亦恥言夫徒利而已……故君子欲行之（義），必即於利；即
於利，則其為力也易，戾於利，則其為力也艱。利在則義存，利亡則
義喪……必也天下無小人，而後吾之徒義始行矣。嗚呼難哉」（同上
卷八利者義之和論）。

5 「最大多數的最大幸福」這個觀念事實上絕不可能。因為享受幸福的
人固然人數多，但他們享受幸福的總量有時反比少數人享受幸福的總
量少。例如：

幸福 4×人員 15＝幸福總量 60

幸福 8×人員 10＝幸福總量 80

在上舉兩例，若用最大多數為標準，應採前者；若用最大幸福為標
準，應採後者。因此，邊沁後來就放棄「最大幸福」，而只以「最大
多數」為標準。

本章參考書

G. H. Sabine, *History of Political Theory*, New York, 1937.

W. A. Dunning, *A History of Political Theories from Rousseau to Spencer*, New York, 1926.

F. W. Coker, *Readings in Political Philosophy*, rev. ed., New York, 1938.

H. J. Laski, *Political Thought in England from Locke to Bentham*, London, 1920.

W. Davidson, *Political Thought in England: The Utilitarians from Bentham to J. S. Mill*, New York, 1916.

D. G. Ritchie, *Darwin and Hegel with other Philosophical Studies*, London, 1893.

H. Cunow, *Die Marxsche Geschichts-Gesellschafts und Staatstheorie*, I Bd. 4 Aufl., 1923.

河上肇：資本主義經濟學之史的發展。

第五章　絕對主義的國家學說

第一節　絕對主義國家論的發生

第一項　德國政治思想的變遷——烏爾夫、康德、斐希德

　　工業革命最先發生於英國，其次發生於法國。德國遲至一八五〇年才開始第一工業革命（紡織工業），一八七〇年才開始第二工業革命（鋼鐵工業）。這個時代英、法兩國，尤其英國已經控制了全世界的市場，德國要想振興其工業，不能不抵抗英國商品的壓迫。故當英國曼徹斯特學派 (Manchester school) 大倡自由貿易，例如伯萊特 (John Bright, 1811–1889) 說：「通商自由是實現國際親善的一種法術」；哥布登 (Richard Cobden, 1804–1868) 說：「自由貿易是製造國際和平的最良方法」。而德國卻產生了李斯特 (F. List, 1789–1846) 的學說，主張保護政策，而反對自由貿易。德國依此學說，工業便迅速的發達起來。德國工業的發達非依自由放任，而依國家的保護，所以德國資本主義不是自然的生長出來，而是因為受到英、法工業的壓迫，要想抵抗其壓迫，不能不改變經濟政策，乃用人為之力，助其長成。德國的資本主義自始就與國家有密切的關係，所以德國學者多少都帶有國家主義的思想。

　　現在試問德國在國家主義尚未發生以前，其政治上指導原理是那一種學說？我們知道：近代初期英國有重商主義 (Mercantilism)，法國有科爾貝主義 (Colbertism)，普魯士也有官房學派 (Cameralism)，此三者均造成君主集權，而在普國更發生了開明專制 (enlightened despotism)。開明專制是「凡事謀人民的利益，凡事不由人民自己決定」(Alles für das Volk, Nichts durch das Volk)。換言之，國家的目的在謀人民的福利，即以福利主義

(eudaemonism) 為國家行政的指導原理，個人於公共福利所要求的範圍內，應拘束自己的自由。主張這個學說的有烏爾夫 (C. Wolff, 1679–1754) 等。但什麼是人民的福利，並無一定界說，乃隨各人之主觀的見解而不同。於是政府遂藉口於公共福利，干涉人民的生活，而警察 (Polizei) 則為重要的手段。即政府為增加人民的福利，得用警察命令，對於人民的私生活，由生產而至消費，積極的加以干涉。舉例言之，要增加糧食之生產也，怎樣耕種田畝，怎樣使用土地，如何開墾，如何播種，如何收穫，如何販賣，無不以命令定之，且又禁止人民將田畝改種葡萄，將五穀釀為旨酒。恐風俗之趨於放僻也，又限制人民販賣咖啡，以防止女性受到不良的刺激。恐生活之流於奢侈也，復於「奢侈警察」(Luxuspolizei) 的名義之下，限制人民所穿衣服的材料，所戴寶石的粒數，所坐乘輿的形式，所食物品的種類；甚至於音樂戲劇之內容如何，胥隸之制服如何，都由國家以法令定之。不管工商與農業，不管價格與工資，不管學徒制度與生產技術，政府均得加以統制。因為政府利用警察之力以實現國家的目的，故稱為警察國 (Polizeistaat)，又因為目的在謀人民的福利，故又稱為福利國 (Wohlfahrtsstaat)。

到了十八世紀後半期，法國發生民主革命，英國又發生自由放任思想，德國學者受到影響，放棄從前警察國的主張，而代以法治國 (Rechtsstaat) 的思想，此種言論可舉康德 (I. Kant, 1724–1804) 為代表。他贊成孟德斯鳩的三權分立，又依盧梭的學說，主張人類生來就是自由平等。康德以為「最良的政府不是受人統治，而是受法統治」。國家只是人民於法律之下結合的團體；法律沒有別的效用，而只保障社會的治安。國家要限制個人自由，只可限於治安所必要的範圍內。至於「增進人民福利」這個觀念必須放棄。在此思想之下，國家的活動當然要減少到最小限度；

甚至有些學者竟謂國家的任務，只可於夜間派遣警員，巡視市街，代人看守門戶，所以後人又號當時法治國為夜間巡查國 (Nachtwächterstaat)。康德的主張並不如斯偏激，他謂法律固然是他律的，不若道德之為自律。法律只問行為之外部結果，不問行為之內部動機。但法律至少也須配合當時的道德觀念。人類均有理性，人類的理性乃漸次成熟；成熟到完全之域，必能從心所欲不逾矩。此時人類所制定的法律亦必合於理性的要求。人類服從法律，本來只是政治上的義務，法律既與理性——道德一致，則服從法律等於順理性而遵守道德。人類理性愈發達，則自律愈強；自律愈強，則意志愈自由。於是自由亦合於理性而與道德一致，因此，服從法律就是出於各人的自由意志而為自律了。

在康德時代，德國各邦分立，尚未統一。統一乃德國人民的共同希望，而最有統一德國的資格的則為普魯士。普魯士自斐特烈第一 (Friedrich I, 1713–1740) 以後，尤其在斐特烈第二（亦稱為斐特烈大王，在位年間 1740–1786）時代，勵精圖治，就世界潮流說，民主思想已經澎湃，就德國國情說，布丹的君主主權論還有效用。所以康德雖然受到盧梭的影響，而又說道：「君主對於人民只有權利而無義務。政府的行為縱有反於法律，人民亦只可發表不平之言。絕對不能反抗」。倘若人民「因為君主濫用權力，而攻擊君主或加害君主，更是大逆不道。此種大逆不道的人可使國家滅亡，應該處以死刑」。

康德之後，斐希德 (J. G. Fichte, 1762–1814) 的思想更接近於國家主義。他謂個人的財產若無國家保護，必有喪失之虞。個人沒有國家，必不能生存於世上。一八〇〇年他發表 《閉關商業國》 (*Der geschlossene Handelstaat*)，以為一個國家不但政治上，即在經濟上，也應獨立自主。國家可禁止個人從事對外貿易，若有必要，亦應由國家為之。為達到這

個目的，國家於地理上須有天然的疆界。一個民族在這天然的疆界之內，經濟上須能自給自足，無所求於外國，也不許外國對我有所侵蝕。此種思想實開李斯特的保護政策之端。一八〇六年普魯士受了拿破崙的蹂躪，斐希德發表《告德意志國民書》(Reden an die deutsche Nation)，其國家主義的色彩更見顯明。照他說，目前德意志最需要的是統一，即須建立一個統一的民族國家。我們不唱高調，我們在愛人類以前，應先愛自己的民族，應先愛自己的國家。若比較民族與國家二者孰貴，我認為民族的地位應在國家之上。民族不可因分裂而滅亡，國家卻應為民族而犧牲。德意志民族有共同的語文，又有共同的性格，本應組織一個國家。其所以分裂為許多小邦，乃是因為各邦首長只有鄉土觀念，而缺乏民族觀念。德意志民族乃世上最優秀的民族，德意志語文最能保存日耳曼民族的性格。我們應愛護我們的國語（這就是一八七五年左右溫沙伊特 (B. Windscheid, 1817–1892) 發動國語淨化 (Sprachreinigung) 的來源），我們應統一我們民族的精神。一個民族必有其民族精神，此種民族精神發揚光大之後，就成為民族文化。一個民族若喪失其民族精神，則其民族文化必見衰萎，終而民族本身亦至滅亡。故凡欲謀民族之發展者，必須發揚民族精神，以求民族文化之進步。但是民族精神惟在國家的統制之下，才會統一；民族文化亦惟在國家的指導之下，才會進步。所謂民族精神就是民族的道德觀念。而實現民族的道德觀念者則有恃於國家。斐希德重視民族文化，故其所主張的國家後人稱之為文化國 (Kulturstaat)。

第二項　黑格爾的政治思想——附：有機體說、國家法人說

黑格爾 (G. W. F. Hegel, 1770–1831) 以前，學者多不知國家與社會的區別，以為國家只是社會的變相，即社會發達到一定程度以後，就變成國

家。黑格爾知道國家與社會乃是兩種不同的結構，國家不是社會，也不
是社會發達到一定程度時變化而成的形相。

　　不消說，社會是由人類結合而成，但黑格爾不以個人為出發點，而
以家族為出發點。黑格爾所謂家族是指一夫一婦的小家庭，由如斯家族
分化其他家族，或一個家族和別一個家族發生關係，那就成為社會。人
類都有慾望，人類的慾望無限，以一人之力，絕不能製造百物，以滿足
自己的慾望，所以構成社會的人有分工的必要。有了分工，各人就有聯
帶關係。大家尊重這個關係乃是各人的義務。積時既久，這個義務便成
為社會規範。然而同時又由分工，各人的財產 (Vermögen) 和技能
(Geschicklichkeit) 就不能平等，而發生階級 (Stände) 的區別，所以社會乃是
人們為了私利而互相鬥爭的場所 (Kampfplatz des individuellen Privatinteresses
aller gegen alle)。

　　國家與社會不同，國家是由人類同意而組成。但是只有同意，尚未
可也；其同意須出於合理的意志 (vernünftige Wille)。所謂合理就是合於理
性，即合於倫理觀念 (rittliche Idee)，所以國家的組成乃所以實現倫理觀
念。照黑格爾說，倫理是指道德與法律合一之謂。在家庭，孝順 (Pietät)
為貴，法律的作用少，而道德的作用多，用黑格爾的辯證法來說，可稱
之為正。在社會，惟私利是視，法律的作用多，而道德的作用少，用黑
格爾的辯證法來說，可稱之為反。惟在國家，一方使各人能夠實踐其道
德生活；同時由於法律，又使各人的道德生活能與共同利益一致。即道
德與法律合一而實現，用黑格爾的辯證法來說，可稱之為合。所以國家
乃是最高倫理的實現。此種國家主義，學者稱之為絕對的國家論
(absolute theory of state)。

　　國家是最高倫理的實現，而為一個發展到盡美盡善的人。它有真實

的人格，又有真實的意志，復有真實的目的。因為國家有真實的人格，所以各人惟有做國家之一分子，才得完成其人格。因為國家有真實的意志，所以國家的命令無不合理，各人必須絕對服從。因為國家有真實的目的，所以各人的目的若和國家的目的衝突，各人必須捐棄自己的目的，而去擁護國家的目的。各人是構成國家這個全體的部分，國家是以各人為其構成部分的全體。凡人能夠揚棄全體與部分的矛盾，把部分融化於全體之中，那便是揚棄小我以與大我同化，這樣，便達到了絕對自由的境地。

　　國家是一個人格者，它有自己的目的，能做自己獨立的行為，對內有最高性，對外有自主性，即「除了自己意志之外，絕對不受任何拘束」。而「個人的道德亦不能適用於國家間的關係」。黑格爾由這前提，其主張遂變成極端的國家主義。照他說，國際條約只有暫時的效力，環境變更，條約無妨廢棄。戰爭可以保存國家的生命，而為國家不可避免的行動。戰爭不是毫無效用，永久的和平常引起國內的腐化，勝利的戰爭能壓服國內的擾亂，而伸張國家的權力。一個勇敢善戰而肯為國家犧牲的公民是國家所宜寵愛的。即黑格爾由其國家主義又趨向於軍國主義。

　　不過我們必須知道，以上黑格爾所述的國家不是指現實國家，而是指觀念上的國家。這個觀念上的國家與現實國家不能一致，黑格爾是知道的。所以他說：「觀察國家之時，不可把特殊的國家及特殊的制度放在念頭之上。而須考察國家的理想及其精神」。歷史上的國家均立腳於階級糾紛之上。雖然如此，黑格爾並不視為矛盾，蓋據黑格爾之意，歷史上的國家與觀念上的國家所以不同，乃是因為前者尚「未完成」(unvollendet, unausgebildete)，而為「不完全」(unvollkommene) 的國家，即國家尚未實現其本質。總之，黑格爾非以現實國家為出發點，乃以「完成」

的國家為出發點。因此之故，黑格爾雖知國家與社會不同，而乃不能明白認識國家與社會的真正區別。蓋在當時社會學尚未發達，黑格爾又缺乏人類學的知識。縱是這樣，黑格爾將國家與社會分開，在政治思想史之上不能不說是一個進步。

黑格爾對於國家賦與以一種人格，這個觀念對於德國學者影響甚大。我們不要提新黑格爾學派例如 A. Lasson, J. Kohler, J. Binder ， 就是有機體說，法人說亦以國家有獨立的人格為其立論的基礎，茲試附帶簡單述之。

先就有機體說 (Organic theory) 言之。同是有機體說，英國學者斯賓塞 (H. Spencer, 1820–1903) 是壓低國家的地位，並不承認國家有獨立的人格。他一方以國家為社會的機關，同時又以社會為一種有機體。社會與有機體相似者有五點：第一、兩者依時間之經過，都能夠繼續生長發達。第二、其生長發達均由於器官的分化。第三、各種器官均有分工，而有互相依賴的關係。第四、全體的生命以細胞的生命為基礎。第五、不是剝奪細胞的生命，不能剝奪全體的生命；但細胞的生命雖然滅亡，而全體的生命尚可由新細胞的補充，而繼續生存。社會既為一種有機體，而國家則為社會在進化過程之中，為要達成一種特殊目的而發生的器官。社會的器官可分類為三種系統：一是資養系統 (sustaining system)，在資養系統之下，社會的產業組織可與個人的營養系統 (alimentary system) 比擬。二是分配系統 (distributing system)，在分配系統之下，社會的運輸組織可與個人的循環系統 (vascular, circulatory system) 比擬 。 三是統制系統 (regulatory system) ， 在統制系統之下 ， 社會的政治組織可與個人的神經系統 (nervomotor system) 比擬 。 而在政治組織之中，立法議會又無異於人的大腦，即議會與大腦的作用均在於接受報告，發布命令，交給別的器官去執行。總之，斯賓塞以社會比擬為有機體，而認國家為社會的器官，故

其學說稱為社會有機體說 (social organism)。

　　一派以布倫茲利 (J. K. Bluntschli, 1808–1881) 為代表。照他說，國家有生命，而為一種有機體。國家為人類所創造，固然不是自然的有機體，但其有機的現象則以自然的有機體為模範。第一、一切有機體都是靈魂 (Seele) 與肉體 (Leib) 的結合，國家也是國家精神 (Staatsgeist) 與國家軀幹 (Staatskorper)，即國家意志 (Staatswille) 與國家機關 (Staatsorgane) 的結合。第二、一切有機體都是集合部分而成全體，每個部分均有其特殊的本能 (Trieb) 和能力 (Fähigkeit)，以滿足全體的需要。國家也有各種機關，而各種機關也有其自己的機能 (Funktion)，以滿足國家的需要。第三、一切有機體都能夠自內發展，而向外生長，國家也能夠發展和生長，而可分為幼年與老年時代。不過國家的發展非由於自然法則，乃由於人民的努力而已。總之，布倫茲利以國家比擬為生物，故其學說稱為生物有機體說 (biological organism)。

　　另一派以基爾刻 (O. F. von Gierke, 1841–1921) 為代表，照他說，凡人都有兩重資格，一是個人的資格，二是團體分子的資格。人類不能離開同類團體而生存。各人固然都是 an individual entity，但是同時又是 a part of a group entity。即在個別精神 (individual-spirit)、個別意欲 (individual-will)、個別感覺 (individual-consciousness) 之上尚有普遍精神 (common spirit)、普遍意欲 (common-will)、普遍感覺 (common-consciousness)。各人必須拋棄一部分的個體 (individuality)，把它融化於一個新的、獨立的全體 (a new and independent whole) 之中。這種團體關係不斷的影響於人類的意志之上，使各人決定意志之時，不能不顧慮別人的意志，而欲有所限制。這個受了別人意志限制而決定的意志常構成為一般意志 (general will) 的部分。國內各種團體皆有一般意志，但國家的意志乃是最高的一般意志 (sovereign general will)，沒有一個更高的意志能夠限制國家。國家乃最高的權力團體 (the highest Machtverband)，利用權力，以實行一般意志。它是 a human social organism with a unifed collective life (einheitlichen Gesammtleben) distinct from the life of its members，所以國家可視為高度發達的有機體。基爾刻以人類的意思作用說明國家之為有機體，故世人稱其學說為心理有機體說 (psychical organism) **1**。

　　次就國家法人說 (juristische Persönlichkeitstheorie) 言之，此派學者可舉拉班德 (P. Laband, 1838–1919) 及耶林內克 (G. Jellinek, 1851–1911) 為代表。他們是用法學上的「法人」(Juristische Person) 觀念，來說明國家的本質。按法律上所認的人格乃限於權利主體，權利主體有自己獨立的目的，又有自己獨立的意思。法律不但對於個人，即對於團體，也常承認其人格，而認為權利主體。換句話說，法律不認其為權利主體，形式雖是人，在法律上也沒有人格，法律承認其為權利主體，形式雖非人，在法律上也有人格。所以法律上的人格除自然人之外，尚有團體，而團體之有人格者稱為法人。固然團體的意思必須假藉於自然人的腦髓，但是該自然人之發表意思，不是欲達成個人自己的目的，乃是欲達成團體的目的。所以該意思雖為個人腦髓的作用，而在法律上，則須視為團體的意思。換句話說，團體雖然沒有腦髓，但是團體若有獨立的目的，而為了達到目的，又有自然人代其發表意思，則該意思可認為該團體的意思，該團體可視為該意思的主體，所以法律就承認該團體有人格。任何國家都有自己獨立的目的，而又有實行目的的意思，更有許多機關代表國家發表意思，所以國家也可以成為權利主體，而為一種法人。至於國家須以何人的意思為自己的意思，必須國法預先規定。只惟國法所規定的人，對其所規定的事項，從其所規定的程序，發表意思之時，才可以視為國家的

意思，所以國家的意思是從國法規定而發生的[2]。

第三項　英國的絕對主義國家論——鮑桑葵的政治思想

　　列強受了德國的保護政策及絕對主義國家論的影響，無不擴充軍備，爭奪海外殖民地，卒至現出軍國主義的局勢。此種國際形勢對於英國打擊最大，前此英國商品能夠控制世界市場，現在只有效法德國，於是曼徹斯特的自由放任主義失去勢力，代之而興的則為格林 (T. H. Green, 1836–1882)、布拉德雷 (F. Bradley, 1846–1924) 及鮑桑葵 (B. Bosanquet, 1848–1923) 的學說。其中鮑桑葵的思想最與黑格爾接近，故特簡單述之。

　　鮑桑葵著有《國家的哲理》(The Philosophical Theory of State)。他的思想由「自由」的觀念出發，照他說，社會是由無數的個人集合而成，每個人都是 self-complete, self-satisfied, and self-willed，互相對立，除其自己之外，全是別人。別人雖有似於自己，而又與自己不同。他們的意志活動常有互相妨害的可能。自由本來是指不受拘束之意，所以自己與他人的自由往往互相排斥，即自我的自由必須損害他我的自由，而後纔能成立。由此可知加在各人身上的統治實可妨害各人的自由，法律及統治都是他我壓迫自我。自我與統治既不相容，則所謂自治亦難存在，社會制度縱是民主，而自治總不出於他我拘束自我。要令自治發揮其真正意義，必須統治主體的國家與統治客體的個人屬於同一自我而後可。

　　然則如何而使統治主體的自我能夠和統治客體的自我一致？關此，鮑桑葵則用盧梭的「公意」(volonte generale) 以說明之。照他說，人類的意志可分兩種，一是現實意志 (actual will)，二是純正意志 (real will)。前者是指人類每時每刻所懷抱的意志，後者是指人類以真正利益為目的的意志。比方性慾是各人皆有的，但性慾的意志不能永久維持，一經滿足，

即歸消滅。性慾的意志若加改良，使其變為家庭的愛情，則可用之以追求全家的幸福。性慾只可視為現實意志，家庭的愛情則為純正意志。

　　純正意志又可稱為公意 (general will)。何以故呢？我們都有一種向善的意志，這個「善」不是指對自己的善，而是指對萬人的善，而可稱為共同善。這個共同善的意志乃超越於個人之上，而欲恩施全體，所以就是公意。公意所以成為共同的，乃是因為其以共同善為目的，即以共同利益為目的。所以每人的純正意志若與公意一致，則個人的自我當與國家的自我一致。詳言之，純正意志是以個人幸福為對象的個人意志，公意是以社會幸福為對象的國家意志。此兩種意志若能一致，則個人的自我必與國家的自我相同。案個人的自我乃是每個瞬間的自我的統一，國家則為個人自我的統一。前者的統一由於自己的善，國家的統一由於共同善。瞬間的自我都有向善之心，因為有了向善之心，而後才形成個人的統一。換言之，每個瞬間的自我是特殊的，而善則為其普遍。同樣，整個個人的自我亦有向善之心，因為其所向的善不是一己之善，而是共同善，所以又形成為國家的統一。換言之，個人的善是特殊的，而共同善則為其普遍。這個善依鮑桑葵之意，乃是自我的本質，所以國家不是無數獨立的自我所集成，而是普遍的自我之表現。因此，自我與國家在某種意義上常能一致，吾人服從國家的命令實即服從自我的命令。

　　鮑桑葵更進一步，用心理學的方法說明純正意志與國家意志之一致。照他說，任何觀念都是發生於心理作用。觀念的結合可分兩種：一是聯想 (association)，二是組織 (organization)，前者無編制、無系統；後者有編制、有系統。由青色想到樹葉，由樹葉想到山岳，屬於前者；若以植物進化為中心，加以說明，則屬後者。同樣，社會的結合亦可分為聯想及組織兩種，前者沒有特定的目的，加以編制，群眾就是其例；後者依特

定的目的，而有一定的編制，團體就是其例。心內之組織的觀念稱為統覺的觀念群，社會的組織體稱為特殊的組織團體。社會有無數特殊的組織團體，心內亦有無數統覺的觀念群。心內之統覺的觀念群常由一定觀點，加以統一和組織；同樣，社會之特殊的組織團體也可由一定觀點，把它統一起來並組織起來。所以統覺的觀念群乃是心內之特殊的組織團體，社會之特殊的組織團體亦可稱為心內之統覺的觀念群。人類的心理常將無數統覺的觀念群聯繫起來，組織為一個有系統的統一體；同樣，國家亦常將無數特殊的組織團體結合起來，組織為一個有系統的統一體。因此，人心是無數特殊的組織體之統一的組織，國家是無數統覺的觀念群之統一的組織。換言之，縮小國家則變為個人的心；擴大個人的心則變為國家。是故國家乃是個人的擴大，而可稱為大我。個人的心若未發揮其本質，則常偏於一隅；國家則為人心發揮其本質時表現出來的妙境。所以國家又是個人的純正意志的表現，從而個人若揚棄現實意志，而發揮純正意志，則這個純正意志必是國家的公意。

　　鮑桑葵既以國家為大我的表現，所以他又主張：國家有自己的目的，有自己的意志，人民擁護國家的目的，服從國家的意志，那就是自己服從自己的純正意志，不但道德可以進步，並且自由亦得實現。自由不是放縱，放縱狀似自由，其實不是「真我」的自由；欲得「真我」的自由，必須抑制放縱，即須抑制現實意志而表現純正意志。純正意志能夠表現，「真我」才有自由。茲應知道的，純正意志就是國家意志，所以服從國家意志，乃是實現自由的方法。

本節參考書

G. H. Sabine, *A History of Political Theory*, 3 ed., New York, 1937.

W. A. Dunning, *A History of Political Theories from Rousseau to Spencer*, New York, 1926.

F. W. Coker, *Recent Political Thought*, New York, 1934.

Ditto, *Organismic Theories of the State*, New York, 1910.

F. J. C. Hearnshaw, *The Social and Political Ideas of Some Representative Thinkers of the Age of Reaction and Reconstruction*, London, 1932.

H. Cunow, *Die Marxche Geschichts-Gesellschafts und Staatstheorie*, I Bd. 4 Aufl., 1923.

第二節　絕對主義國家論的衰落

絕對主義國家論以國家為超越於社會之上，即超越於一切人民之上，而為一個盡美盡善的人。它有自己的人格，它有自己的目的，它有自己的意思。而自科學昌明之後，任誰都會知道國家只是人民組成的團體。團體與個人不同，個人有自己的器官，可用自己的器官，將自己的意思表現於外部，團體沒有器官，必須經過自然人的代言，而後才會認識團體的意思是什麼。國家是團體，因此，也須有代言人的必要，誰是代言人，誰便可決定國家的意思。若據事實所示，這個代言人常是該時代、該社會的統治階級。既是這樣，則絕對主義國家論就有問題，勢非沒落不可。代之而起的有兩種學說。一是武力說，二是多元論。茲試分別述之。

第一項　武力說

武力說 (the force theory) 以國家為武力造成的團體，首創之者則為希臘的詭辯派。他們以為國家只是強者壓迫弱者的工具，有時弱者也能夠團結起來，組織國家，以抵抗強者的壓迫。不管怎樣，國家的基礎總是放在武力之上。然自 Academic 學派之倫理的國家論與 Scholastic 學派之宗教的國家論發生之後，武力說就一蹶不振。十四世紀雖有一位阿拉伯學者定居於西班牙，叫做 Ibn Khaldun(1332–1406) 的，以征服為國家發生的原因。但此種論調對於歐洲學界，並沒有什麼影響。十八世紀之後，學者主張武力說的漸次增加。前已述過休謨已經以武力為國家產生的原因，且又以武力為統治的基礎了。自是而後，武力說日益發達，終而有階級鬥爭及種族鬥爭兩個學說，其要點如次。

第一目　階級鬥爭說

階級鬥爭說並不是首創於馬克思，正統學派亞當斯密早有這個思想。亞當斯密的經濟學說雖和馬克思相反，而關於國家起源的學說卻與馬克思同出一轍。亞當斯密說：「在私有財產尚未發生以前，沒有國家，也沒有政治。政治的目的在於保護財產，即對於貧民而保護富豪。如在牧畜時代，某人有五百匹的羊，別人沒有一羊，則前者非有政府保護，絕對不能保存其羊。財產不平等可以發生貧富的差別，而造成富豪控制貧民的關係。因為富豪既有財產，自可利用財產，糾合徒附，把野生的走獸橫領為私有物。這個時候貧民勢必不能再用狩獵的方法，維持生活。所以只有投靠富豪，代其工作，以取得生活資料。富豪對於貧民既有控制的權力，而為預防貧民的叛變，就覺得有設置政府，藉以維持秩序的必

要。這樣，就成立了國家」。此種學說與馬克思的見解似無什麼區別。不過沒有像馬克思那樣，明顯的說出階級鬥爭而已。

馬克思 (K. Marx, 1818–1888) 及其友人恩格斯 (F. Engels, 1820–1895) 以為一切國家均由階級鬥爭而發生，即社會進步到一定程度之後，由於經濟的發達，而發生了剝削和被剝削兩個階級，做出各種明爭暗鬥。這種階級鬥爭若不設法阻止，則社會必由混亂而至崩潰。到了社會崩潰的時候，剝削階級就不能剝削別人。所以剝削階級要永久維持自己的地位，須用武力維持社會秩序，而壓制被剝削階級的反抗。應此必要而產生的則為國家。國家既已成立，剝削階級就成為統治階級，被剝削階級就成為被統治階級，所以國家乃是階級支配的工具。古代國家為奴主壓制奴隸的國家，中世國家為領主壓制農奴的國家，現在國家為資本家壓制勞動者的國家。

資本主義愈發達，最顯明的現象是資本的集中，中產階級的沒落，終至社會只存留極少數的資產階級及絕大多數的無產階級。兩個階級利害衝突，莫能制止，弄到結果，便爆發為社會革命。德國的考茨基 (K. J. Kautsky) 與俄國的列寧 (N. Lenine) 均是馬克思主義的信徒，而關於社會革命，意見並不一致。考茨基以為社會革命乃發生於資本主義發達到不能再發達的國家，只要資本主義尚有發展的可能，社會革命不會發生。反之，列寧以為社會革命不是發生於資本主義極端發達的國家，而是發生於產業最不發達的國家。因為在此種國家，大眾貧窮，本來就要鋌而走險，若再加以宣傳，加以組織，即可發生社會革命。又者，資本主義高度發達之後，一方因為技術進步，貨物的生產大大增加，他方因為大眾貧窮，貨物無法發售出去。生產過剩引起恐慌現象，為解決恐慌問題，只有向外發展，這就是帝國主義發生的原因。關於帝國主義，考茨基與

列寧的意見亦不相同。考茨基以為帝國主義乃是極端發達的工業資本要控制農業地區而實行的政策，所以帝國主義不是資本主義本身，而只是資本主義所採用的政策，或以農業國為自己殖民地，或使農業國永久停止於農業國的階段。任何政策都沒有必然性，遇到障礙，常常改用別的政策。所以帝國主義雖然到了末路，而資本主義尚可採用其他政策，以維持它的生命。反之，列寧以為帝國主義乃是資本主義發達到獨占階段，必然的表現出來的形相，所以帝國主義可簡單定義為獨占的資本主義。資本主義的特徵為自由競爭，一旦發達到獨占階段，國內競爭固然停止，而國際競爭更見激烈。何以故呢？資本過剩，大眾貧窮，投資已經不能以國內消費者為對象，必須輸出資本於國外；而資本的輸出又以投資地的取得即殖民地的取得為前提。然而今日世界各地均給帝國主義者瓜分了，殖民地的再分配，誰肯贊成？其結果又必然的引起帝國主義的戰爭。戰爭一旦開始，無產階級自可趁此時期，出來奪取政權，實行共產主義，消滅階級差別。國家本是階級支配的工具，階級消滅之時，國家亦歸枯萎，而代以各人均得自由發展的社會。

　　階級鬥爭說可以批評之處甚多，舉其大者：⑴照馬克思說，資本主義高度發達之後，社會上只殘存著少數資產階級及絕大多數的無產階級，中產階級均歸消滅。但察之各國情況，在資本主義初期，中產階級如手藝匠之類固然沒落，到了資本主義發達之後，各種產業部門需要專門人才及高級工人甚多，此輩形成為新興的中產階級，其人數日益增加，所以資本主義並不能毀滅中產階級，反而能製造進步的中產階級。⑵馬克思謂社會革命成功之後，隨之發生的是無國家、無階級的「各人均得自由發展的社會」。但是我們所聞的，共產主義國只有奴役、壓制、不自由的現象。也許馬克思信徒自己解嘲說，這只是過渡期的暫時現象，然而

蘇俄革命已經超過半世紀以上了。人類一生有幾個半世紀。半世紀之中，人民受盡奴役，受盡壓制，思想不自由，行動不自由，難怪此種國家必須垂下鐵幕，不使人民與民主國家接觸，用愚民政策，以延長其毀滅人性的政治生命。(3)帝國主義不是資本主義發展到最後階段的形相，也不單是資本主義所採用的一種政策，今日共產國家努力擴充軍備，若用以自衛，猶可說也。其實乃欲藉其武力以壓制衛星國家，以侵略弱小民族，這是事實，吾人讀報紙雜誌之所載，即可知之。人類無不愛其民族，所謂「工人無祖國」只是一種空想。而且工人的祖國觀念比之資產階級尤為強烈。此無他，資本家所要求的是廉價的勞動力，至於勞動力由哪一國人民提供，他們不甚注意。反之，勞動者則不然了。工廠雇用外國人做工，可以剝奪本國工人的勞動機會，所以排斥外國工人的往往不是資本家，而是勞動者，這也是一種事實，歷史上有許多證據，吾人不能否認。

　　最後尚須附帶一言者，共產主義的教條與宗教上的信條不同。宗教上信條所約束的天堂乃實現於永遠的未來。未來之事誰能知道，故任誰都無法反駁。共產主義的教條則欲實現樂園於現世，經過了數十年的光陰而尚不能實現，其為空言是誰都看得到的。大眾既然知道其為空頭支票，就會失去信仰。所以共產主義的勢力只能存在於未得勝利以前；一旦得到勝利，反令世人知其不能實現，由失望而反對，這就是共產國家對其人民必須採用高壓手段的理由。

第二目　種族鬥爭說

　　本書在說明盧梭的政治思想之節（本書二二二頁），已經提到英人弗格森 (A. Ferguson) 以種族鬥爭為國家發生的原因了。十九世紀以後，社會

學者採用種族鬥爭說的為數不少。為其代表的，應先舉袞普羅維茲 (L. Gumplowicz, 1838–1909)。照他說，「一切國家無不起源於征服 (Eroberung)，即強大種族利用武力，壓迫弱小種族，而後發生的」。其征服的原因則為經濟的侵削，即強大種族要俘獲弱小種族為奴隸，使他們勞動，而收其生產物為已有，乃用武力征服弱小種族。征服之後，強大種族成為統治階級，弱小種族成為被統治階級。統治階級為確保自己的權利，乃制定法律；又為執行法律，乃設置統治機構，這樣，便成立了國家。國家成立之後，統治階級對外擴張領土，以增加自己的財富，對內侵削被統治階級，以改良自己的優裕生活。國家活動多以此為原因。由此可知國家的起源由於征服，國家的目的在於侵削，而統治與被統治的區別由於人種不同，其後能夠融和為一個民族，只是歷史發展的產物而已。

繼袞普羅維茲而主張種族鬥爭說的，有拉曾荷斐 (G. Ratzenhofer, 1842–1904)。照他說：食慾和色慾為人類的本能，而使人類互相接觸。此二者可使社會現出和平現象，也可使社會現出鬥爭現象。人類社會最初是血緣團體，但人類都有食色的本能，此兩種本能又使人類探求食物和配偶，散居各地，而分化為許多種族。如果人口增加，食物及居住地均求過於供，則人類不是改良生產，便須奪取別人土地。當時人類只知利用第二方法，由是兩個種族之間就發生了戰爭。戰爭既已發生，戰敗的或被屠殺，或被俘為奴隸，這樣，又成立了奴隸制度。其結果，在社會進化過程之中亦發生變化，即社會組織已經不是血緣關係，而是統治關係。統治階級為享受被統治階級勞動的成果，不能不有權力組織，以預防被統治階級的叛亂，於是國家便誕生了。

種族鬥爭說由袞普羅維茲，經拉曾荷斐，至奧本海麥爾 (F. Oppenheimer, 1864–1943) 集其大成。照他說，國家是優勝的人群統治劣敗

的人群，而預防內部叛變及外部侵略，而後發生的。人類都有生存慾望，人類要維持生存，必須取得生存資料。人類取得生存資料的方法可分兩種：一是勞動 (Arbeit)，二是劫掠 (Raub)。前者叫做經濟手段 (ökonomische Mittel)，後者叫做政治手段 (politische Mittel)。國家便是政治手段的組織。所以在一個人利用經濟手段而只得創造一個人的生存資料之時，國家不會發生。因為這個時代沒有剩餘生產物供人劫掠，從而政治手段沒有用處。

　　在原始社會，人類的經濟生活不外狩獵、農耕及遊牧三種。狩獵民不會組織國家，因為他們的生產力非常幼稚，一人一天的勞動只能維持一人一天的生活，侵削的對象沒有，因之政治手段毫無用處，從而國家不會發生。倘令他們在鄰近之地發見一個比較進化的經濟人群而征服之，也許可以組織國家。但事實上狩獵民皆生存於無政府狀態之下。淺耕農民也不能組織國家，因為他們彼此孤立，各有田舍，而散居於鄉村各地。他們不易團結，當然不能組織為戰鬥團體，攻擊別人。而當時耕地過剩，任誰都能夠得到土地，而各人所占有的土地又必以各人所需要者為限。占地太廣，穀物無法貯藏，只有聽其腐爛，所以搶取別人土地而耕耘之，乃是浪費精力。在此種情形之下，政治手段當然沒有用處，因之國家不會發生。

　　反之，遊牧民則有組織國家的條件，第一是經濟的原因，他們最初家畜數目雖然相同，但有些人巧於飼養和防衛，使家畜年年增加；有些人拙於飼養和防衛，致家畜全部喪失，因而貧窮。財產既有貧富之別，於是階級就有發生的可能。就是失去家畜的牧人不能不受雇於富裕的牧人，而受其管束，終則最富的牧人成為貴族，其他牧人成為普通的自由民。然而單單這個經濟的原因尚不能使國家發生，最重要的乃是第二政

治的原因，即遊牧民以武力征服淺耕農民，農民屈伏，而向征服者納稅，那就發生了國家。

由遊牧民開始侵略淺耕農民而至於國家的成立，其間可以分為六個階段。第一階段是邊境戰爭的劫掠和殺戮，即男人的屠殺、婦女的劫掠、穀物的搶奪、住宅的焚毀等。最初遊牧民雖然敗北，他們亦必捲土重來，報仇雪恥。反之，農民因為安土重遷，不能進軍直搗遊牧民的巢穴。而戰爭不已，田疇荒廢，對於農民又復不利。所以遊牧民同農民開戰，最後勝利常歸屬於遊牧民。第二階段是遊牧民漸漸知道砍倒果樹，便不能結實，屠殺農民，便無法耕種，乃為自己利益打算，於可能的範圍內，任果樹植立，任農民生存，即遊牧民不再屠殺農民，唯奪取農民的生產物，至於農民的住宅、農具、以及維持生活的餘糧則留給農民。在第一階段，遊牧民恰似一頭熊，為了劫取蜂蜜而破壞蜂巢。在第二階段，遊牧民卻似一位養蜂人，留蜂蜜於蜂巢，使群蜂能夠度過嚴冬。第三階段是遊牧民的劫掠漸次變為農民的貢賦，遊牧民已經知道利用和平的方法來奪取農民的剩餘生產物，尤為有利，於是一方農民脫離於姦淫虜掠之外，同時遊牧民亦有時間及能力去征服別的農民。第四階段是遊牧民由於自己利益，必須保護農民，而預防別個敵人的劫掠，更須監視農民叛變，使其不敢與外敵勾結，乃與農民同住一個地方，由是領土觀念因之發生，而兩個集團也由國際關係變為國內關係。第五階段是同一領土之內若有村落與村落發生械鬥，農民的安定生活必將因之破壞，所以遊牧民又設置法庭，管理裁判，統治組織於茲更見完備。第六階段是兩個集團的同化，最初它們雖然同住一地，但彼此之間仍有種族的偏見，到了這個階段，便犬牙相錯，融合為一，不但有同一的習慣，用同一的語言，奉同一的宗教，且因生活於同一環境之下，鑄成同一的感情，又因統治

種族常從被統治種族之中，選擇美女，以作妃妾，而發生了共同的血統，於是國內愈見統一，而國家亦臻於完成之域。這個時代，人種的差別漸次消滅，所殘留的只有階級的對立，即除遊牧民所分化的貴族及自由民之外，尚隸屬著許多由農民出身、沒有政治權利而只有義務的階級。

人類的慾望沒有止境，統治階級既用政治手段來奪取農民的剩餘生產物，浸假政治手段又轉移於尚未征服的其他農民之上，於是國境漸次擴大，終而與別國接觸，發生國際戰爭的現象。戰爭的結果，當然是強陵弱，眾暴寡，大併小，而成立了大國。其統治階級為保護領土的安全，不能不封茅列土，以作屏藩，所謂封建國家便見發生。隨著人口的增加，階級分化愈見顯明，上有國王，中有諸侯，下有領主騎士，最下則為農民，而成為金字塔的形式。每個階級均有主從的關係，下層階級須服從上層階級，上層階級須保護下層階級，封建國家於此達到完成。

封建國家的領土愈廣，則其破壞愈速。蓋國境擴大，中央行政不易達到邊陲，對於邊疆諸侯不能不授與以較大的權力，使他們臨機應變，鎮壓叛亂或與外敵作戰。這樣，邊疆諸侯便取得了行政上、財政上、軍事上各種權力。他們的權力既已增加，形式上雖隸屬於中央，事實上已脫離中央而獨立。此種情勢最初發生於邊疆，稍後就蔓延於腹地，封建國家已經瓦解，中央微弱無力，地方割據稱雄。

到了工業都市及貨幣經濟發生之後，封建國家破壞更速，跟著就成立了中央集權的國家。何以故呢？都市之內瀰漫著自由的空氣，已可引誘農民逃亡，而工業發達，需要自由勞工甚多，故都市常鼓勵農民離開農村，把他們收容於工廠之中。封建領主失去農民，財政上及軍事上勢力便見銳減。凡中央政府和封建領主鬥爭之時，都市大率協助中央。其中理由很多，就社會方面言之，封建領主多不承認所要求的平等權利，

這已可引起市民階級的反感了。就政治方面言之，中央政府常顧到全國利益，革新政治；封建領主只圖私利，不顧全國的安危。就經濟方面言之，都市的繁榮須以社會的和平為前提，封建領主常為爭奪土地，從事戰爭，這可妨害都市的發達，自不待言。因此，當中央政府與封建領主交戰之時，都市常協助中央，中央得了都市的協助，便掃蕩封建領主的割據，而建立統一的中央集權的國家。

至於貨幣經濟的發達又可革新兩種制度，而減少封建領主的勢力。第一是軍備制度，因為有了貨幣，中央政府可將農民的子弟武裝起來，訓練成職業的兵士，其戰鬥力常大過封建領主的衛隊。同時封建領主又將農業生產物運到市場，換為貨幣，以購買奢侈品，不願多用之以養衛隊。衛隊減少，封建領主便失掉脅制中央的武力，由是中央政府沒有強敵，而能逐漸完成其統一。第二是官僚制度，因為有了貨幣，中央政府可用薪俸，雇用職官，執行政務，不必封茅列土，致釀成尾大不掉之勢。由此可知貨幣經濟有助於國家的統一者甚大。

這個時代，社會階級已與過去不同，農民因領主欲減少耕作者的人數，不再把農民束縛於土地之上而被解放。而在自由民之中，一部分固然因為領主封固共有地以為私有，而致沒有土地可以利用，漸次沒落；他部分則由商工業的隆盛，漸次蓄積資金，而成為資產階級 (bourgeois)，即法國革命時代所謂市民階級或第三階級。沒落的自由民和解放的農民於經濟上和社會上均屬於同一階層，即法國革命時代所謂赤貧階級 (proletariat)。第三階級為取得政權，不能不與赤貧階級聯合，於自由平等的口號之下，打倒專制主義，而建立立憲國家。在立憲國家，階級糾紛仍然存在，但尚有一群官僚，由國家領取薪俸，超然於各階級之外，對於階級紛爭，常能嚴守中立，以全民利害為標準，反對兩個階級的極端

派，不待階級紛爭的尖銳化，而即主張修改現行法，以緩和階級的紛爭。這個官僚的存在乃是立憲國家的特質。

　　然則將來趨勢如何？照奧本海麥爾說，在歷史上我們可以看到經濟手段不斷的戰勝政治手段。最初經濟手段只實行於血統團體之內，血統團體之外無處不受政治手段的狂風暴雨的侵襲。但經濟手段乃天天擴大其作用的範圍。看吧！經濟手段的工業城市不是已經破壞了政治手段的封建國家麼？和平的國際貿易不是已經壓倒了國際戰爭麼？和平的流動資本不是戰勝了鬥爭的土地財產麼？若能順此而往，我們不難得到一個結論：政治手段完全排除，經濟手段完全勝利。於是國家就脫離政治手段，而成為「自由市民團體」(Freiburgerschaft)，外殼仍保留立憲國家的形式，國務仍用官僚制度來執行，而其內容已經不是一個階級壓制別個階級的工具。因為斯時沒有階級，官僚必能公平無私，保護公共利益。所以此時國家已經不是國家 (Staat)，而是社會 (Gesellschaft)。何以故呢？國家是充分發達的政治手段，社會是充分發達的經濟手段。在自由市民團體，將無國家而只有社會。

第二項　多元論

　　多元論是對於一元論而言。一元論以為國家與普通團體不同，國家有主權，主權是最高的、獨立的、唯一的、不受限制的；所以國家是最高團體，一切社會生活都可包括於國家之中，而受國家的統制。反之，多元論否認國家有上述意義的主權，且欲拉下國家，以與國內其他社團同伍。代表這個思想的有下述三種學說：

第一目　克拉柏的法律主權說

克拉柏 (H. Krabbe, 1857–1936)，荷蘭學者，主張主權不在國家，而在於法律。照他說，現代國家是法治國家，法律不但可以拘束人民，且亦可以拘束國家的活動。這個法律不是人力 (personliche Gewalt) 所能創造，而是由人類的精神力 (geistige Macht) 產生出來。所謂精神力是由人類的法律感情 (Rechtsgefühl)——低級的稱為法律本能 (Rechtsinstinkt)，高級的稱為法律意識 (Rechtsbewusstsein)——不斷的作用於人類的精神之上，成為一種力量；這就是權力 (Gewalt)——統制社會生活的權力——之基礎，也就是統治 (Herrschaft)——國家觀念所含有的統治——之基礎。是則法律的拘束力不是發生於吾人之外，而是發生於吾人的精神之內，即不是由權威者的意思而發生，乃是由吾人的法律感情和法律意識而發生。一切法律不問其為成文法或不成文法，皆以人類的法律感情及法律意識為基礎。一種法律不以法律感情及法律意識為基礎，不是法律；縱令強制人民遵守，也不能給予該項法律以法律的價值 (Geltung)。法律之有拘束力既是由於人類精神力之作用，非由於國家的強制，而國家本身又受法律的拘束，是則國家不是最高的，法律才是最高的。即不是國家有主權，而是法律有主權。

此種法律如何產生？照克拉柏說，立法工作乃人民表示其法律意識的唯一機會，應屬於國民代表會 (Volksvertretung)。國民代表會若能代表國民的法律意識，則法律的威嚴不難樹立起來。不過個人每因閱歷之不同，利害之互異，其法律意識往往不盡相同。對這不同的意見又如何而能統一之？關此，克拉柏贊成多數決之制，以為各人的法律意識對於一種規範，見解固然互異，倘其見解在質的方面，優劣相同，此時可依多數決

的方法，凡多數人所贊成的規範比之其他規範，可以視為有更大的價值。但一切法律若均由中央制度，又將因為立法者不明各種情形，而致法律不能表現人民的法律意識。於是克拉柏又進而主張分權之制，他謂立法工作不宜集中於中央機關，各人可對自己所最瞭解的問題，參加法律之制定。一是地方分權，全國各地均置立法機關，該地人民對於該地的公共利益問題有立法的權。二是職業自治，各種職業團體對其特殊的公共利益有自治的權。克拉柏以主權屬於法律，同時又將立法權分散於各地區及各職業團體，故可視為多元論學者。

第二目　拉斯基的團體主權說

拉斯基 (H. J. Laski, 1893–1950)，英國學者，主張主權不是國家才有，一切社團均有主權。據一元論之說，國家無異於無數同心圓的大圓，由個人而家族，由家族而城鎮，由城鎮而州縣，由州縣而國家，上級可以包括下級，所以國家內部的一切社團都可容納於國家之中。國家有其獨立的存在，其他社團必須服從國家，而後才有存在的意義。國家的命令對於我們有道德上的最大權威，我們應該拋棄個人的人格，而去維持國家的人格；我們應該犧牲個人的意志，而去服從國家的意志。國家的行為無所不正，無所不善，我們只有服從，不得反抗。這是一元論的主張，拉斯基反對此種意見。照他說，人類有種種需要，須作種種活動，但一人之力有限，於是人和人之間就結合起來，組織各種社團，以滿足自己的各種需要。比方人類要滿足宗教的需要，就組織教會，要滿足學術的需要，就組織學會，所以社團是由人類的需要而發生，非由國家的承認而後存在。國家不過社團的一種，其他社團的意志每可影響於國家，而使國家屈服。如勞動時間的限制，最低工資的規定，最初不過工會的主

張，不久竟變成國家的法律，即其明證。其他社團的目標又往往大過國家，天主教信徒於政治方面雖然服從其母國政府，而其衷心嚮往的則為羅馬教會。此不過舉其一例言之。由此可知國家的意志不是最高的，國家的目的也不是最大的。國家不過社團之中的一種社團。一切社團在其業務範圍內，對其管轄的事項均有主權，所以主權不是國家才有。若進一步觀之，國家與個人不同，國家要作活動，不能不假手於自然人，如果國家真有主權，則主權必須付託於自然人。因之，國家的目的其實只是這些自然人的目的，國家的意思也不過這些自然人所下的判斷。然而他們認為正當的，和全社會認為正當的，常不免於衝突；甚者他們認為正當的或有悖於義理。所以國家果有最高的權力，勢只有把權力供少數自然人恣肆妄為而已。其結果如何，十七世紀英國的內亂和革命，一七八九年的法國，一九一七年的俄國，都是主權問題的極好註腳。由此可知國家權力的行使須有一定規矩；人民所以服從政府，就是因為政府能夠遵守這個規矩。一國的權力不但其行使方法應受拘束，即其所欲達成的目的也應該有所局限，所以國家並沒有不受限制的主權。

　　國家沒有主權，而且不宜有主權，拉斯基的意見既如上所言矣。依拉斯基之意，國家不過社團之一種，國家的主權與教會工會所行使的權沒有多大區別。不過國家的地位比之其他社團的地位又稍有不同之處。何以說呢？各人固然只有一種職業，但人類既已生存於社會之內，則人與人之間──各種職業之間必有聯帶關係。比方李某是工廠工人，而旅行必坐火車，教子必令入學校，火車安適如何，學校功課如何，對於李某都有利害關係，國家對此均應善為監督，使人民均得享受人生之樂。職業與社會的利害愈密切，如教育是人民知識所懸，水電是人民衣食所賴，則國家的監督愈嚴厲。國家的地位既比各種社團稍高，則國家機關

的政府必有較大的權力。但組織政府的人常是少數人，此輩少數人的決議往往成為法律，而可以拘束人民。因此之故，人民對於國家的行為必須加意警戒，使國家成為負責的國家。其法有二，第一是監督政府的行為。因為國家的行為只是政府的行為，所以要令國家成為負責的國家，須使政府成為負責的政府。即政府的行為不必因為其出自政府，乃有是而無非，凡行為合於正義的都是是，不合於正義的都是非，不必因為國家之故而有所顧忌。我們細察國家的行為，如果倫理上認為不當，尚可以起來革命。然則用什麼方法使政府成為負責的政府？依拉斯基之意，人民應均有參政的機會，站在最高裁判者的地位，利用議會及輿論，監督政府的施政。政府的行為合於民意，固可以安居其位，否則就要辭職下野。第二是縮小國家的權限，其方法為分權制度。一是地方的分權，全國分成若干單位，而將今日集中於中央政府的事權分別授給地方團體。二是職業的分權，每個職業均組織社團，社團之事由社團自治，國家不得干涉。但職業團體亦只得對其本業的利害，才可盡情發表；至對一般社會問題，則無權過問。因為他們討論一般社會問題的時候，若就其本業立言，則其見解不過關係一部分人民的利害，必不為大眾所重視。反之，他們若捨其本業，而從遠大的觀點發言，又將失去其為職業代表的資格。此兩種分權的目的都在使感受權力行使的效果最密切的人參加權力的行使。國家對於地方團體及職業團體不得視為下級機關，濫發命令；必須它們自覺權限分配有改良的必要，因而勸告國家改良或提出改良方案之時，國家才得發動其權力。這樣，國家的權力當然大大的減少，從而組織政府的少數人便無法恣肆妄為，操縱國事了。

第三目　狄驥的主權否認說

狄驥 (L. Duguit, 1859–1928) 法國學者，否認國家之有主權。他先說明國家的本質，以為社會進化到了一定階段，就有強者與弱者的區別。這裡所謂強者是指一切意義的強者，如宗教、學識、門閥、財產、人數均包括在內。此種強者若利用強制力壓迫弱者，則強者變成統治者，弱者變成被統治者。這裡所謂強制力固然兼指精神的強制力，但最後必以物質的強制力為基礎。社會之內只要發生統治者與被統治者之別，不問形態如何，都可以稱為國家。所以國家沒有什麼神秘的性質，而只是強者與弱者的統治關係。

統治者對於被統治者的強制力，叫做政治權力。所謂主權就是這種權力的別個名稱。換言之，主權只是統治者加在被統治者身上的強制力。即依狄驥之意，主權只是事實上的權力，並不是法律上的權利。如果世上果有主權這個東西，而主權又是最高的、獨立的、唯一的、不受限制的，則有主權的國家應該不受法律的限制，然而這又同現今法治國的觀念矛盾。

狄驥以為法律不是國家制定，而是以社會的根本法為基礎，所謂社會的根本法是由社會聯帶關係 (la solidarité sociale) 而發生。何謂社會聯帶關係？人類生存於社會之內，每因才力有限，不能滿足各種需要，而感覺生活的苦痛。為了減少苦痛，就有分工，使各人之間能夠長短相補，有無相助，以滿足各種需要。於是人類在社會之內，就發生互相倚賴的關係。這個關係稱為社會聯帶關係。社會愈進化，分工愈精細，從而社會聯帶關係也愈顯明。

人類由於社會聯帶關係，必須互相服務；而為維持互相服務的關係，

就產生了社會規範。由社會給予以一種制裁力，這叫做規範的法規 (les regles de droit normatives)。到了社會分化而有統治者與被統治者的區別之時，統治者因為握有權力，比之被統治者更能實現社會聯帶關係，乃用人為之力，將社會規範規定為各種法律，此種法律稱為技術的法規 (les regles de droit techniques)。一切人民，不問強與弱，富與貧，智與愚，均須遵守，縱是統治者也不例外。人類本來沒有命令別人或強制別人的權力，人民所以必須服從統治者所制定的法律，不是因為法律由國家制定，而是因為法律合於社會規範。統治者只唯根據社會規範，才得命令別人或強制別人。由此可知國家之發生固然由於事實上的力，而使國家能夠合理化的則為法律。法律不但對於人民，即對於統治者，也常常命令其所當為，禁止其所不當為。統治者只有遵從法律，而後他的行為才是正當。

國家須根據法律以統治人民，法律須合於社會規範，社會規範則以實現聯帶關係為目的，聯帶關係又使人民互相服務，所以國家的作用可以說是在於「公共服務」(la service public)。國家發號施令能夠實現公共服務，人民固應服從，否則人民沒有服從的義務。由此可知國家沒有絕對的權力，因之，國家的特質不在其有主權，而在其能為公共服務，這是吾人承認國家有存在價值的理由。

總之，依狄驥之意，國家的發生本來是由強者對於弱者的強制，到了後來，因為分工發達，社會聯帶關係密切，漸次變為公共服務。統治者要使公共服務在他指導之下，能夠充分實現，不能不有一種組織；國家就是在統治者指導之下，為實現公共服務而組織的團體。聯帶關係愈密切，公共服務的事項愈增加。就今日言，國家所應作的公共服務共有四類事項：第一為軍事的服務，即國家須防禦外敵的侵略而保護國民的安全。第二為警察的服務，即國家須維持國內的治安，使人民能夠安居

樂業。第三為司法的服務，即對於違法嫌疑犯，審判其有罪或無罪，宣告其刑罰，執行其判決。此三者乃是任何時代的國家所共有的。而現今尚加上第四之文化的服務，如公路的開闢，郵電的創辦，學校的設置等是。

國家活動範圍日益擴大，國家的權力當然隨之增加，其結果不會引起國權的專恣麼？照狄驥說，公共服務的事項固然增加，而分權的傾向亦日益明顯，二者相輔而行，必能減少弊端。分權共有三種：一是地方分權，二是公共事業的分權，三是各種職業團體的分權。三者均能自治，則中央集權之弊可以減少。狄驥也是欲將國家權力分屬於各種團體，同時又不承認國家權力是最高的，故其學說也可以視為多元論。

多元論者固然立論不同，而皆有共同的誤謬。他們以為一元論都是主張主權不受限制。其實，一元論者之中，除盧梭、黑格爾外，就是布丹也謂主權應受自然法的限制，國家對於個人的自由權和財產權，不得隨意侵犯，格老秀斯亦然。若謂他們認為可以限制主權的，不是實定法，只是自然法。然而我們須知布丹等人之以自然法為實定法之淵源，其與克拉柏之以法律感情為實定法之根據，實在相去無幾。若進一步觀之，多元論者為要減少國家的專恣，無不主張分權之制，以為國家權力可分割而歸屬於各種社團。社團的地位與國家平等，國家對於它們沒有最高的權力。但是此種主張事實上卻有不易實行之處。何以故呢？在同一領土之內，而有許多地位平等的社團，倘若社團彼此之間發生衝突，而沒有一個機關為之解決，則社會秩序將由混亂而至破壞。多元論者對此問題或避而不談，其提及的均不能不承認國家有特殊的地位，例如拉斯基固然主張任何社團都有主權，同時又說，國家為滿足共同需要，須有一種特別的職權 (function) ，用以監督各種社團 。 他如 N. Figgis, E. Barker, E.

Durkheim, J. Paul-Boncour 等亦有同樣的主張。是則多元論者雖然拉下國家的地位，而談到實際問題之時，又不能不承認國家地位之優越。質言之，國家比之國內其他社團還是居於上位，而不是居於同位。此種地位用「主權」一語形容之，似無不可之理。

> ■關於有機體說，請參閱拙著政治學第四版二十四刷一五〇頁以下。
> ■關於國家法人說，請參閱拙著前揭書一五三頁以下。

本節參考書

G. H. Sabine, *A History of Political Theory*, 3 ed., New York, 1937.

F. W. Coker, *Recent Political Thought*, New York, 1934.

F. J. C. Hearnshaw, *The Social and Political Ideas of Some Representative Thinkers of the Age of Reaction and Reconstruction*, London, 1932.

A. Rosenberg, *Democracy and Socialism*, trans. by G. Rosen, New York, 1939.

J. Plamenatz, *German Marxism and Russian Communism*, London, 1954.

H. Cunow, *Die Marxsche Geschichts-Gesellschafts und Staatstheorie*, I Bd. 4 Aufl., 1923.

F. Oppenheimer, *Der Staat*. （余有譯本，三民出版。）

K. Kautsky, *Sozialismus und Kolonialpolitik*. （抗戰前，余有是書。）

Derselbe, *Die Soziale Revolution*. （余有譯本，抗戰前由新生命書局出版，此書的見解與 Lenin 不同。）

N. Lenin, *Imperialism*, Eng. trans., 1918.

N. Lenin, *State and Revolution*, Eng. trans., 1918.

註：　　Kautsky 是反對 Lenin 的，兩人常常論戰。以上所舉四種書，
　　　　我初到臺大時，法學院圖書館均有之，不知何時失掉。

第六章　獨裁思想的發生及其衰落

　　獨裁政治由來已久，而其起源則為羅馬共和時代的獨裁官 (dictator) 制度[1]。羅馬在共和時代，平時置執政官兩人，掌行政，兩人權力相等，彼此可以牽制；又有民會、元老院、護民官等，行使立法、審判、監察等權。各種權力互相制衡，固然可以防止專制政治的發生，然乃不能應付非常時局的需要。所以羅馬法律另有一種規定：凡遇危機發生之時，即外戰或內亂發生之時，就由元老院於現任執政官或卸職執政官中，遴選一人為獨裁官，使其恢復或維持國家秩序。獨裁官不受法律的拘束，得自由行使最高的權力。他不對元老院負責，而得發布命令以拘束一切官吏，縱是執政官也不例外。凡獨裁官認為對於國家安全有必要時，得採取一切措置，縱是護民官也不得加以掣肘。但獨裁官受有一種限制，其任期不得超過六個月。責任已了或六個月的任期已滿，他須自動的辭職，倘不辭職，護民官可強迫其辭職。

　　關於羅馬獨裁官制度，後世學者如馬基維利及布丹均有說明，他們以為羅馬獨裁官乃是憲法上的制度。獨裁官雖有很大的權力，但其權力是憲法暫時委任給他的。凡任期已滿，或業務已經完成，權力便歸消滅。故德國學者維塞爾 (F. Wieser, 1851–1926) 稱之為合法的獨裁 (Ordnungsdiktatur)，施密特 (C. Schmitt, 1888–1985) 稱之為委任的獨裁 (kommisarische Diktatur)。英國清教徒革命時代有克倫威爾的獨裁，法國大革命時代有羅伯斯庇爾 (M. Robespierre) 的獨裁，他們兩人均是利用革命方法，取得政權，既得政權之後，並不是要恢復舊的國家秩序，而是以主權者的資格，要創造一種環境，使新的制度能夠實行。此種獨裁維塞爾稱之為革命的獨裁 (Revolutionsdiktatur)，施密特稱之為主權的獨裁

(souverane Diktatur)。

　　民主思想於十八世紀澎湃全歐，此際有位學者贊揚羅馬的獨裁制度。此人非他，就是盧梭。盧梭的思想自有他的根據，他謂意志不能代表，然而事實上卻非用代表不可。蓋如施密特所說：「在今日，由於各種原因，要令一切的人同時集合於一個場所，不是可能的事。對於每個問題，欲與一切的人商量，也是不可能的事。於是委託人民所信任的人組織委員會，決定國家大事，可以說是賢明之舉」。「既由實際上和技術上之必要，不能不承認人民可以信任的少數人有代替人民決定問題的權，何以不許人民可以信任的唯一的人代替人民決定一切」。換言之，人性是善，人民所選舉的少數人若可信任，則人民所選舉的一人也可以信任。人性是惡，人民所選舉的一人不可信任，則人民所選舉的少數人也不可信任。民主政治依功利主義的解釋，是以性惡，即人類的利己心為出發點。盧梭贊成獨裁政治是以性善，即人類均有一種增長共同幸福的意志為出發點。蓋依盧梭之意，少數人代表本此意志，若能決定國家大事；吾人何可因其決定出於一人的意志，即斷定為不能增長共同幸福。盧梭贊揚羅馬獨裁官之制，本書已經引過，茲再抄錄如次：

> 法律的剛性往往不能適應社會環境的需要，而致引起危機。在國家危急存亡之秋，更可使國家陷入滅亡之境。凡事太過拘泥形式者，縱令環境不許吾人躊躇，而吾人亦常浪費時日。世上常常發生立法者所不能預料的事，所以預先想像不能預料的事，實屬必要……遵守法律而竟成為防止危險的障礙，似可停止法律之施行，即暫時停止主權的活動，將最高權力委託於一人……這就是羅馬於兩人執政官之中，任命一人為獨裁官的理由（《民約論》第四章第六節獨裁官）。

　　盧梭所稱許的獨裁乃是「合法的獨裁」，即「委任的獨裁」。按世上常有例外之事足以破壞社會秩序或妨害社會的發展。這個時候，國家為緊急避難起見，為正當防衛起見，依多數國民的意志，選任一人，令其行使例外的權力，用以排除障礙，事實上是必要的。所以民主國家多預先想像例外狀態，許政府行使例外的權力，舉其要者約有三種：(1)緊急命令，(2)緊急財政處分，(3)戒嚴。

　　此三種國家緊急權都是有鑒於時局危急，而暫時停止權力分立與制衡原理。倘若社會發展遇到障礙，而乃不需要例外的權力，必其國家的權力已經極端集中，而為專制政體。所以上述三種緊急權只存在於民主國。民主國利用上述三種緊急權而尚不能挽救時局的危急，整個社會陷入混亂之中，那便發生了「革命的獨裁」，即「主權的獨裁」。

　　在民主主義者之中，因要實行民主而竟主張獨裁的為數不少，尤以急進的民主主義者為甚。在英國清教徒革命時代，平等派 (Levellers) 最為急進，其領袖李爾本 (John Lilburnc, 1614–1657) 在其所著《英國人民的合法基本自由》(*Legal Fundamental Liberties of the people of England*) 中，竟然主張：「賢智之士 (well-affected) 才宜有選舉權。立法工作應完全歸屬於賢智之士所選舉的代表。憲法乃是賢智之士簽名的契約」。即他們為要實行民主，不惜停止民主，而只把選舉權給與他們所認為賢智之士。這種作風無非由「性善」之說出發。人性本善，普通人民因受物慾的蒙蔽，而致失去良知良能。其能善養浩然之氣者必有人在。這種善養浩然之氣的人應該領導人民，教訓人民，按部就班進入民主之路。這個見解固然言之成理，而行之實難。試問賢智之士由誰決定，用那一種方法決定。在民主國家，由人民投票決定，誰能得到多數投票，誰便是賢智之士。方法簡單，不致引起爭端。倘如李爾本所言，人民不能決定，則決定賢智之

士的須為「超人」。然而這個「超人」又由誰決定呢？我說我是超人，他說他是超人，到底哪一位是超人，難免發生爭議，弄到結果，將如但丁所說：「用戰爭以判定功罪，乃是上帝判定功罪的最後方法。凡由戰爭得到勝利的，就是天命在茲，得到上帝的承認」。如斯一言，誰武力強，誰就是超人了。激進的民主主義者往往由民主而主張獨裁，再由獨裁而主張暴力主義——恐怖政治，邏輯上是必然的。吾人觀英國清教徒革命時代克倫威爾及法國大革命時代羅伯斯庇爾的作風，即可知之。

　　過去歷史不必再談，第一次大戰之後，一方民主主義現出軟弱無能的破綻，他方共產主義又以瘋狂之勢蔓延於世界各地。在此時期，必須國家於經濟方面尚能繼續發達，使多數人民有就業的機會；於政治方面又有鞏固的中樞機關，施行一貫的政策，而後才不會受到共產主義毒素的傳染。倘令經濟發生危機，政局不能安定，則對於共產主義的毒害，要想免疫，雖然不是不可能，而必是不易成功。總之，經濟繁榮，政局安定乃是抵抗共產主義的最良藥石。二者缺一，要防禦共產主義，只有採用強烈手段。大戰之後，意、德兩國經濟上及政治上均有問題。

　　就經濟說，意國經濟到了第一次大戰勃發之時，尚停止於農業階段。其工業所以不能發達，一因原料缺乏，煤鐵生產量極少，而除蠶絲、羊毛之外，其他纖維工業的原料也甚欠缺。二因市場狹隘，意國沒有海外殖民地，而國內市場又因土地集中，農民貧窮，工業生產品無法暢銷，這都可以阻礙意國經濟的發達。而大戰之後，財政破產，通貨膨脹，物價一天一天的騰貴，失業工人一天一天的增加。一九二〇年以後，同盟罷工層出不窮，南部則佃戶驅逐地主，占領田地；北部及中部則工人驅逐廠主，占領工廠，革命危機迫在眉睫，此意國情形也。德國在大戰以前，工業長足進步，有追上英國之勢。大戰敗北，失去了許多殖民地，

而原料重要生產地的亞爾薩斯 (Alsace)、洛林 (Alsace-Lorraine) 又割與法國，經濟的發展受到重大打擊，而致通貨膨脹，財政窮匱，人民生活大不如前，此德國情形也。

就政局說，意、德兩國均採用責任內閣制。責任內閣制最好是實行於兩黨對立的國家，要是國內有三個以上的政黨，任何政黨在議會內均不能得到過半數的議席，則內閣只能成立於數黨妥協之下，由是政府的基礎不能穩固，政府的運命不能持久，政府的政策不能一貫，內閣無時不在風雨飄搖之中。不幸意、德兩國都是小黨分立的國家。意國的政黨與別國不同，其分立非因政見有別，乃依個人利害。政治離開人民的生活問題，人民對於政治不感興趣，選舉之時棄權者人數往往超過選舉人之半，賄賂恫嚇，無弊不有。而議員不領薪俸，他們為維持生計，不能不營私舞弊。他們的向背完全以個人利害為標準，所以右派政黨可與左派政黨提攜，以推翻右派內閣；左派政黨也可與右派政黨勾結，以攻擊左派內閣。政黨翻雲覆雨，離合無常，鞏固的政權不能建立，政府的威嚴掃地無存。在此種政局之下，保國已經不易，安能向外發展。於是墨索里尼 (B. Mussolini) 的法西斯主義 (Fascism)，攻擊共產黨，而謀意大利民族的復興，便以燎原之勢，蔓延全國，終而其領導的法西斯黨 (Partito Nazionale Fascista) 於一九二二年進軍羅馬，取得政權，而實行獨裁政治，所以墨氏的獨裁可以說是革命的獨裁。

德國政局也和意國相似，自一九一九年二月成立臨時政府，至一九三三年一月希特勒 (A. Hitler) 出來組閣，十四年之間，內閣更迭二十二次，平均壽命不及八個月。政府的權威非常微弱，而憲法又保障人民的自由權，於是各黨各派均利用言論自由，攻擊政府的政策。資產階級利用自由權，反對干涉；勞動階級利用自由權，要求統制；共產黨利用自

由權，主張階級鬥爭；國家主義者利用自由權，開會遊行，而作示威運動。政府在數面夾攻之下，無以應付。社會已陷入無政府狀態之中。各黨遂自己武裝起來，國社黨 (Nationalsozialistische Deutsche Arbeiterpartei) 有挺進隊 (Sturm Arteilung)、國民黨 (Deutschnationle Volkspartei) 有鋼盔團 (Stahlhelm)、共產黨 (Kommuniste Partei) 有赤色先鋒隊 (Roter Frontkampfers Bund)，民主黨 (Deutsche Demokratische Partei)、中央黨 (Zentrum)、社會民主黨 (Sozialdemokratische Partei) 也有國旗軍 (Reichsbanner)。黨的武力妨害了國權的統一，而國會又因為小黨分立，不能適應社會的需要，制定妥當的法律，於是政府常常根據威瑪憲法第四十八條之規定，發布緊急命令，以代替法律。茲將一九三〇年至一九三二年法律與緊急命令之數目，列表比較如次：

緊急命令與法律比較表（一九三〇年至一九三二年）

年　代	緊急命令	法　律
一九三〇年	五	九五
一九三一年	四二	三五
一九三二年	五九	五

政局如斯混亂，希特勒的納粹主義 (Nazism)，反對共產黨，主張民族至上，恢復失地，取消不平等條約，便抓住德意志民心，勢力逐漸擴大，用議會政策，使其所領導的國社黨於國會中成為第一大黨。一九三三年一月希特勒奉命組閣，同年三月國會以修改憲法的程序，通過授權法 (Gesetz Zur Behebung der Not von Volk und Reich)，於是希特勒便取得了獨裁權。所以他的獨裁可以說是合法的獨裁。但墨、希兩氏均不是想恢復舊的國家秩序，而是以主權者的資格，要造成新的環境，以便施行新的憲法，所以均是主權的獨裁。

　　法西斯主義及納粹主義都是一方反對共產主義，他方反對民主主義。固然共產主義與民主主義乃是勢不兩立的主義。然在當時，反共產與反民主卻有關聯之處。蓋共產國家欲赤化世界，其攻擊帝國主義不遺餘力，而它本身卻是最凶頑的帝國主義。它奴役本國勞工，奴役附庸國勞工，剝削附庸國的勞動生產物，以富蘇俄一國。它對於未赤化的國家，則使其人民利用民主主義，尤其自由主義，開會遊行，擾亂社會，使其國民發生離心力；再用「工人無祖國」的觀念，以第三國際為中心，使其國民對於蘇俄發生向心力。我忘記了布哈林 (N. Bucharin) 在其所著哪一本書上曾說：「我們未得政權之前，應該主張自由。因為沒有言論自由，我們不能攻擊政府；沒有集會遊行的自由，我們不能推翻政府。我們得到政權之後，我們便須放棄自由。因為這個時候再講自由，便是供給敵人以攻擊我們，推翻我們政權的工具」。對這共產黨人赤裸裸的自白，要抵抗共產主義「祖國」的蘇俄，只有提高自己國家的地位，以國家為一個偉大的超人，握有絕對的權力。國家不是某一階級的國家，代表某一階級的利益；而是整個民族的國家，代表整個民族的利益。國內一切人民，不問其為資本家或為勞動者，均須犧牲自己的利益，為國家求生存，為民族爭榮譽。即利用國家權力來限制個人自由，來鎮壓階級鬥爭。此種思想世人稱之為極權國家論。

　　極權國家論本來是對抗共產主義，然其結果竟然採用了達爾文學說，以為世上種族有優劣之別，優的必勝，劣的必敗。他們為達成優勝的目的，進而主張軍國主義。墨索里尼說：「改良戰鬥力是我們目前唯一的任務。我們要在一定時期以前，能夠動員五百萬人，且使五百萬人均能武裝起來。我們須擴充艦隊，使馬達的音響壓倒其他雜音。我們須增加空軍，使飛機能夠掩蓋那普照意國全土的太陽。我們相信在一九三五年到

一九四〇年之間，意大利能使歐洲歷史劃了一個時代，意大利威震宇宙，意大利的權利得到決定性的承認」。希特勒除主張軍國主義之外，又繼承斐希德的思想，以日耳曼民族為最優秀的民族。他要求民族血統的淨化，禁止國民與別個種族，尤其與猶太人結婚，終而發生了瘋狂的仇視猶太人運動。驅逐、殘殺，無所不用其極。對外則擴張領土，得一地，又想再得一地，卒至引起第二次世界大戰，民既苦矣，而墨索里尼及希特勒的政權也隨之覆亡。

　　法西斯主義及納粹主義雖然反對共產主義及民主主義，但經濟生活畢竟是人類最重要的生活。在自由主義之下，個人生活是放任個人自己解決，其發生許多社會問題，眾所熟知。所以現今的國家均不以個人生活為個人的私事，而以個人生活為國家的公事，學者以為今日政治是以行政為形式，經濟為內容（似是新黑格爾學派 A. Lasson 之言），並非虛言。情形如此，所以意、德兩國雖然反對共產主義，而其經濟政策卻與共產主義相去無幾，希特勒在其所著《法治國乎，獨裁制乎》(Rechtsstaat oder Diktatur?, 1930, S. 22)，說道：「最近獨裁政治又有一種任務，欲在經濟上控制大眾。沒有此種控制，獨裁不會成功。何以故呢？一般人民淪為傭工，經濟上隸屬於獨裁者，則在政治上便不能不服從獨裁的命令」。此種見解確是真理，蘇聯固不必說，德國的國社黨、意國的法西斯黨所主張的經濟政策均可為註腳。

　　極權國家論反對民主主義，尤其自由主義。然自十八世紀以來，人民受了民主主義的洗禮，何能倏忽之間即棄而不用。於是有些學者遂把自由主義與民主主義分開。以為自由主義是謂「個人自由於國家的統治之外」(Freiseins des Individuums von staatlicher Herrschaft)，民主主義是謂「個人參加國家的統治」(Beteiligung des Individuums an der staatlichen Herrschaft)。

前者離開國家之外，後者是進入國家之內，兩者的本質根本不同 (H. Kelsen, Vom Wesen und Wert der Demokratie, 2 Aufl., 1929, S. 81)。民主主義是將國民的意思放在最高的地位，國民的意思與其委託議會表示，不如由國民自己表示，尤為得策。所以德國希特勒反對代議制度而不廢除公民投票；反對議會主義而要求一個萬能政府直接由人民選任，直接依國民的意思，執行強有力的政策。反之，自由主義則以保護人民自由為政治的第一目標；而為保護人民的自由起見，故又主張分權之制，使任何權力都不得侵害個人的自由。即他們以為獨裁政治固然有反於自由主義及法治主義，而卻未必有反於民主主義。獨裁政治有時且可與民主主義結合。國家於緊急危難之際，依多數國民的意思，把權力交給一人，令其自由行使，不受任何拘束，這種制度未必有反於民主主義。一九三三年七月十四日希特勒公布《公民投票法》(Gesetz über Volksabstimmung)，凡國家重要政策均提交公民以投票方法決定之。蓋據考茨基 (K. Kautsky) 分析，在代議制度，立法權屬於議會，議會設於首都。首都的空氣是急進的，不但革命時代首都可以支配議會，便是平時議員也不免受了首都空氣的影響，流於急進。反之農民的生活方式是孤立的，他們的思想比較保守。公民投票制是把政治的勢力由首都移到農村，這是有利保守主義的。法國革命時代，季倫丁黨深信公民投票制可以摧毀首都的勢力，使革命不再進行，並欲用之以救路易十六之死。而極力反對這個主張的又是激烈派的雅各賓黨 (K. Kautsky, Parlamentarismus und Demokraties, 1922, S. 129–130)。布萊思 (J. Bryce) 亦說：「在瑞士，保守主義者均認公民投票為否決急進的法案之有力工具」(Modern Democracies, I. new ed., 1931, p. 400)。這便是希特勒反對民主主義而不廢除公民投票的理由。

　　意國的法西斯主義及德國的納粹主義以極權國家論為中心思想，雖

然反對共產主義，而其經濟政策乃與共產主義相去無幾；雖然反對民主主義，而又採用公民投票，以表示國之大事最後還是遵從民意。由於此種觀點，政制上又呈現三種現象。

第一是一黨專政，林賽 (A. D. Lindsay, The Essentials of Democracy, 1930, p. 35) 說：「民主政治是令各種不同的意見均有發表的機會。所以平等不是指意見相同的人之間的平等，而是指意見不同的人之間的平等」。即平等乃如斯密特 (C. Schmitt, Verfassungslehre, 1928, S. 225) 所說：「一切人民皆平等的有自由」。刻爾森 (H. Kelsen, Vom Wesen und Wert der Demokratie, 2 Aufl., 1929, S. 93) 言：「要令一切人民能夠平等的有自由，必須一切人民皆以平等的資格，參加國家意思的作成」。但獨裁政治只依獨裁者一人或獨裁集團少數人的意思，決定國家大事。多數人民喪失參政的權利，而須聽受獨裁者的號令。因之言論自由便不存在，凡反對政府的固不必說，甚至批評朝政的亦加壓制。於是一國之內除獨裁者集團之外，便不許再有其他政黨存在，遠者如克倫威爾之驅逐長老派教徒 (presbyterian) 的議員、雅各賓黨之殘殺吉倫丁黨，近者如意國只有法西斯黨，德國只有國社黨、現今共產國家只有共產黨，都是其例。依蘇聯及意、德三國制度，一黨專政又可分為兩種：一是一國一黨主義，二是黨國合一主義。前者是一國之內只有一個政黨。一國既然只有一個政黨，則以有組織的政黨放在無組織的民眾之間，當然可以操縱一切，為所欲為了。後者是謂一國之內不但只許一個政黨存在，而且政黨的最高機關就是國家的最高機關，黨與國家合為一體，此種制度更明顯的表示一黨專政。它們對於異黨異派均無寬容之心。斯密特 (Der Begriff des Politischen, im *Archiv für Sozialwissenschaft und Sozialpolitik*, Bd. 58, 1927) 所說：政治上只有友敵的區別，不是友人，就是敵人，沒有中立，於茲完全實現。

　　第二是行政權的優越，斯密特 (C. Schmitt, Die Diktatur, 2 Aufl., 1928, S. 151) 說：「依普通觀念，獨裁必廢棄分權之制」。在三權分立之下，立法權常居於優越的地位。然自第一次大戰之後，行政權日漸強化，以英國為例言之，立法權本來完全屬於國會，一九一九年國會通過的法律一〇二件，其中竟有六十件授權內閣發布命令 (Order in Council) 以補充之。一九二七年國會通過的法律四十三件，其中亦有二十六件授權內閣發布命令以補充之。計同年內閣所發布的命令竟然達到一三四九件 (F. A. Ogg, English Government and Politics, 2 ed., 1936, p. 201f.)。此蓋政治的目的已由消極變為積極，即由自由放任變為干涉控制，因而不能不謀行政權的強化。但是單單行政權的強化並不能謂為獨裁，強化而又不以民意為基礎，法律為根據，才可以視為獨裁。獨裁國家多集中權力於行政機關，最後且集中於一個人。「此人沒有確定的權力，其權力的範圍及內容常由他自己決定。民主政治所謂權限 (Zuständigkeit) 固不存在於獨裁國」 (C. Schmitt, Verfassungslehre, 1928, S. 237)。於是議會的勢力一落千丈。墨索里尼說：「諸君若欲生存，須拋棄那個只知空談的議會制度，將權力交給行政部」。這樣，獨裁政治便表現為行政權的優越，立法權與司法權退處於附屬的地位。

　　第三是武力主義及恐怖政治，在獨裁國家，議會失去權力，獨裁者對之當然無須負責，而政府行政又不許民間批評，則人民對於政府當然也不敢問其責任。即獨裁者不是受任人，而是主權者。他們超越於人民之上，另成為特權階級，獨占國家的權力，而無更迭流動之事。康托羅維茲 (H. Kantorowicz, Dictatorship, 1935, p. 11f.) 說：「德語的 Führer（領導者）不能譯為英語的 leader，Führer 的特質在於他不對低級的人，而只對上級的人負責。順此而上，到了最高的 Führer，便不對誰負責了」。但是今日

人民受了民主思想的洗禮，對於政治並不能漠不關心。獨裁者為了避免
人民評論，凡事皆欲隱祕，於是民主時代的公開政治又變為獨裁時代的
祕密政治。固然現代的獨裁政治與過去的專制政治不同，也曾公告政府
的施政，但是他們所公告的只是一種宣傳 (propaganda)，而與民主國家所
作的播導 (information) 完全兩樣。播導是公告實際情況，而求人民判斷是
非曲直。宣傳則報告虛偽消息，顛倒是非，混亂真偽。此種作風行之過
甚，在今日民主時代，必受人民反對。所以獨裁者要維持其政權，不能
不依靠武力。列寧 (N. Lenin) 曾坦白的承認，「獨裁政治乃是不受法律拘
束，而直接以武力為基礎的政治」（引自 O. F. de Battaglia, The Nature of
Dictatorship in de Battaglia, Dictatorship on Its Trial, 1930, p. 359）。武力不足以維
持政權，就須利用恐怖，而如鮑厄爾所言：「它是一種恐怖政治。凡反抗
國家權力或獨裁制度者，格殺勿論。一七九三年的斷頭臺、一九一七年
的集體槍斃，就是其例」 (O. Bauer, Bolschewismus oder Sozialdemokratie, S.
113-114)。由此可知，武力與恐怖雖非獨裁政治的本質，而卻是獨裁政治
之必然的結果。

■1 獨裁官如何選任，歷史家意見不一。任期六個月之限制，到了蘇拉
(L. C. Sulla) 時代，已經破壞。他於西元前八二年選任為獨裁官，而於
西元前七九年退休，前後滿三年。

本章參考書

A. Bullock, *Hitler: A Study in Tyranny*, New York, 1952.

Th. L. Jarman, *The Rise and Fall of Nazi Germany*, London, 1955.

R. Dombrowski, *Mussolini: Twilight and Fall*, trans. by H. C. Stevens, New York, 1956.

W. Ebenstein, *Fascist Italy*, New York, 1932.

　　本章乃摘要拙著政治學四版二十四刷二三三頁以下及五九八頁以下，參考下列各書編著而成。但當時忘記注出何處出版，臺大法學院圖書館均有之。

C. Schmitt, *Die Diktatur*, 2 Aufl., 1928.

O. F. de Battaglia, *Dictatorship on Its Trial*, 1930.

F. Wieser, "Die modernen Diktaturen" in *"Der Staat, das Recht und die Wirtschaft des Bolschewismus,"* 1925.

H. Kantorowicz, *Dictatorship*, 1935.

K. Kautsky, *Demokratie oder Diktatur*, 1920.

H. Heller, *Rechtsstaat oder Diktatur*, 1930.

O. Koellreuter, *Die politischen Parteien im modernen Staats*, 1926.

　　此外 Kautsky 及 Lenin 均著有 *The Dictatorship of Proletariat*。兩書均於一九二〇年譯為英文，兩人意見完全相反。

H. Triepel, *Die Staatsverfassung und die politischen Parteien*, Berlin, 1928. （本書為 Öffentlich-rechtliche Abhandlungen 第十冊，為一小冊子，一九五三年蒙 Nebraska 州最高法院院長 Robert G. Simons 委託美國國會圖書館影印寄下。此外又蒙 Simons 院長委託耶魯大學圖書館影印 G. Jellinek, *Das Recht der Minoritaten*, Wien, 1898 寄贈。此兩書均係名著，在德國於第二次大戰後，已經絕版。後一書已由余節譯，尚未出版。本擬將此兩書轉贈臺大法學院圖書館，因係影印，均是單頁，每頁之紙張甚厚，不易訂成書，恐其遺失，故由余珍藏。）

第七章　結　論

　　觀政治思想的變遷，可知現代政治問題不外民族、民權、民生三種。歷來學說或偏於極左，或偏於極右，其能提出中庸之說，以解決現今政治三大問題的，不是西洋思想家，而是吾國孫中山先生的三民主義。

　　㈠民族主義　極左的共產主義以「工人無祖國」的觀念蠱惑全世界勞動階級，使他們喪失民族意識而願投降於共產主義「祖國」的蘇俄；極右的國家主義又以自己民族為天之驕子，培養民族的鬥爭精神而欲征服世界。案民族主義與民主主義本來有密切的關係，民主主義促成個人的自覺，而要求個人的自由平等。其應用於國際方面，便成為民族主義，促成民族的自覺，而要求民族的自由平等。這個思想發生於法國革命時代。法國革命不但主張人民對內有自決權，且又主張民族對外有自決權。人民得依自己的意志，推翻一個政府，建立另一個政府。同樣，一個民族亦得從其所好，脫離舊國家，或單獨組織新國家，或與別個民族合同組織國家。法國基此思想，革命之時，要沒收國內教皇領地，要收復亞爾薩斯，均令該地居民舉行居民投票 (plebiscite)，而後才合併之。此外，法國又煽動各國人民起來革命，並告以法國願用軍隊之力，協助其解放及自決。此種自決與現代的民族主義不同，不是反抗異民族的統治而建立民族國家，而是反抗同民族的政府而組織民主國家。革命愈發展，軍事愈勝利，革命理論又復變質，解放變為征服，自決變為壓制，平等變為優勝。然而各國受了法國民主主義的感化，竟然發生民族自覺，而主張民族獨立。一八〇八年斐希德之《告德意志國民書》可以視為其發端，於是歐洲各地，民族自決運動便如火如荼，不可嚮邇，終而成立了不少的民族國家。然在世界其他各地，列強還是照舊的侵略，經濟落後的國

家無不淪落為殖民地或半殖民地，而受帝國主義者的壓迫。民主主義為現代文化的精神，而以自由平等為口號。但是自由平等只實行於同民族之間，對於異民族仍然不承認其自由平等。斯密特說：

> 現實的民主主義不但指平等者待之以平等，且又指不平等者不以平等待之。即民主主義的本質有二：一是愛護同質 (Homogenität)，二是排斥異質 (Heterogenität)……古代雅典實行民主政治，而其內部乃有無數奴隸。現代英國號為民主國的模範，而在四億領民之中竟有三億以上不是英國的公民……現代帝國主義者在其本國實行民主政治，而在殖民地，則把異質的民族不視為國民，而排斥於本國之外。所以殖民地在國法是外國，在國際法又是本國 (die Kolonien sind staatsrechtlich Ausland, völkerrechtlich Inland)(C. Schmitt, Die geistsgeschichtliche Lage des heutigen Parlamentarismus, 2 Aufl., 1926, S. 13–15)。

但是此種形勢卻不能永久維持下去，殖民地人民受到工業化的影響，生活漸次改善，知識漸次提高，便感覺外族的壓迫，而思有所反抗。於是殖民地人民便和過去歐洲民族之作民族解放一樣，出來要求民族自決。第一次大戰結束，美國總統威爾遜 (W. Wilson) 於一九一九年巴黎和會時提出民族自決，隨之發生的則為被壓迫的民族，例如印尼、印度等紛紛獨立，而組織民族國家。案民族自決就其理想言之，固然是要「每個民族都有一個國家」，「每個國家都只有一個民族」。然而這個理想並不易實現。據歷史所示，一個民族有分別組織數個國家的，又有一個國家包容數個民族的。在前者，各國家之間或相鬥爭，或相合併。在後者，各民族之間或各自分立，或則一個優勝的民族吸收劣敗的民族而同化之。事

實如此，而況今日各國，例如巴爾幹半島、阿拉伯半島乃有許多不同的民族雜居一地，地理上沒有截然的分界，何能使一個民族組織一個國家。故除自決之外，尚需要另一種制度以濟其窮，這個制度就是孫中山先生所謂自治。建國大綱云：

> 四　其三為民族，故對於國內之弱小民族，政府當扶植之，使之能
> 自決自治……

建國大綱制定於民國十三年四月，斯時共產主義已經風靡世界，對於未赤化的國家，假「工人無祖國」的口號，誘之以解放，脅之以兵威，使其淪為蘇俄的附庸。而列強對於未開發的國家，仍進行其侵略行為，則為保護民族的獨立，對於兩面攻勢，何能不講求國家的安全政策。三民主義開宗明義即云：「三民主義就是救國主義」。國家固當救，而民族自決的潮流又不能無視。不過弱小民族軍事上及經濟上均缺乏獨立的能力，一旦許其自決而獨立，無異於送羔羊於虎口。所以中國國民黨第一次全國代表大會宣言才云：「國民黨敢鄭重宣言，承認中國以內各民族之自決權，於反對帝國主義及軍閥之革命獲得勝利以後，當組織自由統一的——各民族自由聯合的中華民國」。

但是如前所言，今日各國往往有許多民族雜居一地，地理上無法予以截分，所以單單自決，尚不能解決問題，所以孫中山先生於「自決」之外，加上「自治」之法，即自治乃以救自決所不能解決的問題。

㈡民權主義　今日各國，縱是民主國家，也要求行政權的強化。行政的強化與民主政治，尤其立法權的優越很難兩全。盧梭已經說過：

> 政權若為一人所掌握，則個人意志 (particular will) 與團體意志

(Corporate will)（即政府意志）能夠一致，於是團體意志便見集中了。力之大小乃依意志集中之強弱而不同，所以各國政府縱令權力相同，而一人組織的政府比之其他政府，必更有「能」。反之，主權者的人民若均是君主，一切人民若均是當權的人，則團體意志雖接近於公意 (general will, Volonte generale)，但公意的活動由於每一個人的意志均能發生作用，其結果必現出築室道謀的現象，而不能敏捷。此種政府的權力縱與一人政府相同，而於活動方面最為無能……我在這裡乃說明政府能力的大小，而與政府是否公正沒有關係。蓋由另一方面觀之，當權的人愈多，團體意志愈與公意接近；當權的人愈少，少到只有一人，則團體意志愈離開公意，而只是當權者個人的意志。各有利弊，各有得失。為政者必須知道，要增進國家的最大利益，應於如何程度之下，使政府的意志（當指公意）與政府的能力能夠調和。

即依盧梭之言，民主國家的政府多是無能的，不民主的國家，其政府多是有能的。如何使政府有能而又不違反民主主義，盧梭未下結論。但他在民約論中很贊許羅馬的獨裁官制度，大約他欲將民主與獨裁結合起來，成為一種特殊的制度。此種特殊的制度乃施行於國家危急存亡之時，即施行於外患或內亂發生之時。此際主權者的人民是重視民主，而聽國家破滅乎，抑重視國家，不惜侵害民主乎？何去何從，人民固有選擇的自由，而盧梭則選擇後者。

盧梭只於非常時代，贊成政府採取法外的急速處分，以對付緊急危難；至於平時如何調和人民的公意與政府的能力，則未曾說到。國父孫中山先生說：

最近有一位美國學者說：「現在講民權的國家，最怕的是得到了一個
萬能政府，人民沒有方法去節制他；最好的是要得一個萬能政府，
完全歸人民使用，為人民謀幸福」。這一說是最新發明的民權學理。
但是所怕所欲，都是在一個萬能政府。第一說是人民怕不能管理的
萬能政府，第二說是為人民謀幸福的萬能政府。要怎麼樣才能夠把
政府變成萬能呢？變成了萬能政府，要怎麼樣才聽人民的話呢？在
民權發達的國家，多數的政府都是弄到無能的；民權不發達的國家，
政府多是有能的。近幾十年來，歐美最有能的政府就是德國俾士麥
當權的政府。在那個時候的德國政府，的確是萬能政府。那個政府
本是不主張民權的，本是要反對民權的；但是他的政府還是成了萬
能政府。其他各國主張民權的政府，沒有一個可以叫做萬能政府。
又有一位瑞士學者說：「各國自實行了民權以後，政府的能力便日行
退化。這個理由就是人民怕政府有了能力，人民不能管理。所以人
民總是防範政府，不許政府有能力，不許政府是萬能。所以實行民
治的國家，對於這個問題，便應設想方法去解決。想解決這個問題，
人民對於政府的態度就應該要改變」。從前人民對於政府，總是有反
抗態度的緣故，是由於經過了民權革命以後，人民所爭得的自由平
等過於發達，一般人把自由平等用到太沒限制，把自由平等的事做
到過於充分，政府毫不能夠做事。到了政府不能做事，國家雖然是
有政府，便和無政府一樣。這位瑞士學者看出了這個流弊，要想挽
救，便主張人民要改變對於政府的態度……歐美學者只想到了人民
對於政府的態度應該要改變，至於怎麼樣改變的辦法，至今還沒有
想出（三民主義，民權主義第五講）。

　　然則孫中山先生是要用什麼辦法呢？就是「權」與「能」要分別的辦法。權屬於人民，能屬於政府，政府的「能」，眾所熟知，本書無需贅言。至於人民的權，孫中山先生稱之為直接民權。直接民權也就是直接由人民自己行使的權，故凡由人民代表行使的，不問其機關之名稱為何，依政治學的觀念，均非直接民權。孫先生分直接民權為二，其一是關於人的，有選舉權及罷免權兩種。其二是關於法的，有創制權及複決權兩種。但是人民若天天行使其權，政府就要天天受到人民的掣肘，而不能成為萬能。所以人民只得於必要時，於某程度內行使其權。就選舉權及罷免權說，我個人以為人民只得選舉元首，其他官吏應由元首任免。若一切官吏均由人民選舉，人民將疲於奔命，而且選出的人，他們的政見未必與元首相同。同一政府之內容納政見不同的人，政府內部將發生糾紛，何能成為萬能。不過元首用人行政若大失民心，人民可發動罷免權，使元首去職，或令元首罷免其所任用的官吏。如是，元首有所警惕，而能謹慎其行為，不敢違反公意。就創制權及複決權說，我個人也認為應有所限制。案第一次大戰之後，各國憲法採用人民創制及人民複決的甚多，而均以救代議制度之弊。凡議會通過的法律不為人民所歡迎，人民可用複決權以廢除之；人民需要的法律，議會不肯通過，人民可用創制權以制定之。若進一步觀之，創制權的作用不在於人民制定法律，乃在於政府畏懼人民創制，而即制定人民需要的法律。複決權的作用不在於人民廢除法律，乃在於政府畏懼人民複決，不敢制定人民反對的法律。由此可知創制權及複決權有兩種作用，一種是矯正的作用，一種是預防的作用。

　　總之，權能區別的政治原理是主張政府縱在平時也應該握有強大的「能」，人民也應該握有強大的「權」，一方使政府能夠盡其「能」，為人民謀幸福，同時又使人民用其「權」，以預防政府之違犯公意。

㈢民生主義　二十世紀經濟問題成為政治問題的中心，而發生各種社會主義的思想。第一次大戰之後，蘇俄的共產黨得到政權，英國的工黨竟然代替自由黨成為國會內二大政黨之一，而與保守黨交握政權。德國威瑪憲法特設「經濟生活」一章，一方由社會主義的見地，允許國家統制並保障個人的經濟生活，同時又由個人主義的見地，允許國家在最小範圍內，限制個人的經濟自由（威瑪憲法第一五一條第一項及第二項）。統制主義與自由主義同時存在，所以威瑪憲法可以視為折衷主義的憲法。孫中山先生關於民生主義，最初只揭櫫「平均地權」一項。蓋中國自古以農立國，土地是唯一的生產工具。然而一定面積的土地只能生產一定數量的食糧，而一定數量的食糧又只能養活一定數目的人口。依吾國歷史所示，一切社會問題均由土地而發生。關於土地問題可分兩種：一是生產問題，二是分配問題。土地的分配雖能平均，苟土地的總生產不能供給人口的總消費，這叫做社會之絕對的貧窮，勢非大亂不可。土地的總生產雖能供給社會的總消費，倘令土地集中於少數豪強，大多數農民排斥於農村之外，貧不聊生，則成為社會之相對的貧窮。在這兩種貧窮之下，往往發生農民流亡之事，初則盜匪遍地，繼則政權顛覆，終則羣雄割據。大亂既已發生，丁壯斃於鋒刃，老弱委於溝壑，幸而存者不過十之三四。社會的消費力固然減少，但內亂不但減少社會的消費力，且又破壞社會的生產力。生產力的破壞若超過消費力的減少，亂事必繼續進行，一直到社會的生產可以供給社會的需要，才見停止。這個時候苟有一位智勇之人出來收拾殘局，社會不難由亂世變為小康。小康既久，人口又增加了，土地又兼併了，於是大亂又重演於歷史之上，這就是一治一亂的原因。中山先生有鑒於此，所以民前七年，即前清光緒三十一年，西元一九〇五年中國同盟會成立於日本東京之時，即提出四綱（驅

逐韃虜、恢復中華、建立民國、平均地權），而以平均地權為四綱之一，而未曾說到節制資本。然則地權如何平均呢？自商鞅變法，廢井田，民得自由買賣土地之後，土地公有改為土地私有，其結果竟然發生豪強兼併之事。豪強將其兼併的土地租給佃農，按期收租，自己則攜帶佃租換來的貨幣，離開農村，遨遊都市。於是經濟上便發生了不合理的現象，耕者沒有土地，有土地的不耕，勞力與所有已經脫節。耕者貧窮，不耕者富裕，勞力與收入又無關係。此種現象在土地尚未過度集中以前，還不會發生問題，一旦過度集中，必將發生大亂。所以歷代政府常設法解決土地問題，如西漢末年的限田、王莽時代的王田、曹魏的屯田、西晉的占田、北朝及隋唐的均田等是。然而無一成功，蓋時人只注意土地的分配，而不知改良土地的生產方法。此後如宋代王安石的方田乃測量田之大小，土之肥瘠，而定賦稅等第，而方田使者竟然從中舞弊，上下其手，利民之政變為擾民。明代張居正的開方法也是測量田之大小，但有司或短縮步弓，以求田多，或掊克見田，以充虛額，故結果也和王安石的方田一樣，歸於失敗。其講求生產的，只唯漢武帝末年，用趙過代田之法以謀生產力的增加。唯在土地集中之時，代田效果並不甚大。綜上所述，可知土地問題實是中國社會問題所以發生的根本原因。中山先生關於民生主義，最初只揭櫫平均地權，理由在此。至於地權如何平均，遲至民國十三年一月三十一日中國國民黨第一次全國代表大會宣言於民生主義項下，才云：「私人所有土地，由地主估價呈報政府，國家就價徵稅，並於必要時依報價收買之」。同年八月十日演講民生主義第二講時，又說：「民生主義就是社會主義，不過辦法各有不同。我們的頭一個辦法是解決土地問題……就是政府照地價收稅和照價收買……地價應該由地主自己去定……地主如果以多報少，他一定怕政府要照價收買，吃地價

的虧；如果以少報多，他又怕政府要照價抽稅，吃重稅的虧。在利害兩方面互相比較，他一定不情願多報，也不情願少報，要定一個折中的價值，把實在的市價報告政府。地主既是報折中的市價，那麼，政府與地主自然是兩不吃虧」。然此只是分配而已。關於生產方面，民國十三年八月十七日演講民生主義第三講時，提出七個增加生產的方法：「第一是機器問題，第二是肥料問題，第三是換種問題，第四是除害問題，第五是製造問題，第六是運送問題，第七是防災問題」。對這七個問題，均有詳細說明。由此可知中山先生的平均地權不但注意分配，且又注意生產。

　　土地問題雖有解決之法，而時代進展，尚有另一個重要問題，即工業資本問題。民國十二年一月二十九日中山先生發表《中國革命史》一書中說：「歐美自機器發明，而貧富不均之現象隨以呈露；橫流所激，經濟革命之燄乃較政治革命為尤烈。此在吾國三十年前，國人鮮一顧及者。余遊歐美，見其經濟岌岌危殆之狀，彼都人士方焦頭爛額而莫知所救。因念吾國經濟組織比較歐美，雖貧富不均之現象無是劇烈；然特分量之差，初非性質之殊也。且他日歐美經濟之影響及於我國，則此種現象必日與俱增，故不可不為綢繆未雨之計」。但是中山先生以為「中國今是患貧，不是患不均」（民生主義第二講）。「對於資本制度只可以逐漸改良，不能夠馬上推翻」（民生主義第三講）。因為不能馬上推翻，所以「中國實業之開發應分兩路進行：一、個人企業，二、國家經營是也。凡夫事物之可以委諸個人，或其較國家經營為適宜者，應任個人為之，由國家獎勵，而以法律保護之……至其不能委諸個人及有獨占性質者，應由國家經營之」（《實業計劃》）。個人企業既由國家獎勵，又以法律保護，則中山先生反對共產主義，不言可知。但《實業計劃》一書乃著作於民國八年，中山先生自序云：「此書為實業計劃之大方針，我國經濟之大政策

而已……所舉之計劃當有種種之變更改良。讀者幸勿以此書為一成不易
之論，庶乎可」。此後中山先生的思想有何變更？民國十三年之第一次全
國代表大會宣言云：「凡本國人及外國人之企業或有獨占性質，或規模過
大為私人之力所不能辦者，如銀行、鐵路、航運之屬，由國家經營管理
之，使私有資本不能操縱國民之生計，此則節制資本之要旨也」。國家經
營限於獨占性質或規模過大而為私人之力所不能辦之企業，並舉銀行、
鐵路、航運之屬，則普通工業應許私人為之，又是不言可知。但是民生
主義第二講曾說：「要解決民生問題，一定要發達國家資本，振興實業。
振興實業的方法很多，第一是交通事業……第二是礦業……第三是工
業……我們要趕快用國家的力量來振興工業，用機器來生產，令全國的
工人都有工作……如果不用國家的力量來經營，任由中國私人或者外國
商人來經營，將來的結果，也不過是私人的資本發達，也要生出大富階
級的不平均」。繼著又說：「中國本來沒有大資本家，如果由國家管理資
本，發達資本，所得的利益歸人民大家所有，照這樣的辦法，和資本家
不相衝突，是很容易做得到的」。這又如何解釋？我個人以為中山先生最
重視的是救國，故云：「三民主義就是救國主義」。他主張發達國家資本，
一方面固然矯正個人資本主義的缺點，同時又是要用民族資本以抵禦外
國資本。茲宜注意的，國家經營工業，是社會政策，絕非財政政策，故
云：「所得的利益歸大家共享」（民生主義第二講）。按人類均有利己之
心，工業公營最容易發生流弊，尤其政治道德不健全的國家。至於預防
私人資本過度集中，而操縱人民的生活，中山先生主張「直接徵稅」，
「就是用累進稅率，多徵資本家的所得稅和遺產稅等」（民生主義第一
講）。總而言之，民生主義乃以救共產主義及資本主義之弊，既顧到社會
福利，而又不忘人類的利己心理。

政治學　　　　　　　　　　　　　　　　　薩孟武／著

　　凡是一種著作，既加上「學」之一字，必有其中心觀念。沒有中心觀念以聯繫各章節，不過雜燴而已。本書是以統治權為中心觀念，採國法學的寫作方式，共分為五章：一是行使統治權的團體——國家論；二是行使統治權的形式——政體權；三是行使統治權的機構——機關論；四是國民如何參加統治權的行使——參政權論；五是統治權活動的動力——政黨論。書中論及政治制度及各種學說，均舉以敷暢厥旨，並旁徵博引各家之言，進而批判其優劣，是研究政治學之重要經典著作。

中華民國憲法：憲政體制的原理與實際　蘇子喬／著

　　本書介紹了民主國家的憲政體制類型，對我國憲政體制的變遷過程與實際運作進行微觀與巨觀分析，並從全球視野與比較觀點探討憲政體制與選舉制度的合宜制度配套。本書一方面兼顧了憲政體制的實證與法理分析，對於憲法學與政治學的科際整合做了重要的示範，另一方面也兼顧了微觀與巨觀分析、學術深度與通識理解、本土性與全球性分析，非常適合政治學與憲法學相關領域的教師與學生閱讀，也適合對憲政體制與臺灣民主政治發展有興趣的一般讀者閱讀。

臺灣地方政府　　　　　　　　　　　　　　李台京／著

　　本書分為四篇，共十五章，分別從歷史演進、各國比較、法制結構與功能、公共政策、趨勢展望等多項層面分析臺灣地方政府的發展與現況，此外，也介紹關於地方政府的研究方法與理論，並提供相關研究主題的資訊。本書深入淺出、內容完整，可作為理解當代臺灣地方政府、研究臺灣地方公共政策的重要參考著作，對於欲參加國家考試的讀者而言，本書亦具有參考價值。

中國社會政治史（一）　　　　　　　薩孟武／著

　　本書共分四冊，自先秦乃至有明，歷數朝代興亡之根源。其資料之蒐集除正史外，實錄、文集、筆記、奏議等也多擇其要者而引用之。相較於其他史學著作，正如書名所示，本書更著重於社會、經濟、思想、政治制度間的相互關係。作者相信，欲研究歷史，必須知曉社會科學，方可兼顧部分與整體，而不致徒知其所以而忘忽其所由。

當代政治思潮　　　　　　　　　　　蔡英文／著

　　本書闡述 1950 年代之後政治思潮的發展趨向，隨著政治局勢的變化，政治思潮的理論也朝向多元分歧。而推促且貫穿這半個世紀政治思潮的發展動力有二，一是對法西斯主義獨裁與極權主義全面控制的批判與反思；二是對自由民主真實意義的重新闡釋。作者以此作為論述的基本架構，分辨政治思潮的脈絡經緯，並剖析交錯其間的各種政治觀念及爭議。內容條理分明，能讓讀者切實掌握當代政治思潮的境況，並對自由民主的問題有更深刻的瞭解。

國家圖書館出版品預行編目資料

西洋政治思想史／薩孟武著.－－七版一刷.－－臺北
市: 三民，2020
面；　公分

ISBN 978-957-14-6722-1　（平裝）
1.政治思想史 2.西洋政治思想

570.94　　　　　　　　　　108016353

西洋政治思想史

作　　　者	薩孟武
發 行 人	劉振強
出 版 者	三民書局股份有限公司
地　　　址	臺北市復興北路 386 號 (復北門市) 臺北市重慶南路一段 61 號 (重南門市)
電　　　話	(02)25006600
網　　　址	三民網路書店 https://www.sanmin.com.tw
出版日期	初版一刷 1978 年 6 月 七版一刷 2020 年 8 月
書籍編號	S570270
I S B N	978-957-14-6722-1

三民書局